LANGUE ET CIVILISATION
FRANÇAISES

PARIS. — De la Tour Eiffel à l'Arc de Triomphe de l'Étoile.

COLLECTION PUBLIÉE SOUS LE PATRONAGE DE L'ALLIANCE FRANÇAISE

G. MAUGER

Agrégé de l'Université
Ancien professeur à l'École Supérieure de professorat à l'Étranger
et à l'Institut Britannique de l'Université de Paris
Directeur honoraire de l'École internationale de l'Alliance française

COURS DE LANGUE ET DE CIVILISATION FRANÇAISES

Pour les étudiants de tous pays

Ouvrage couronné par l'Académie française

I

(Ier et 2e degrés)

AVEC LA COLLABORATION DE **J. LAMAISON** et de **M.-A. HAMEAU**

Édition **revue** et **mise à jour**

LIBRAIRIE HACHETTE
79, Boulevard Saint-Germain, Paris-VIe

PRESENTATION DES COLLABORATEURS

M. J. LAMAISON, agrégé de l'Université, est ancien professeur au Lycée Henri-IV et à l'École supérieure de préparation des professeurs de français à l'étranger, à la Sorbonne.

Mᵐᵉ **M.-A. HAMEAU,** ancienne assistante de philologie romane, est professeur à l'École Pratique de l'*Alliance Française* de Paris.

DISQUES ET CASSETTES

Sont enregistrés sur les disques ou cassettes de l'« ENCYCLOPÉDIE SONORE » (HACHETTE éditeur) :

- **La page** XI
- **Les pages** 2, 4, 6, 8. — 12, 14, 16. — 20, 22, 24. — 28, 30, 32, 34. — 42, 44, 46, 48, 50. — 56, 58, 60, 62, 64, 66. — (en totalité ou partiellement).
- Tous les exercices de **Prononciation** des leçons 1 à 25.
- Tous les **Dialogues** des pages 88, 89. — 100, 101. — 111. — 122, 123. — 138, 139. — 154, 155. — 168, 169. — 182, 183.

POUR LA LECTURE ET LA CONVERSATION :
Contes et récits en français facile par G. MAUGER un livret illustré de 80 pages (HACHETTE, Ed.)

FRANÇAIS COMMERCIAL

G. MAUGER ET J. CHARON

Manuel de français commercial à l'usage des étrangers

LAROUSSE EDITEUR

I.S.B.N. 2.01.008054.8
ⓒ *Librairie Hachette,* 1953.
REVISED IN 1967

PRÉFACE

L'Alliance Française, *le Directeur et les professeurs de son école parisienne proposent ici à tous les maîtres étrangers et français une méthode pratique d'apprentissage de notre langue et de connaissance de notre civilisation.*

Depuis la guerre, l'Alliance, de plus en plus, s'est mise à enseigner le français. Elle tient, avant toute chose, à garder à notre langue sa place de langue véritablement vivante et parlée, de langue vivante et utile. Le Français, pour elle, n'est pas le latin du monde moderne ; il n'est pas, non plus, une « langue de luxe », ni la moins inactuelle des langues mortes. Il mérite peut-être cet « excès d'honneur » mais non cette « indignité » !

Notre idiome est celui d'une des plus anciennes nations de l'Europe comme il est un des idiomes des Belges, des Suisses, des Canadiens et des habitants de l'Ile Maurice. Comme il est la langue de la République haïtienne. Comme il est, enfin, une des clefs les plus sûres du continent européen, du continent africain et de ce magnifique ensemble de vieux pays civilisés que Paul Valéry appelait « le continent méditerranéen ». Ajouterai-je que, dans les pays les plus riches et les plus peuplés de l'Amérique latine, des élites nombreuses continuent de posséder à la perfection toutes les finesses de notre langage ?

Cette méthode est certes le fruit d'une longue et universelle tradition, mais aussi de l'expérience extraordinairement riche et variée des professeurs de l'École pratique de l'Alliance Française et des échanges de vues que, par l'intermédiaire du Conseil pédagogique de notre Association, ces professeurs ont pu avoir avec les maîtres français et étrangers qui enseignent notre langue sur tous les continents.

M. Mauger, *directeur de l'École pratique, agrégé de l'Université, en a conçu le projet et tracé le plan, et, à la demande du Conseil d'Administration de l'Alliance Française, en a conduit la rédaction et la publication.*

Il s'agit d'une méthode, c'est-à-dire d'un ensemble de règles suffisamment larges et souples pour laisser au professeur une liberté d'allure que nous croyons féconde. La pédagogie, pour nous, est aussi bien un art qu'une science et le manuel doit d'abord se présenter comme un guide.

La pédagogie de l'Alliance est un empirisme réfléchi. Le mot manuel, d'ailleurs, dit fort bien les choses ; c'est un mot d'artisan respectueux de la réalité et habitué à la vaincre, adroit et, en même temps, modeste ; qui ne prétend pas tout savoir et tout déterminer, mais qui sait son affaire, connaît son chemin et se permet de l'indiquer à autrui.

Cet autrui nous le respectons trop pour le contraindre. Pour nous, il y a autant de manières d'enseigner qu'il y a de classes d'enseignement et même d'élèves. L'enseignement est toujours un dialogue entre le maître et le disciple. Et une méthode n'a de valeur à nos yeux que lorsqu'elle laisse au maître sa liberté et au disciple son originalité.

*

« Quel français devons-nous enseigner ? » demandait un jour quelqu'un qui voulait, sans doute, proposer aux étrangers un français médiocre de sa façon.

Le français — et, je tiens à le dire, celui que nous enseignons à l'Alliance Française, — n'est pas une langue à bon marché. Tout en faisant sa part à la langue familière de la vie quotidienne, le présent ouvrage met nos jeunes débutants et nos « grands commençants » en présence, le plus vite possible, d'un français excellent et juste et qui, élémentaire encore, est déjà cependant un français difficile. Au bout d'un an environ d'études, et à la cadence de deux heures de leçon par jour, les étudiants sont généralement capables d'affronter seuls les œuvres de bon nombre de nos écrivains. Et il y a longtemps, naturellement, que tous, même les plus rétifs, sont capables de demander leur chemin dans les rues de Paris ou de Marseille.

Qu'on nous permette d'insister quelque peu. Nous croyons, à l'Alliance Française, savoir pourquoi les citoyens des Nations d'Outre-mer et les élites étrangères étudient le français. Ce n'est pas pour nouer, entre eux, des échanges rudimentaires. Ce n'est pas pour rendre plus commodes leurs voyages ou leurs plaisirs de touristes. C'est d'abord pour entrer en contact avec une des civilisations les plus riches du monde moderne, cultiver et orner leur esprit par l'étude d'une littérature splendide, et devenir, véritablement, des personnes distinguées. C'est aussi pour avoir à leur disposition la clé d'or de plusieurs continents et parce qu'ils savent que le français, langue belle. est en même temps langue utile. Le français élève, et, en même temps, il sert.

Dans l'estime générale, cette langue — dont la forme la plus achevée s'exprime dans la « prose abstraite », merveilleux instrument de précision et d'élégante clarté — possède les vertus rigoureuses de la plus assurée des langues mortes et toute la féconde souplesse d'une langue bien vivante. Ce double caractère la rend difficile, certes, mais incomparable. Il peut apparaître à de bons esprits que certaines populations moins avancées réclament un français simplifié, économique. Mais je suis sûr que si nous proposions un français appauvri à ceux qui veulent étudier notre langue, ils se sentiraient certainement humiliés et, peut-être, se détourneraient de nous. Le français est assuré de durer comme langue universelle par sa qualité même, et c'est pourquoi cet ouvrage se propose d'enseigner le français et non pas un français.

Voici donc un bon outil.

Que le Directeur de notre École Pratique et ses professeurs qui l'ont forgé, trouvent ici l'expression de notre gratitude. Ils ont rendu, ce faisant, un grand service à tous ceux qui, dans le monde, enseignent notre langue et distribuent les bienfaits de notre civilisation.

Marc BLANCPAIN,
Secrétaire général de l'Alliance Française.

AVERTISSEMENT

Le livre que nous présentons aux professeurs et aux étudiants de l'étranger est le premier d'une collection qui comprendra quatre autres volumes : un cours *moyen*, un cours *supérieur*, une *grammaire* complète rédigée spécialement pour les étrangers, enfin un *livre de textes* accompagnés de commentaires et formant un tableau de la littérature et de la civilisation françaises.

Cet ouvrage ne prétend point apporter une révolution dans un domaine où la tradition, confirmée par d'excellents manuels, garde un rôle nécessaire. Je désire cependant attirer l'attention sur quelques traits qui le caractérisent :

● Ce volume correspond aux deux premiers degrés. Il peut donc, suivant les horaires, nourrir un enseignement réparti sur **une** ou sur **deux années.**

● J'ai donné, avec intention, une forme un peu sèche aux leçons du début, tenant à ne pas gêner le professeur dans l'organisation de ces premières classes, où l'initiative de chacun doit avoir son indépendance et sa diversité. On ne lui a pas imposé de classes toutes faites. En principe, le cours sera commencé *livre fermé* et le professeur le conduira à son gré, dans les cadres offerts par le livre, en étoffant ces cadres de verbes et d'expressions vivantes. Il pourra ensuite *faire ouvrir le livre* et le mettre sous les yeux de ses élèves comme un *précis substantiel*, propre aux revisions à la maison. Mais rien n'empêchera, par exemple, d'aborder la conjugaison complète du présent de *être* dès la 1re ou la 3e leçon : « je suis dans la classe... tu es à Londres, à Rio, etc... » — On trouvera plus loin quelques exemples d'adaptation de ces leçons à la classe active.

● Les exposés de grammaire s'inspirent des procédés psycho-pédagogiques que, pendant douze années de direction à l'École Pratique, j'ai recommandés à nos professeurs et aux étudiants du cours de Professorat : ainsi les deux premières leçons laissent délibérément de côté l'article défini pour présenter le genre des noms avec l'*article indéfini seul*. Par là est évité le français douteux des dialogues de cette sorte : « Qu'est-ce que c'est ? — c'est *le* livre. » ou : « Est-ce *le* livre ? — Oui, c'est *le* livre ». En outre l'attention des élèves est fixée sur une seule forme, la plus générale (et d'ailleurs identique à celle du nombre *un*). Enfin, en lisant : « *un* homme, *une* femme, — *un* garçon, *une* fille — *un* banc, *une* table » ils comprennent sans effort que le genre neutre n'existe pas dans les noms français et que l'usage détermine le genre des noms de choses.

Pour la présentation de l'article défini (3e leçon) l'élève est mis en présence de deux objets : « un crayon, un livre ». Puis, les objets *une fois connus*, la notion de défini est introduite par la formule : « *le* crayon est sur *le* livre ».

C'est cette méthode, conforme aux démarches de l'esprit, que je me suis efforcé d'appliquer encore aux autres exposés de grammaire (pronoms possessifs, imparfait de l'indicatif, futur antérieur, etc...).

● Peut-être s'étonnera-t-on de l'ordre dans lequel se succèdent certaines leçons de grammaire. J'ai choisi ce qui m'a paru être l'ordre de la *facilité*; et quel avantage y a-t-il à donner dès les premières leçons un aperçu de la formation du féminin dans les noms ?

● Les lectures (leçons 15 et suivantes) ont été l'objet d'un soin attentif. Je les ai voulues simples et rigoureusement progressives. **POINT CAPITAL A MES YEUX : ELLES NE CONTIENNENT AUCUNE DIFFICULTÉ GRAMMATICALE, AUCUNE FORME VERBALE QUI N'AIENT ÉTÉ PRÉCÉDEMMENT EXPLIQUÉES.** Les faits de grammaire illustrant la leçon du jour sont |*encadrés.*|

● Les « revisions » servent à conclure à la fois un ensemble grammatical et un ensemble de vocabulaire. Elles comprennent des *listes de mots* appris dans les quatre ou cinq leçons antérieures (ces mots étant groupés pour faciliter les exercices de prononciation); les *temps fondamentaux des verbes* étudiés; des *dictées,* que l'on pourra faire préparer aux élèves; des *dialogues* qui brassent le vocabulaire des leçons sous une forme plus étendue, nouvelle, vivante, en y ajoutant nombre d'expressions de la langue familière.

● Le volume se termine par des tableaux de grammaire qui présentent de façon synoptique les principaux faits de forme et d'accord, et par quelques textes littéraires. Pour ceux-ci la place nous était mesurée dans un livre aussi élémentaire. Mais nous en augmenterons le nombre dans les volumes suivants.

● Enfin, on me permettra d'insister tout spécialement sur le caractère que j'ai donné à cet ouvrage : il n'est pas seulement une méthode de langue, mais encore et dès le premier volume, un **livre de civilisation française.** Par la fiction d'une famille *étrangère* visitant la France, l'étudiant aura sous les yeux un portrait sincère des mœurs et des coutumes de notre pays; il pourra s'associer aux réactions des personnages, comme s'il visitait la France en leur compagnie. En outre, à la fin du volume, le professeur trouvera sous la rubrique **En France** une série de documents où il pourra puiser de quoi nourrir et animer sa classe.

L'occasion lui est ainsi offerte de multiplier les comparaisons de la vie française avec les habitudes des autres peuples. Par là cet ouvrage se place résolument sur le plan national et sur le plan international, comme le veut la tradition de cette grande famille qu'est l'*Alliance Française*.*

G. Mauger

▶ C'est pour nous un agréable devoir de remercier ici les professeurs de *l'Alliance française* de Paris et des *Alliances* de l'Étranger qui ont bien voulu essayer ce livre dans leurs classes ou nous apporter d'utiles observations:

Nous devons souligner aussi que toute la transcription phonétique a été revue par Mme S. Mercier, professeur à l'Institut de Phonétique de l'Université de Paris et à l'École supérieure de Préparation des Professeurs de français à l'étranger, de la Sorbonne, assistante de M. le professeur Pierre Fouché. C'est dire la gratitude que nous éprouvons et pour Mme Mercier, et pour le Maître qui donne autorité à la partie phonétique de notre ouvrage.

---

* Nous signalons à nos lecteurs les ouvrages suivants, complément ou initiation au présent cours : 1° le « **Français élémentaire** », pour *enfants* (2 livrets, Hachette). Cette méthode de *français parlé* est une vivante introduction à « Langue et Civilisation françaises ». Partiellement enregistré sur disques « microsillon » (L'*Encyclopédie sonore* — Hachette). — 2° Le « **Français accéléré** », méthode rapide pour adultes (1 livret, Hachette). — 3° L' « **adaptation audiovisuelle** » (films et bandes magnétiques) des 25 premières leçons de « Langue et Civilisation françaises » (Hachette).

Pour l'adaptation de nos leçons à la classe vivante

(à titre d'exemple seulement)

▶ **LEÇON 1.** — A. **Livre fermé.** LE PROFESSEUR MONTRE UN ÉLÈVE (ou fait, au tableau, un dessin très simple) puis : « Qu'est-ce que c'est ? C'est *un* garçon (ou un homme). Pierre, qu'est-ce que c'est ? » **Pierre :** « C'est *un* garçon (un homme) ». **Le professeur :** « Qu'est-ce que c'est ? C'est *une* fille (ou une femme). Marie, qu'est-ce que c'est ? » **Marie :** « C'est *une* fille (une femme) ». — Puis le professeur écrit au tableau : UN, UNE - *un garçon, une fille.*

LE PROFESSEUR MONTRE UN BANC : « C'est *un* banc. Jean, qu'est-ce que c'est ? » etc.

Après avoir été *très bien prononcé* et *répété,* chaque nom est écrit au tableau. (Deux colonnes : *masculins* et *féminins.*) — « Regardez ! J'écris : *un garçon* », etc.

Enfin, LE PROFESSEUR MONTRE LES OBJETS DE LA CLASSE DÉJA NOMMÉS : « André, est-ce un banc ? » **André :** « Oui (non), Monsieur, c'est (ce n'est pas)... », etc. — Et la *règle* de la page 3 est *écrite au tableau.*

B. **Après** LA LEÇON, LE PROFESSEUR **ouvre** LE LIVRE, puis : « Regardez ! J'ouvre le livre; ouvrez **le** livre. — Je lis la leçon [...] Pierre, lisez la leçon [...] » Enfin : « Je ferme le livre; fermez **le** livre. — Apprenez la leçon à la maison.

▶ **LEÇON 2.** — A. **Livre fermé.** LE PROFESSEUR MONTRE UN LIVRE : « Qu'est-ce que c'est ? C'est *un* livre. Henri, répétez ! » **Henri :** « C'est un livre ».

LE PROFESSEUR MONTRE TROIS LIVRES : « Qu'est-ce que c'est ? Ce sont *des* livres. Jean, répétez », etc. « J'écris au tableau : *un* livre, *des* livres ».
Puis, LE PROFESSEUR ÉCRIT AU TABLEAU : 1 (un), 2 (deux), 3 (trois), etc. « J'écris, je compte : *un, deux, trois,* etc. — Ecrivez, comptez... — Ecrivez : un livre, deux livres », etc.

B. **Après la leçon :** « J'ouvre le livre... », etc.

▶ **LEÇON 3.** — A. **Livre fermé.** LE PROFESSEUR : « Voici *un* crayon. — Voici *un* livre. — Je mets *le* crayon sur *le* livre. Marie, mettez *le* crayon sur *le* livre . » **Marie :** « Je mets... », etc.

LE PROFESSEUR : maintenant *le* crayon est sur *le* livre. Anna, répétez... » etc. (Si le professeur veut introduire ici le verbe *être* (1) : « Regardez ! Je suis dans la classe. Pierre, tu es (vous êtes) dans la classe. Pierre, es-tu dans la classe ?... » etc. — **Le professeur :** « J'écris : *je suis, tu es* », etc.

B. « J'**ouvre** le livre », etc.

▶ **LEÇON 4.** — Elle peut naturellement être faite avec des objets différents : un *crayon,* un *stylo,* une *cravate,* etc.

▶ **LEÇON 5.** — Elle peut être donnée sur le thème : « Je suis *assis,* es-tu *assis* ? »

▶ **LEÇON 7.** — On peut y introduire des **verbes d'action :** « Je **porte** le cahier : il est *léger,* il est en *papier.* — Je **ne porte pas** le banc : il est *lourd,* il est *en bois.* »

D'une manière générale, les *verbes d'action* pourront être introduits à volonté dans les leçons (comme on l'a vu pour la leçon 1, la leçon 2, etc.). Ces verbes seront expliqués et conjugués plus complètement dans la suite du livre. Ce qui importe, c'est que l'élève *assimile* le mieux possible la **substance** de chaque leçon *imprimée,* en l'étudiant à la maison et en rédigeant les devoirs correspondants.

---

1) Dans ce cas, la *leçon 5* servira de revision.

PARIS. — Le Palais du Luxembourg.

Photo Frélon.

L'ALPHABET FRANÇAIS

A	B	C	D	E	F	G	H	I	J	K	L	M
a	b	c	d	e	f	g	h	i	j	k	l	m

N	O	P	Q	R	S	T	U	V	W	X	Y	Z
n	o	p	q	r	s	t	u	v	w	x	y	z

▶ Les signes orthographiques

é : l'accent *aigu* — è : l'accent *grave* — ê : l'accent *circonflexe* — ë : le *tréma* (Noël).
l' : l'*apostrophe* (f.) — grand-père : le *trait d'union.*

▶ Les signes de ponctuation

. le *point* — , la *virgule* — ; le *point et virgule* — ... les points de *suspension* —
( ) les parenthèses (f.) — ? le point d'*interrogation* — ! le point d'*exclamation* —
« » les *guillemets* (m.) — le *tiret.*

L'ALPHABET PHONÉTIQUE INTERNATIONAL

(d'après le classement de M. Pierre FOUCHÉ, professeur à la Sorbonne, directeur de l'Institut de Phonétique et de l'École supérieure de Préparation des professeurs de français à l'étranger, directeur des études phonétiques à l'Alliance française.)

■

I. — Voyelles orales simples :

[i] s*i*, p*y*jama
[e] (fermé), *été*
[ɛ] (ouvert) être, crème, m*ais*
[a] (antérieur) p*a*tte
[ɑ] (postérieur) p*â*te
[ɔ] (ouvert) *o*r
[o] (fermé) zér*o*, *au*
[u] *ou*

II. — Voyelles orales composées :

[y] (= [u] pour les lèvres, [i] pour la langue) t*u*
[ø] (= [o]   —   —   [e]   —   —) bl*eu*
[œ] (= [ɔ]   —   —   [ɛ]   —   —) *heu*re

III: — e dit « muet » :

[ə] pr*e*mier

■

IV. — Voyelles orales nasales :

[ɛ̃] (produit avec voyelle orale simple [ɛ]) v*in*
[ã] (—   —   —   [ɑ]) *an*
[õ] (—   —   —   [o]) *on*
[œ̃] (—   —   composée [œ]) br*un*

V. — Semi-voyelles :

[w] o*u*i
[ɥ] l*u*i
[j] p*i*ed

■

VI. — Consonnes :

[b] *b*as
[d] *d*ur
[f] *f*ort, *ph*are
[g] *g*ant
[ʒ] *j*eune, *g*igot, man*ge*ons
[k] *c*orps, cin*q*, *qu*i, *k*ilo (é*ch*o)
[l] *l*e
[m] *m*e

[n] *n*i
[p] *p*a*p*a
[r] o*r*
[s] *s*e, *c*e, commen*ç*ons (di*x*)
[t] *t*u, *th*éâtre
[v] *v*ous
[z] di*s*ons, *z*éro (di*x*ième)
[ʃ] *ch*at (*sch*éma)
[ŋ] pei*gn*e

■

Le signe [:] marque un allongement de la voyelle, le signe [·] marque un demi-allongement :
la chaise de Pierre
[ʃɛ·z]   [pjɛːr]

À consulter : P. FOUCHÉ, *Phonétique historique du Traité de prononciation française.*

PARIS. — La Seine et ses ponts. Au centre, l'Ile de la Cité.

PREMIER DEGRÉ

●

Première partie : **Leçons de base**

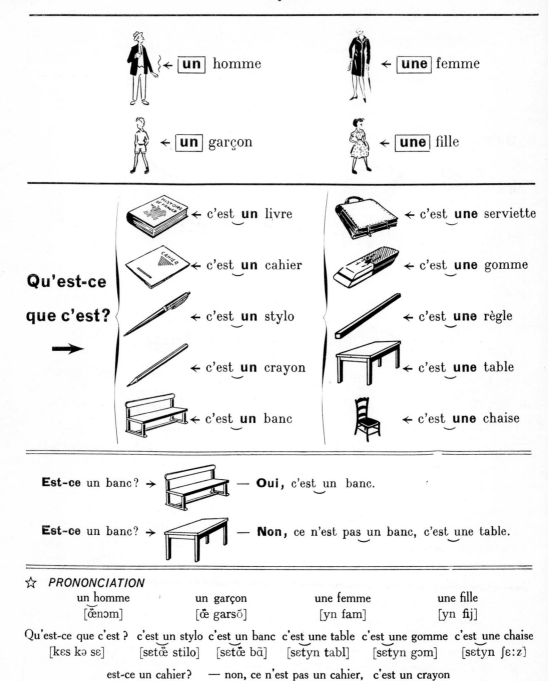

← un homme

← une femme

← un garçon

← une fille

Qu'est-ce que c'est?

→

← c'est **un** livre

← c'est **un** cahier

← c'est **un** stylo

← c'est **un** crayon

← c'est **un** banc

← c'est **une** serviette

← c'est **une** gomme

← c'est **une** règle

← c'est **une** table

← c'est **une** chaise

Est-ce un banc? → — **Oui,** c'est un banc.

Est-ce un banc? → — **Non,** ce n'est pas un banc, c'est une table.

☆ *PRONONCIATION*

un homme	un garçon	une femme	une fille
[œ̃nɔm]	[œ̃ garsɔ̃]	[yn fam]	[yn fij]

Qu'est-ce que c'est ?   c'est un stylo   c'est un banc   c'est une table   c'est une gomme   c'est une chaise

[kɛs kə sɛ]   [sɛtœ̃ stilo]   [sɛtœ̃ bã]   [sɛtyn tabl]   [sɛtyn gɔm]   [sɛtyn ʃɛːz]

est-ce un cahier?   — non, ce n'est pas un cahier,   c'est un crayon

[ɛs œ̃ kaje]   [nɔ̃ sə nɛ pazœ̃ kaje]   [sɛtœ̃ krɛjɔ̃]

--- GRAMMAIRE ---

un homme ⎫
un livre ⎬ *masculin*

une femme ⎫
une table ⎬ *féminin*

► **EXERCICES** ◄

I) Qu'est-ce que *c'est* ?

II) Est-ce...

un *stylo* ?   un *banc* ?   une *femme* ?   une *chaise* ?   un *garçon* ?

un *cahier* ?   une *règle* ?   un *livre* ?   un *crayon* ?   une *table* ?

III) Écrivez un ou une :

C'est **une** règle.
C'est ...   garçon.
C'est ...   serviette.

C'est ... gomme.
C'est ... stylo.
C'est ... livre.
C'est ... cahier.

C'est ... homme.
C'est ... femme.
C'est ... fille.

C'est ... banc.
C'est ... crayon.
C'est ... chaise.
C'est ... table.

[A EXPLIQUER AUX ÉLÈVES]

⟫► **Ne prononcez pas *e* final :** gomm(e), règl(e). — PRONONCEZ devant une voyelle ou un h muet l'*n* de *un* : un homm(e) et le *t* de *c'est* : c'est un(e) femm(e).

Autour de cette leçon *schématique*, le professeur organisera, à son gré, une classe vivante et active. Voir page IX.

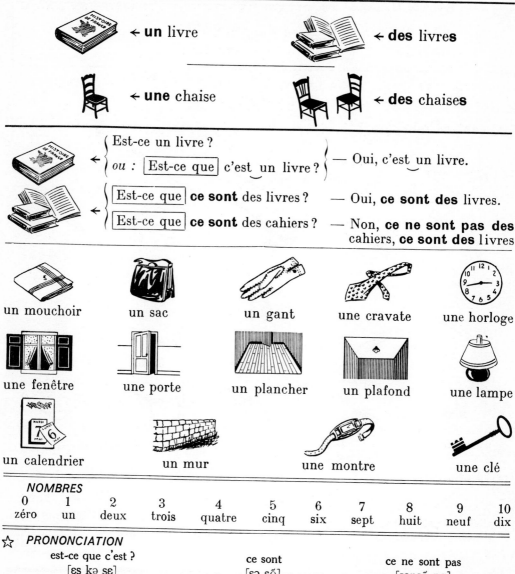

← **un** livre   ← **des** livre**s**

← **une** chaise   ← **des** chaise**s**

Est-ce un livre ?
ou : | Est-ce que | c'est un livre ?   — Oui, c'est un livre.

| Est-ce que | **ce sont** des livres ?   — Oui, **ce sont des** livres.

| Est-ce que | **ce sont** des cahiers ?   — Non, **ce ne sont pas des** cahiers, **ce sont des** livres

un mouchoir   un sac   un gant   une cravate   une horloge

une fenêtre   une porte   un plancher   un plafond   une lampe

un calendrier   un mur   une montre   une clé

NOMBRES

0	1	2	3	4	5	6	7	8	9	10
zéro	un	deux	trois	quatre	cinq	six	sept	huit	neuf	dix

☆ *PRONONCIATION*

est-ce que c'est ?   ce sont   ce ne sont pas
[ɛs kə sɛ]   [sə sɔ̃]   [sənsɔ̃ pɑ]

des garçons   des hommes   deux hommes   un mouchoir   deux sacs   trois horloges
[de garsɔ̃]   [dezɔm]   [døzɔm]   [œ̃ muʃwa:r]   [dø sak]   [trwazɔrlɔ:ʒ]

trois gants   cinq murs   cinq horloges   six horloges   six bancs   sept bancs
[trwa gɑ̃]   [sɛ̃ my:r]   [sɛ̃kɔrlɔ:ʒ]   [sizɔrlɔ:ʒ]   [si bɑ̃]   [sɛt bɑ̃]

huit horloges   huit calendriers   neuf gants   dix horloges   dix fenêtres
[ɥitɔrlɔ:ʒ]   [ɥi kalɑ̃drie]   [nœf gɑ̃]   [dizɔrlɔ:ʒ]   [di fnɛtr]

GRAMMAIRE

un, une : *singulier*
des : *pluriel*

---

un livre, **une** chaise : *singulier*
des livres, **des** chaises : *pluriel*

PLURIEL $\begin{cases} \text{de } livre \\ \text{de } chaise \end{cases}$ = **SINGULIER** + $\boxed{S}$

s ne se prononce pas

► **EXERCICES** ◄

I) Qu'est-ce que *c'est* ?

II) Est-ce que *c'est* :

un calendrier ?   *un mur ?*   *une clé ?*   *un sac ?*   *une cravate ?*

III) Est-ce que *ce sont* :

des gants ?   *des fenêtres ?*   *des murs ?*   *des cahiers ?*   *des chaises ?*

IV) Écrivez la leçon 1 *au pluriel :* C'est un homme, ce sont des hommes.
C'est une femme, ce sont des femmes, etc.

V) Écrivez en lettres les nombres de 1 à 10 : *un, deux,* etc.

⇶ PRONONCEZ *deu(x)*, sauf devant *voyelle ;* deux hommes (*x* comme *z*). — *troi(s)*, sauf devant *voyelle :* trois hommes (*s* comme *z*). — *cin(q)* devant *consonne :* cin(q) crayons; *mais* cinq hommes (*q* comme *k*) ils sont cinq. — *si(x)* devant *consonne :* si(x) crayons; *mais* six hommes (*x* comme *z*), ils sont six (*x* comme *s*). — *se(p)t :* toujours *t.* — *hui(t)* devant *consonne :* hui(t) crayons; *mais* huit hommes (*t*), ils sont hui*t*. — *di(x)* devant *consonne ;* di(x) crayons; *mais* dix hommes (*x* comme *z*); ils sont di*x* (*x* comme *s*). — **Ne prononcez pas s du pluriel :** les mur(s).

ATTENTION ! Dites toujours au *singulier :* Qu'est-ce que *c'est ?* (— C'est un..., ce *sont* des...).

Voici un crayon → 　　　　　　　　Voici un livre →

Maintenant : 　　←　[le] crayon *est sur* [le] livre

Voici une gomme → 　　　　　　Voici une serviette →

Maintenant : 　　←　[la] gomme *est sur* [la] serviette

←　[les] crayons *sont sur* [le] livre

[les] gommes *sont sur* [la] serviette →

Où est le cahier ?　—　Le cahier } est **dans** la serviette.
　　　　　　　　　　　　　　　il

Où est la règle ?　—　La règle } est **sous** le livre.
　　　　　　　　　　　　　elle

Où est le professeur ?　— Il est **devant** le tableau.

Où est le tableau ?　— Il est **derrière** le professeur.

ATTENTION !

un **é**tudiant
(une étudiante)
[L'] étudiant
(l'étudiante)

un **o**iseau
[L'] oiseau

une **h**orloge
[L'] horloge

Où est l'**é**tudiante ? — Elle est dans la classe.

le / la → [L']
{ a...
e...
i... (l'*é*tudiant, l'*h*orloge)
o...
u...
h (*muet*) }

☆ *PRONONCIATION*

l'étudiant	l'étudiante	les étudiants	l'homme	les hommes	le crayon
[letydjã]	[letydjãt]	[lezetydjã]	[lɔm]	[lezɔm]	[lə krɛjõ]
où ?	sur	sous	dans	devant	derrière
[u]	[syr]	[su]	[dã]	[dəvã]	[dɛrjɛ:r]

► *EXERCICES* ◄

I) **Écrivez** *le, la* ou *l'* : ... livre, ... montre, ... étudiant, ... sac, ... plafond, ... règle, ... homme, ... professeur, ... oiseau, ... tableau, ... horloge, ... mur.

II) **Est-ce que** le livre est **sur** la table ?  — **Oui,** il...

Est-ce que le cahier est **sur** la serviette ? — **Non,** il...

 ← Est-ce que la gomme est **sous** le cahier ?

Est-ce que le professeur est **derrière** le tableau ? →

Est-ce que les étudiants sont **dans** la classe ? Est-ce que les étudiantes sont **dans** la classe ?

III) ← **Où est** le cahier ? ← **Où est** le crayon ?

Où est le professeur ? → **Où est** la chaise ? →

 ← **Où sont** les livres ? ← **Où est** le banc ?

Où sont les clés ? →

IV) **Complétez :** Le stylo est ... le banc. Le professeur est ... les étudiants. Le tableau est ... le professeur. Les mouchoirs sont ... les sacs.

━━━━━━━━━

➤➤➤ Le professeur PEUT donner ici le présent de l'indicatif du *verbe ÊTRE* ; par exemple : *Je suis* dans la classe, *je suis* à Rome, etc., *tu es* (Monsieur [Madame, Mademoiselle]), *vous (êtes)...,* *il (elle) est..., nous sommes..., vous êtes..., ils (elles) sont.*

le livre vert   la robe vert⬚e

Masculin	Féminin	Pluriel

Masculin   **Féminin**   **Pluriel**

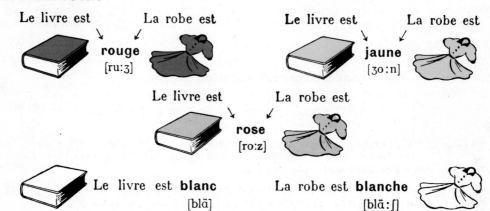

Le livre est **vert**
[vɛ:r]

La robe est **vert** ⬚e
[vɛrt]

Les livres
sont
vert ⬚S
[vɛ:r]

» » » **gris**
[gri]

» » » **gris** ⬚e
[gri:z]

» » » **brun**
[brœ̃]

» » » **brun** ⬚e
[bryn]

Les robes
sont
verte ⬚S
[vɛrt]

» » » **noir**
[nwa:r]

» » » **noir** ⬚e
[nwa:r]

» » » **bleu**
[blø]

» » » **bleu** ⬚e
[blø]

ATTENTION !

Le livre est   La robe est
rouge
[ru:ʒ]

Le livre est   La robe est
jaune
[ʒo:n]

Le livre est   La robe est
rose
[ro:z]

Le livre est **blanc**
[blɑ̃]

La robe est **blanche**
[blɑ̃:ʃ]

De quelle couleur est la craie ?   — La craie est blanche.

Est-ce que la craie est verte ?   — Non, la craie n'est pas verte; elle est blanche.

GRAMMAIRE

1) **FÉMININ** de l'adjectif *vert* = $\boxed{\text{MASCULIN} + \textbf{e}}$

vert**e**

ATTENTION !   *jaune, rouge, rose* : MASCULIN = FÉMININ

2) **PLURIEL** de l'adjectif *vert* = $\boxed{\text{SINGULIER} + \textbf{s}}$

vert**s** - vert**es**

ATTENTION !   *gri***s** : SINGULIER = PLURIEL

Un livre bleu $\begin{cases} \textbf{un} \text{ est } un \text{ } article \text{ } indéfini \\ \textbf{livre} \text{ est } un \text{ } nom \\ \textbf{bleu} \text{ est } un \text{ } adjectif \text{ } qualificatif \end{cases}$

► EXERCICES ◄

I)   **De quelle couleur** est *le tableau ? De quelle couleur sont les bancs ? De quelle couleur sont les murs ? De quelle couleur est la porte ? De quelle couleur sont les cahiers ? De quelle couleur sont les robes ? Est-ce que la craie est blanche ? Est-ce que le tableau est blanc ?*

II)   **Écrivez** les adjectifs féminins : *Le banc est brun, la table est.... Le cahier est vert, la gomme est.... Le stylo est noir, la serviette est.... Le gant est gris, la clé est.... Le mouchoir est blanc, la craie est.... Le crayon est rouge, la robe est.... Le livre est bleu, la règle est....*

III)   **Écrivez** les adjectifs pluriels : *Les crayons sont (gris). Ce sont des livres (rouge). Les robes sont (noire). Les gants sont (brun). Les murs sont (blanc). Ce sont des sacs (noir). Ce sont des cravates (verte). Ce sont des mouchoirs (bleu).*

IV)   **Écrivez** les adjectifs masculins : *La robe est verte, le gant est.... La cravate est jaune, le sac est.... La clé est grise, le mur est.... La gomme est blanche, le mouchoir est.... La serviette est rouge, le livre est... La règle est noire, le stylo est....*

V)   **Écrivez** des adjectifs de couleur : *La gomme est.... La table est.... Le calendrier est.... La règle est.... Les cahiers sont.... Les cravates sont.... La craie est.... Les livres sont... ou... ou... ou.... Les robes sont... ou... ou... ou....*

VI)   **Où** est *le cahier ? Où est la gomme ? Où est le sac ? Où est le tableau ? Où sont les livres ? Où sont les lampes ? Où sont les chaises ? Où est l'horloge ? Où sont les clés ?*

VII)   **Écrivez** et **lisez** : *Vert-verte, gris-grise, brun-brune, blanc-blanche, noir-noire, bleu-bleue.*

⟫⟶ PRONONCEZ : ver(t), ver**t**e. — gri(s), grise (comme **z**). — *mais* : noir, noir(e), — bleu, bleu(e).

ATTENTION ! *Où* est le livre ? — *mais* : les robes sont blanches *ou* rouges, *ou* bleues, etc.

Revision et variétés. Leçons 1 à 4

□ *VOCABULAIRE, PRONONCIATION* □

○ LEÇON 1 ──────────────────────────────

NOMS   **EXPRESSIONS**

le gar**çon**   la **ch**aise ⎫ pour les exercices
le cray**on**   la **fem**me   ⎬ de
le ba**nc**   la **fî**lle   ⎭ prononciation   **Qu**'*est-ce que c'est ?*
                                                        Est-ce *un ..... ?*
le cahier   la gomme   ⎫   **Oui,** *c'est un .....*
l'homme   la règle   ⎬   **Non,** *ce* **n'**est **pas** *un .....*
le livre   la serviette   ⎭ ordre alphabétique
le stylo   la table   ⎭

○ LEÇON 2 ──────────────────────────────

NOMS   **EXPRESSIONS**

le calendrier   la lampe   **Est-ce que** *c'est* **un** *..... ?*
le **g**ant   la **m**ontre   *Ce* **sont** *des .....*
le plancher   la clé   *Ce* **ne** *sont* **pas** *des .....*
le plaf**ond**   la cravate
le mouch**oir**   la fenêtre
le m**ur**   l'horloge
le sac   la porte

○ LEÇON 3 ──────────────────────────────

NOMS   **MOTS INVARIABLES**

l'étudi**ant**   l'étudi**ante**   où ?
l'ois**eau**   la classe   dans
le tabl**eau**   devant
le professeur   derrière
                                           sous
                                           sur
                                           maintenant
                                           voici

○ LEÇON 4 ──────────────────────────────

NOMS   **ADJECTIFS**   **EXPRESSION**

la craie   **blanc**   **blan**che   *De quelle couleur est le ..... ?*
la robe   **brun**   **brun**e
                jaune   **jaune**
                rouge   **rouge**
                bleu   **bl**eue
                noir   **noir**e

                gris   grise
                rose   rose
                vert   verte

Photo Estel.

UNE CLASSE dans une école de français pour étrangers.

□ *DICTÉES (à préparer)* □

1) Voici une classe (ou une salle de classe). Qu'est-ce que c'est ? — C'est la porte. — Est-ce que ce sont les fenêtres ? — Non, ce ne sont pas les fenêtres, ce sont les murs. — Le professeur est devant le tableau noir. Les étudiants sont devant le professeur, derrière les tables, sur les bancs.

2) Le livre vert, le cahier rose, la gomme grise, la règle noire, les crayons bleus sont dans la serviette jaune. La serviette est sous le banc, devant le tableau noir. Le mouchoir est dans le sac. Le sac est rouge. Et le mouchoir ? — Le mouchoir est blanc.

□ *DIALOGUE* □

La classe

« — Toc ! Toc ! — *Entrez !* — Bonjour, Monsieur. — *Bonjour, Hélène. Fermez la porte, s'il vous plaît. Savez-vous votre leçon ?* — Oui, Monsieur. — *Répondez : qu'est-ce que c'est ?* — C'est un livre. — *De quelle couleur est le livre ?* — Le livre est vert. — *Qu'est-ce que c'est ?* — Ce sont des crayons. — *De quelle couleur sont les crayons ?* — Les crayons sont bleus. — *Où sont les crayons ?* — Les crayons sont dans la serviette. — *De quelle couleur est la craie ?* — La craie est blanche. — *Est-ce que le tableau est blanc ?* — Non, le tableau n'est pas blanc ; il est noir. — *Est-ce que la robe de Marie est verte ?* — Oui, la robe de Marie est verte. — *Où sont les lampes ?* — Les lampes sont sous le plafond. — *Où sont les tables ?* — Elles sont sur le plancher. — *Merci, Hélène ; c'est bien.* »

Le verbe ÊTRE   Les adjectifs (suite)

« **Je suis** grand, **tu es** petit.   — Oui, **je suis** petit. »

Monsieur, **vous êtes** petit ; Madame, vous **êtes** petit**e** ; Mademoiselle, **vous êtes** petite

Il est petit, **elle est** petit**e**.

« **Nous sommes** petits.   — Oui, **vous êtes** peti**ts**. »

Ils sont petits, **elles sont** petites.

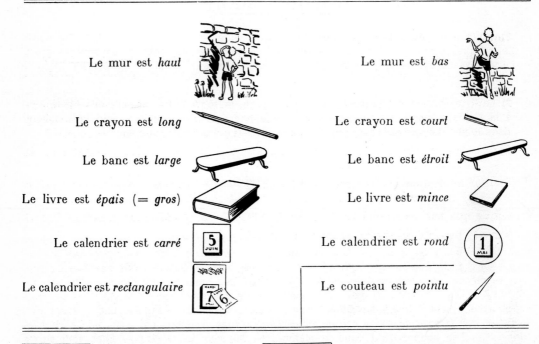

Le mur est *haut*   Le mur est *bas*

Le crayon est *long*   Le crayon est *court*

Le banc est *large*   Le banc est *étroit*

Le livre est *épais* (= *gros*)   Le livre est *mince*

Le calendrier est *carré*   Le calendrier est *rond*

Le calendrier est *rectangulaire*   Le couteau est *pointu*

Comment est le mur ? — Il est haut.   Comment sont les murs ? — Ils sont haut**s**.

GRAMMAIRE

Le verbe ÊTRE

Présent (de l'indicatif)

1. Je **suis** grand
2. Tu **es** (vous êtes) grand
3. { Il **est** grand
   { Elle **est** grand**e**

1. Nous **sommes** grand**s**
2. Vous **êtes** grand**s**
3. { Ils **sont** grand**s**
   { Elles **sont** grand**es**

Long, épais, gros, bas. — FÉMININ : Long**ue**, épai**sse**, gro**sse**, ba**sse**.

Un *homme*, une *femme* sont des **personnes** (**la** personne).

Un *livre*, un *banc* sont des **choses** (**la** chose).

☆ *PRONONCIATION*

Je suis	tu es	il est	nous sommes	vous êtes	ils sont	monsieur	mademoiselle
[ʒe sɥi]	[ty ɛ]	[il ɛ]	[nu sɔm]	[vuzɛt]	[il sõ]	[məsjø]	[madmwazɛl]

haut, haute	long, longue	épais, épaisse	gros, grosse	rond, ronde	pointu, pointue	carré, carrée
[o, o:t]	[lõ, lõ:g]	[epɛ, epɛs]	[gro, gro:s]	[rõ, rõ:d]	[pwɛ̃ty, pwɛ̃ty]	[kare, kare]

► EXERCICES ◄

I) **Conjuguez** « *être gros* », au présent de l'indicatif.

II) **Complétez :** *Je ... grand. Tu ... petit. Il ... gros. Elle ... mince. Nous ... grands. Vous ...petits. Ils ... gros. Elles ... minces. Les livres ... épais. Le crayon ... long. Tu ... grand. Vous ... grand. Vous ... grands.*

III) **Comment** *est le crayon? Comment est le mur? Comment est le tableau? Comment est la lampe? Comment est le plafond? Comment est le plancher? Comment sont les livres? Comment est la fenêtre? Comment sont les portes? Comment est la porte? Comment sont les crayons?*

IV) **Écrivez le contraire** (≠) : *Le mur est haut, le mur est ... La règle est longue, la règle est ... Le cahier est épais, le cahier est ... Le banc est étroit, le banc est ...*

V) **Écrivez le féminin :** *Le livre épais, la gomme... Un long crayon, une ... règle. Le mur étroit, la table ... Le mouchoir blanc, la cravate ... Le cahier rouge, la serviette ... Le gros homme, la ...femme.*

VI) **Est-ce que** *homme est un nom de personne?... table? sac? étudiante? professeur? gant? fille? stylo? plafond? femme? mouchoir? garçon?*

Des chapeau
x ne se prononce pas

Il y a — Y a-t-il ?

Singulier

un tableau   un couteau   un oiseau

un chapeau   un manteau

un bateau

Pluriel

des tableau x   des couteau x   des oiseau x

des chapeau x   des manteau x

des bateau x

| *Un livre* **est** *sur la table* | = **il y a** | { un livre sur la table. |
| *Des livres* **sont** *sur la table* | | { des livres sur la table. |

Qu'y a-t-il sur la table ?   — Sur la table, **il y a** un livre.

Y a-t-il un cahier sur la table ? — Non ; **il n'y a pas** de cahier sur la table.

Y a-t-il des cahiers sur la table ? — Non ; **il n'y a pas** de cahiers sur la table

Combien de couteaux **y a-t-il** sur la table ? — **Il y a** *deux* couteaux.

NOMBRES

11	12	13	14	15	16	17	18	19	20
onze	douze	treize	quatorze	quinze	seize	dix-sept	dix-huit	dix-neuf	vingt

21	22	23	30	31	32	40
vingt et un	vingt-deux	vingt-trois	trente	trente et un	trente-deux	quarante

41	42	50	51	52
quarante et un	quarante-deux	cinquante	cinquante et un	cinquante-deux

60	61	62	70	71
soixante	soixante et un	soixante-deux	soixante-dix	soixante et onze

---

☆ *PRONONCIATION*

les tableaux sont noirs   dans la classe il y a deux fenêtres   y a-t-il ? qu'y a-t-il ? combien y a-t-il ?
[le tablo sõ nwa:r]   [dã la klɑ:s ilja dø fnɛtr]   [jatil]   [kjatil]   [kõbjɛ̃ jatil]

dix hommes   onze hommes   quinze hommes   dix-huit hommes   dix-huit femmes
[dizɔm]   [õzɔm]   [kɛ̃zɔm]   [dizɥitɔm]   [dizɥi fam]

vingt étudiants   vingt-deux étudiants   cinquante   soixante   soixante-dix
[vɛ̃tetydjã]   [vɛ̃tdøzetydjã]   [sɛ̃kɑ̃:t]   [swasã:t]   [swasãtdis]

GRAMMAIRE ─────────

Dans les noms en $\boxed{- \text{eau}}$ le **pluriel** est en $\boxed{- \text{eaux}}$:

le chapeau, les chapeau$\boxed{\text{x}}$

Le livre est sur la table $\left\{ \begin{array}{l} \textbf{le} \quad \text{est } \textit{un article défini} \\ \textbf{est} \ \text{est } \textit{un verbe} \\ \textbf{sur} \ \text{est } \textit{une préposition} \end{array} \right.$

Il est sur la table : **il** est *un pronom*

► **EXERCICES** ◄

I) **Écrivez et lisez :** *Un chapeau noir, une cravate noire. Un cahier vert, une gomme verte. Un livre jaune, une serviette jaune. Un mouchoir blanc, une robe blanche. Un mur gris, une porte grise. Un sac brun, une règle brune.*

II) **Mettez au pluriel :** *Le tableau est noir. Le chapeau est rouge. Le livre est bleu. La cravate est blanche. L'oiseau est jaune. Le couteau est pointu. Le manteau de Marie est vert. Le gant de Pierre est gris. Voici un chapeau rose.*

III) **De quelle couleur** *est la craie ? (elle est...) De quelle couleur est le stylo ? (il est ...). De quelle couleur est le mouchoir ? (il est ...). De quelle couleur est la porte ? De quelle couleur est le tableau ? De quelle couleur sont les sacs ? De quelle couleur sont les robes ?*

IV) **Y a-t-il** *une horloge dans la classe ? Y a-t-il une table devant le professeur ? Y a-t-il des étudiants dans la classe ? Y a-t-il des oiseaux dans le sac ?* **(Attention !** *de + a..., e..., etc. → d').*

V) **Qu'y a-t-il** *dans la classe ? dans le sac de Marie ? sur la table de l'étudiant ? dans la serviette de Louis ?*

VI) **Combien** *d'étudiants y a-t-il dans la classe ? Combien de livres y a-t-il sur la table ? Combien de tableaux y a-t-il derrière le professeur ? Combien d'oiseaux y a-t-il sur l'image ?*

VII) **Mettez au singulier :** *Ce sont des règles. Voici les horloges. Les cahiers sont sur les tables. Où sont les étudiants ? Est-ce que ce sont des filles ? Ce ne sont pas des calendriers.*

VIII) **Écrivez en lettres** *les nombres de 11 à 20 — de 21 à 70.*

⋙→ ON DIT : vingt *et* un, *mais :* vingt-deux, vingt-trois... soixante *et* onze, *mais :* soixante-douze...

PRONONCEZ le *t* de vin(g)t dans vin(g)t-deux, vin(g)t-trois, etc. et devant voyelle : vin(g)t étudiants; *mais :* vin(g)(t) fenêtres.

Dans soixante, PRONONCEZ x comme s.

NE PRONONCEZ JAMAIS l'x des mots au pluriel : tableau(x).

Je **suis**	Je **ne** suis **pas**	**Suis-je ?**	*La matière*

1.   Je   suis   grand   =   Je   [**ne**] suis   [**pas**] petit

2. { Tu   es   grand   =   { Tu   [**n'**] es   [**pas**] petit
     { Vous êtes   grand   { Vous [**n'**] êtes   [**pas**] petit

3. { Il   est   grand   =   { Il   [**n'**] est   [**pas**] petit
     { Elle   est   grand**e**   { Elle   [**n'**] est   [**pas**] petit**e**

1.   Nous sommes grand**s**   =   Nous [**ne**] sommes [**pas**] petit**s**

2.   Vous êtes   grand**s**   =   Vous [**n'**] êtes   [**pas**] petit**s**

3. { Ils   sont   grand**s**   =   { Ils   [**ne**] sont   [**pas**] petit**s**
     { Elles sont   grand**es**   { Elles [**ne**] sont   [**pas**] petit**es**

Le banc est lourd   Le cahier est léger

Il est **en** bois   Il est **en** papier

(le bois)   *(le papier)*

En quoi { est l'encrier ?   — Il est en verre *(le verre)*
           est la clé ?   — Elle est en fer *(le fer)*
           est le mur ?   — Il est en pierre *(la pierre)*
           est la robe ?   — Elle est en étoffe *(l'étoffe, f.)*
           est le soulier ?   — Il est en cuir *(le cuir)*

Voici un banc   : Est- [**IL**] en bois ?   — Oui ; il est en bois

Voici une clé   : Est- [**ELLE**] en bois ?   — Non ; elle n'est pas en bois ; elle est en fer

Voici des souliers : Sont- [**ILS**] en cuir ?   — Oui ; ils sont en cuir

Voici des robes   : Sont- [**ELLES**] en cuir ? — Non ; elles ne sont pas en cuir ;
                                                  elles sont en étoffe.

NOMBRES

80	81	82	90
quatre-vingts	quatre-vingt-un	quatre-vingt-deux, etc.	quatre-vingt-dix
91	92	99	100
quatre-vingt-onze	quatre-vingt-douze...	quatre-vingt-dix-neuf	cent

┌─ *GRAMMAIRE* ──────────────────────────────

Verbe **ÊTRE**
Présent (de l'indicatif)

forme affirmative	forme négative	forme interrogative
OUI	**NON**	**?**
1. Je **suis**	1. Je **ne** suis **pas**	1. Suis-**je**?
2. Tu **es**	2. Tu **n'**es **pas**	2. Es-**tu**?
3. { Il **est** / Elle **est**	3. { Il **n'**est **pas** / Elle **n'**est **pas**	3. { Est-**il**? / Est-**elle**?
1. Nous **sommes**	1. Nous **ne** sommes **pas**	1. Sommes-**nous**?
2. Vous **êtes**	2. Vous **n'**êtes **pas**	2. Êtes-**vous**?
3. { Ils **sont** / Elles **sont**	3. { Ils **ne** sont **pas** / Elles **ne** sont **pas**	3. { Sont-**ils**? / Sont-**elles**?

ATTENTION !   Lég[e]r. — *Féminin :* Lég[è]re.

──────────────────────────────

▶ *EXERCICES* ◀

I) **Conjuguez :** Être petit, être petite : a) *à la forme* affirmative ; b) *à la forme* négative ; c) *à la forme* interrogative.

II) **Mettez** *le verbe et l'adjectif qualificatif (être gros)* : Oui, *il....* — Non, *ils ne....* — Non, *elle n'....* — Oui, *Madame, vous....* — Non, *tu....* — Oui, *Monsieur, vous....* — Non, *je....*

III) **En quoi** *est la table ? En quoi est le livre ? En quoi est la règle ? En quoi est la robe ? En quoi est l'encrier ? En quoi est la clé ? En quoi est la chaise ?*

IV) **Est-ce que** *le cahier est en papier ? Est-ce que le banc est en verre ? Est-ce que la table est en bois ? Est-ce que la robe est en pierre ? Est-ce que le livre est en étoffe ? Est-ce que la cravate est en cuir ? Est-ce que le veston est en étoffe ? Est-ce que la clé est en fer ? Est-ce que le mur est en bois ?*

V) *Voici un cahier :* **est-il** *en fer ? Voici une clé : est-elle en bois ? Voici une table : est-elle en pierre ? Voici une robe : est-elle en étoffe ?*

VI) **Est-ce que** *le banc est bas ? Est-ce que la chaise est haute ? Est-ce que le papier est lourd ? Êtes-vous grand ? Est-ce que la table est légère ? Est-ce que le cahier est épais ? Est-ce que la gomme est ronde ? Est-ce que le couteau est pointu ? Sommes-nous dans la classe ? Suis-je le professeur ?*

VII) **Écrivez en lettres** *les nombres de 81 à 100.*

───────────────────────────────────

⟫→ Prononcez : Je n(e) sui(s) pa(s) — tu e(s), il e(st) (comme è) — lége(r) (ger comme gé), légèr(e).
On dit : Vingt *et* un, *mais :* quatre-vingt-un, quatre-vingt-onze, cent un.
Une étoffe est un *tissu;* il y a des tissus de *coton* (m.), de *laine* (f.), de *soie* (f.).

On peut toujours faire une expression interrogative en mettant **est-ce que** devant une **expression affirmative :** Je suis grand — **est-ce que** je suis grand ?

Revision et variétés. Leçons 5 à 7

☐ *VOCABULAIRE, PRONONCIATION* ☐

○ LEÇON 5 ───────────────────────────────

NOMS		ADJECTIFS	
le **cou**teau	Madame	grand-grande	large (m. f.)
Monsieur ·	Mademoiselle	rectangulaire (m. f.)	bas-basse
		long-longue	carré-carrée
		rond-ronde	épais-épaisse
PRONOMS		mince (m. f.)	gros-grosse
singulier	pluriel	étroit-étroite	haut-haute
je	nous	pointu-pointue	petit-petite
tu	vous	court-courte	

EXPRESSION

Comment est le.....?

Verbe *être* au présent : Je suis, tu es, il est, nous sommes, vous êtes, ils sont.

○ LEÇON 6 ───────────────────────────────

NOMS	EXPRESSIONS	
le chap**eau**	*Y a-t-il..... ?*	Oui, il y a.....
le mant**eau**	*Qu'y a-t-il..... ?*	Non, il n'y a pas **de**.....
le bat**eau**	*Combien de..... ?*	

○ LEÇON 7 ───────────────────────────────

NOMS		ADJECTIFS	EXPRESSION
le bois	l'étoffe	léger-légère	*En quoi est le.....?*
le cuir	la pierre	lourd-lourde	
l'encrier			
le fer			
le papier			
le soulier			
le verre			

Verbe *être* (forme négative) : Je **ne** suis **pas,** tu n'es **pas,** il n'est **pas,** nous **ne** sommes **pas,** vous n'êtes **pas,** ils **ne** sont **pas.**

(forme interrogative) : Suis-*je*? es-*tu*? est-*il*? sommes-*nous*? êtes-*vous*? sont-*ils*?

□ *DICTÉES* □

1) La classe (ou la salle de classe) est grande et carrée. Dans la classe il y a quatre murs. Ils sont hauts et épais. Ils sont en pierre. Il y a aussi des bancs pour les étudiants, une table et une chaise pour le professeur, un tableau noir. Y a-t-il une horloge ? — Oui, il y a une horloge ; elle est ronde.

2) Dans la classe il y a un professeur, vingt étudiants et huit étudiantes. Où sont les cahiers ? — Ils sont sur les tables. — Où sont les livres ? — Ils sont dans les serviettes ou sur les bancs.

3) Voici une dictée : ce sont des nombres : « Six étudiants, treize livres, vingt-huit stylos, trente-quatre cahiers, quarante-deux robes, cinquante-cinq chapeaux, soixante-sept manteaux, soixante et onze couteaux. » La dictée n'est pas longue.

□ *DIALOGUES* □

● « *Hélène, ouvrez le livre, lisez la leçon.... Fermez le livre ; répondez : Où êtes-vous ?* — Je suis dans la classe, madame.
— *Comment est la classe ?* — Elle n'est pas petite, elle est grande, au contraire. Les murs sont hauts et épais.
— *Combien de murs y a-t-il ?* — Il y a quatre murs.
— *Est-ce qu'il y a des portes et des fenêtres ?* — Oui, il y a une porte et deux grandes fenêtres.
— *Y a-t-il des tables et des bancs pour les étudiants ?* — Oui, il y a dix tables et dix bancs pour les étudiants.
— *En quoi sont les bancs ?* — Ils sont en bois.
— *De quelle couleur sont-ils ?* — Ils sont bruns.
— *Qu'y a-t-il entre la porte et la fenêtre ?* — Entre la porte et la fenêtre il y a un bureau et une chaise pour le professeur et deux tableaux noirs. »

● « *Pierre, qu'est-ce que c'est ?* — C'est une serviette, madame.
— *Comment est la serviette ?* — La serviette est grande et large. Elle est noire.
— *Qu'y a-t-il dans la serviette ?* — Dans la serviette il y a un livre, un cahier, des crayons, une règle et une gomme.
— *Jean, qu'est-ce que c'est ?* — C'est le livre de Pierre.
— *Comment est-il ?* — Il est carré et épais.
— *Est-ce que le cahier est carré ?* — Non, le cahier n'est pas carré, il est rectangulaire.
— *Est-il épais ?* — Non, il n'est pas épais, il est mince.
— *De quelle couleur est le cahier ?* — Il est bleu, il y a aussi des cahiers verts, roses ou gris.
— *En quoi est le cahier ?* — Le cahier est en papier.
— *Comment sont les crayons ?* — Les crayons sont pointus. Ils sont jaunes.
— *Est-ce que la règle est courte ?* — Non, la règle n'est pas courte. Elle est longue et étroite. Elle est rouge.
— *Comment est la gomme ?* — La gomme est petite. Elle est ronde et mince. Elle est grise.
— *Cécile, qu'est-ce que c'est ?* — C'est le chapeau d'Hélène, madame.
— *De quelle couleur sont les chapeaux ?* — Les chapeaux sont noirs, ou rouges, ou bleus, ou gris, ou verts.
— *C'est bien. La leçon est finie. Sortez, s'il vous plaît. »*

Le verbe **avoir**	*Le corps*

Voici un garçon.

C'est Pierre Vincent [pjɛ·r vɛ̃sã].

Il **a** une **tête** ronde*. Voici la **tête** [1] de Pierre Vincent.

Il est **fort** : il **a** quatre **membres** (m.) **robustes.** Voici le **bras gauche** [2] et voici la **jambe droite** [3] de Pierre.

Il **a** deux **mains** et deux **pieds solides.**

Voici la **main gauche** [4] et le **pied droit** [5] de Pierre.

Il **a** des **doigts** [6] minces, un long **cou** [7], des **coudes** [8] pointus, mais des **genoux** [9] *(un genou)* ronds, des **épaules** [10] carrées, un **dos** [11] et une **poitrine** [12] larges.

J'**AI** deux mains. — Tu **AS** (Monsieur, Madame, Mademoiselle, vous **AVEZ**) deux mains. — Il (elle) **A** deux mains. — Nous **AVONS** deux mains. — Vous **AVEZ** deux mains. — Ils (elles) **ONT** deux mains (Verbe *avoir*).

J'ai deux jambes.
Ai-je deux jambes ?
— Oui, **vous avez** deux jambes.

J'ai deux bras.
Ai-je deux bras ?
— Oui, **vous avez** deux bras.

Le chien **a** quatre pattes.
A-[t]-il quatre pattes ?
— Oui, **il a** quatre pattes.

L'oiseau (m.) **a** deux ailes (f.).
A-[t]-il deux ailes ?
— Oui, **il a** deux ailes.

— Je [n'] ai [pas] *DE* pattes ; j'ai des jambes.

— Vous [n'] avez [pas] *D'*ailes ; vous avez des bras.

Est-ce que l'oiseau **a** *une* bouche ? — Non, l'oiseau n'**a pas** *DE* bouche ; il a un bec.

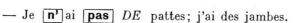

J'ai	tu as	il a	nous avons	vous avez	ils ont	elles ont	le pied et la main ont cinq doigts
[ʒe]	[ty ɑ]	[ila]	[nuzavõ]	[vuzave]	[ilzõ]	[ɛlzõ]	[lə pje e la mɛ̃ õ sɛ̃ dwa]

le corps	la tête	le bras	le dos	la poitrine	la jambe de Pierre Vincent	le chien
[lə kɔːr]	[la tɛt]	[lə bra]	[lə do]	[la pwatrin]	[la ʒãːb də pjɛ·r vɛ̃sã]	[lə ʃjɛ̃]

*Le professeur pourra dire, dès maintenant, s'il ne juge pas le tour trop difficile : Il a *la* tête ronde... *les* doigts minces, *le* cou long, etc.

GRAMMAIRE

Verbe **AVOIR**
Présent (de l'indicatif)

forme affirmative	forme négative	forme interrogative
OUI	**NON**	**?**
1. J'**ai**	1. Je **n'**ai **pas**	1. Ai-**je**?
2. Tu **as**	2. Tu **n'**as **pas**	2. As-**tu**?
3. { Il **a** / Elle **a**	3. { Il **n'**a **pas** / Elle **n'**a **pas**	3. { A-**t**-il? / A-**t**-elle?
1. Nous **avons**	1. Nous **n'**avons **pas**	1. Avons-**nous**?
2 Vous **avez**	2. Vous **n'**avez **pas**	2. Avez-**vous**?
3. { Ils **ont** / Elles **ont**	3. { Ils **n'**ont **pas** / Elles **n'**ont **pas**	3. { Ont-**ils**? / Ont-**elles**?

ATTENTION !   Je n'ai pas **DE** bec. — Je n'ai pas **DE** pattes.

Le bra**s**, les bra**s**. — Le cou, les cou**s** (*mais :* le genou, les genou**x**).

► EXERCICES ◄

I)   **Écrivez** l'article défini le, !a, l', *devant : bras, tête, main, pied, jambe, poitrine, coude, genou, dos, épaule, doigt.*

II)   **Conjuguez** *aux trois formes :* Être dans la classe ; avoir des cahiers.

III)   **Complétez** *avec le verbe* avoir :
J' ... un chapeau. Tu n' ... pas de livre. Est-ce qu'il ... un professeur ? ...-t-elle deux mains ? Nous n' ... pas d'ailes. ...-vous des pattes ? Ils ... un stylo. Elle n' ... pas de serviette. A ...-vous deux mains et deux pieds ? Est-ce que la petite fille ... une tête ?

IV)   **Répondez :** *Avez-vous un cou ? Est-ce que le chien a un bec ? Est-ce que l'oiseau a des bras ?*

V)   **Écrivez au pluriel :** *J'ai un livre bleu et un cahier jaune. Tu as un crayon pointu et une gomme carrée. Il a un veston brun et une cravate rouge. Elle a une robe verte et un chapeau noir.*

VI)   **Écrivez et répondez :** *Combien de têtes as-tu ? Combien de bras a-t-elle ? Combien de mains a-t-il ? Combien de genoux avons-nous ? Combien de jambes a-t-elle ? Combien de professeurs avons-nous ? Combien de doigts avez-vous ?*

VII)   **Y a-t-il** *un professeur dans la classe ? Combien de bancs y a-t-il dans la classe ? Y a-t-il un tableau dans la classe ? Y a-t-il une chaise dans la classe ? Y a-t-il un oiseau dans la classe ? Combien de lampes y a-t-il dans la classe ? Qu'y a-t-il dans la classe ?*

VIII)   **Écrivez en lettres** *les nombres : 2, 18, 97, 33, 100, 29, 12, 31, 56, 45, 81, 64.*

⟫→ Il est : est-il ? — Il a ; a-t-il ?   Fort ≠ faible. — Il est *fort* = il a de *la force*.

mon, ton, son	*La tête*

SINGULIER

masculin		féminin	
j'ai **un** chapeau brun	= **mon** chapeau est brun	j'ai **une** cravate brune	= **ma** cravate est brune
tu as **un** chapeau noir	= **ton** chapeau est noir	**tu** as **une** cravate noire	= **ta** cravate est noire
il (elle) a **un** chapeau bleu =	**son** chapeau est bleu	**il (elle)** a **une** cravate bleue =	**sa** cravate est bleue

PLURIEL
(masculin et féminin)

j'ai **des** chapeaux bruns j'ai **des** cravates brunes	= **mes**	{ chapeaux sont bruns { cravates sont brunes
tu as **des** chapeaux noirs tu as **des** cravates noires	= **tes**	{ chapeaux sont noirs { cravates sont noires
il (elle) a **des** chapeaux bleus il (elle) a **des** cravates bleues	= **ses**	{ chapeaux sont bleus { cravates sont bleues

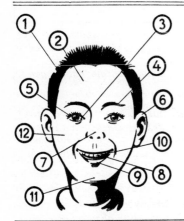

Voici un **portrait**. — C'est le **visage** de Pierre Vincent. Pierre a des **cheveux** [1] *(un cheveu)* noirs, un **front** [2] haut, des **yeux** [3] *(un œil)* bruns, des **sourcils** [4] (m.) et des **cils** [5] (m.) épais, des **oreilles** (f.) [6] larges, un **nez** [7] pointu. Sa **bouche** [8] est grande, ses **lèvres** (f.) [9] sont rouges, ses **dents** (f.) [10] sont blanches, son **menton** [11] est rond, ses **joues** (f.) [12] sont roses. A-t-il une **langue** ? — Mais oui ! — Où est-elle ? — Elle est dans sa bouche.

Pierre n'est *ni* **beau**, *ni* **laid**. — La petite Hélène, sa sœur, est **blonde**. Elle a *de* grands yeux; ils sont bleus avec des cils noirs. Hélène est **belle**.

Avec les yeux, je **vois** (tu **vois**, il **voit**, nous **voyons**, vous **voyez**, ils **voient**) : verbe *voir*.

Avec les oreilles, j'**entends** (tu entend**s**, il entend, nous entendons, vous entendez, ils entendent) : verbe *entendre*.

Avec le nez, je **sens** (tu **sens**, il **sent**, nous **sentons**, vous **sentez**, ils **sentent**) : v. *sentir*.

☆ *PRONONCIATION*

mon front [mõ frõ]	mon oreille [mɔnɔrɛj]	tes cheveux [te ʃvø]	tes sourcils [te sursi]	tes cils [te sil]	son œil [sɔnœj]	ses yeux (sezjø)
votre nez [vɔtrə ne]	beau, belle [bo, bɛl]	laid, laide [lɛ, lɛd]	je vois [ʒə vwa]	j'entends [ʒãtã]	vous voyez [vu vwaje]	je sens [ʒəsã]

GRAMMAIRE

L'adjectif possessif

	JE	TU	IL, ELLE
Masculin singulier	mon	ton	son
Féminin singulier	ma	ta	sa
Masculin et féminin pluriel	mes	tes	ses

ATTENTION !

MA ⨯
TA ⨯ ⟶ mon
SA ⨯ ton
son

a.....
e.....
i.....
o.....
u.....
h (muet)

(*mon* oreille)

Grand, petit, gros, long, beau : généralement **avant** le nom { **un** *gros* livre, **le** *gros* livre / **les** *gros* livres

Des livres [*bleus*] ; mais **de** [*gros*] livres (**de,** si l'adjectif est *avant* le nom).

▶ *EXERCICES* ◀

I) **Écrivez** un adjectif possessif *devant : tête, œil, cheveux, oreille, sourcil, nez, bouche, horloge, lèvres, dent, menton, front, langue, bras, jambes, main, pied, image, oiseau, gommes, table, chien, montre, sac, serviette, épaule, crayons, dos, cils, genoux.*

II) **Changez** l'adjectif possessif ; *Mon nez est pointu ; ma bouche est petite ; mes dents sont blanches ; mes yeux sont grands ; mon oreille est large. (Exemple : ton nez ..., son nez, etc.).*

III) **Complétez** *avec les noms : tête, cheveux, yeux, sourcils, nez, joues, bouche, menton, lèvres. Voici un garçon. Il a une ... ronde, des ch... bruns, des y... verts, des l... minces, un n... pointu, des j... roses, une gr... bouche, un m... carré, des s... noirs.*

IV) **Écrivez** et répondez : *De quelle couleur sont les cheveux de Pierre ? Est-ce que ses yeux sont bleus ? Comment sont ses sourcils et ses cils ? Comment est son front ? Combien d'oreilles a-t-il ? De quelle couleur sont ses lèvres ? Où est sa langue ? Combien de dents a-t-il ? De quelle couleur sont-elles ? De quelle couleur sont les cheveux d'Hélène ? Est-elle belle ?*

V) **Combien d'yeux** as-tu ? *De quelle couleur sont-ils ? De quelle couleur sont tes cheveux ? Comment est ton nez ? Est-ce que ton visage est carré ? Combien d'oreilles as-tu ?*

VI) **Conjuguez** : *Avoir de petites oreilles (formes affirmative, négative et interrogative).*

VII) **Mettez au pluriel** : *Un grand mur. Une lèvre mince. Une grosse règle. Un long crayon. Une joue ronde. Un petit œil. Un crayon court. Un beau visage.*

VIII) **Conjuguez** : *Voir les bateaux — entendre les oiseaux — sentir la fleur.*

Le *féminin* des adjectifs est toujours en *e* (laid, lai*de* ; long, long*ue* ; gros, gros*se* ; bas, bas*se* ; épais épai*sse*, beau, **belle**). — La *peau* d'Hélène est rose. Le chien a des *poils* (m.). L'oiseau a des *plumes* (f.),

notre, votre, leur	Verbes en ER

Je montre **ma** maison	Je montre **notre** maison 
Je montre **ta** maison 	Je montre **votre** maison 
Je montre **sa** maison	Je montre **leur** maison 
Pluriel : mes tes } maisons ses	**Pluriel :** nos vos } maisons leurs

Je **montre** *ma* maison, tu **montre**s *ta* maison, il (elle) **montre** *sa* maison, nous **montrons** *notre* maison, vous **montrez** *votre* maison, ils (elles) **montrent** *leur* maison.

Je **montre** est un *verbe.*   C'est le verbe **montr**er.   C'est un verbe en *ER.*

Avec mes jambes, je **marche** (verbe *marcher*).

Avec leurs ailes, les oiseaux **volent** (verbe *voler*).

Avec ma main, j'**ouvre** la porte (comme un verbe en *er*) ≠ je **ferme** la porte (verbe en *er*).

Avec ma bouche et ma langue, je **parle** (verbe *parler*), je **chante** (verbe *chanter*).

Avec mes yeux, je **regarde**. →   Quand je regarde, je **vois** (leçon 9).

Avec mes oreilles, j'**écoute** →   Quand j'écoute, **j'entends** (leçon 9).

NOMBRES ORDINAUX

1er	2e	3e	4e	5e	6e	7e
premier	deuxième (second)	troisième	quatrième	cinquième	sixième	septième
8e	9e	10e	11e	12e	13e	14e
huitième	neuvième	dixième	onzième	douzième	treizième	quatorzième
15e	16e	17e	18e	19e	20e
quinzième	seizième	dix-septième	dix-huitième	dix-neuvième	vingtième

---

☆ *PRONONCIATION*

notre maison	vos maisons	il ouvre	vous entendez	elles marchent	second
[nɔtrə mɛzõ]	[vo mɛzõ]	[il u:vr]	[vuzãtãde]	[ɛl marʃ]	[səgõ]

GRAMMAIRE

Verbe **PARL ER** 1er groupe : **ER**

Présent (de l'indicatif)

forme affirmative	forme négative	forme interrogative
1. Je parl **e**	Je **ne** parle **pas**	**Est-ce que** je parle ?
2. Tu parl **e s**	Tu **ne** parles **pas**	Parles-**tu**?
3. Il parl **e**	Il **ne** parle **pas**	Parle-**t**-il? Parle-**t**-elle?
1. Nous parl **ons**	Nous **ne** parlons **pas**	Parlons-**nous**?
2. Vous parl **ez**	Vous **ne** parlez **pas**	Parlez-**vous**?
3. Ils parl **ent**	Ils **ne** parlent **pas**	Parlent-**ils**? Parlent-**elles**?

L'adjectif possessif

	NOUS	**VOUS**	**ILS, ELLES**
Masc. et fém. singulier	**notre**	**votre**	**leur**
Masc. et fém. pluriel	**nos**	**vos**	**leurs**

ATTENTION ! **Tu** montres **ta** maison, **tes** maisons.

Monsieur , **vous** montrez **votre** maison (**vos** maisons).

▶ *EXERCICES* ◀

I) **Mettez** l'adjectif possessif : *Le professeur parle à ... étudiants. Tu montres ... classe. Il regarde avec ... yeux. Nous écoutons ... professeur. Elles marchent avec ... jambes. Vous êtes dans ... classe.*

II) **Conjuguez** aux trois formes : *Écouter le professeur et regarder le tableau.*

III) **Mettez** des noms et des adjectifs possessifs :
a) *Le chien marche avec ... L'oiseau vole avec ... Le petit garçon parle avec ... et avec ... Vous marchez avec ... Tu regardes avec... Elle écoute avec...*
b) *Avec quoi marchons-nous ? Avec quoi regardez-vous ? Avec quoi écoutons-nous ? Avec quoi parlent-ils ?*

IV) **Mettez** à toutes les personnes : *Je ne parle pas, je regarde le professeur et j'écoute la leçon. (Ex. : tu ne parles pas, tu regardes...).*

V) **Mettez** au pluriel : *Est-ce qu'il parle français ? L'oiseau vole avec ses ailes. L'étudiant n'écoute pas son professeur. Il n'ouvre pas la porte. Ferme-t-elle la fenêtre ? Le professeur montre sa classe.*

VI) **Mettez** au pluriel : *Un gros livre. Une belle cravate. Une longue jambe. Un petit cahier.*

VII) **Écrivez** les nombres ordinaux de 1er à 20e en lettres.

PRONONCEZ *le second:* c comme *g* de gant. — Avec le *nom,* Je *nomme* (v. *nommer*) les choses et les personnes.

Revision et variétés. Leçons 8 à 10

☐ *VOCABULAIRE, PRONONCIATION* ☐

○ LEÇON 8 ────────────────────────────────

NOMS		ADJECTIFS	
le chien	la jambe	droit-droite	robuste (m. f.)
le cou	la main	fort-forte	solide (m. f.)
le coude	la poitrine	gauche (m. f.)	
le genou			
le doigt	l'épaule		
	l'aile		
le bec	la bouche		
le bras	la patte		
le corps	la tête		
le dos			
le membre			
le pied			

Verbe *avoir* : (forme affirmative) : J'ai, tu as, il a, nous avons, vous avez, ils ont.

(forme négative) : Je **n'**ai **pas,** tu **n'**as **pas,** il **n'**a **pas,** nous **n'**avons **pas,** vous **n'**avez **pas,** ils **n'**ont **pas.**

(forme interrogative): Ai-*je*? as-*tu*? a-*t-il*? avons-*nous*? avez-*vous*? ont-*ils*?

○ LEÇON 9 ────────────────────────────────

NOMS		VERBES	ADJECTIFS
le front	la dent	*entendre*	beau-belle
le menton	la langue	*sentir*	blond-blonde
le cheveu	la joue	*voir*	laid-laide
l'œil-les yeux	la fleur		
	la sœur		
le cil			
le nez	la lèvre		ADJECTIFS POSSESSIFS
le portrait	l'oreille		
le sourcil		mon ma mes	notre nos
le visage		ton ta tes	votre vos
		son sa ses	leur leurs

Verbe *entendre* : J'entend**s**, tu entends, il entend, nous entendons, vous entendez, ils entend**ent.**

Verbe *sentir* : Je sen**s**, tu sens, il sent, nous sentons, vous sentez, ils sent**ent.**

Verbe *voir* : Je vois, tu vois, il voit, nous *voy*ons, vous *voy*ez, ils voi**ent.**

○ LEÇON 10 ────────────────────────────────

NOM	VERBES		
la maison	*marcher*	montrer	voler
	écouter	parler	fermer
	chanter	regarder	ouvrir (j'ouvre)

Verbe *marcher* : (forme affirmative) : Je marche, tu marche⬚s⬚, il marche, nous marchons, vous marchez, ils marchent.

(forme négative) : Je ne marche pas, tu ne marches pas, il ne marche pas, nous ne marchons pas, vous ne marchez pas, ils ne marchent pas.

(forme interrogative) : *Est=ce que je* marche? marches-*tu*? marche-*t-il*? marchons-*nous*? marchez-*vous*? marchent-*ils*?

□ *DICTÉES* □

1) C'est ma fille. — **Ses** cheveux sont longs. — **Mes** crayons sont bleus, **mais** ses crayons sont jaunes. — **C'est** sa gomme, ce sont ses livres. — **Mes** livres ne sont pas dans le sac, **mais** dans la serviette.

2) Voici le portrait d'un petit garçon et d'une petite fille. La fille a les cheveux bruns, les yeux gris, les joues roses, les lèvres rouges et les dents blanches. Sa robe est bleue. Le garçon regarde sa sœur avec ses grands yeux noirs. Sa tête est ronde et ses cheveux sont blonds et courts.

□ *DIALOGUE* □

Le corps

« Pierre, combien de membres avez-vous ? — J'ai quatre membres : deux bras et deux jambes. Avec mes jambes, je marche ; vous aussi monsieur, vous marchez avec vos jambes.
— *Combien de doigts avez-vous ?* — J'ai dix doigts : cinq doigts à la main droite et cinq doigts à la main gauche.
— *Avec votre main droite, vous ouvrez et vous fermez la porte.* — J'ouvre et je ferme aussi la porte avec ma main gauche. — *Comment est votre tête ?* — Ma tête est ronde.
— *Vos cheveux sont bruns, n'est-ce pas ?* — Oui, monsieur, ils sont bruns et courts.
— *De quelle couleur sont les yeux de Paul ?* — Ils sont bleus.
— *Avec les yeux, vous regardez les personnes et les choses et vous voyez.* — Oui, avec mes yeux, je regarde et je vois.
— *Avez-vous des cils et des sourcils ?* — Oui, j'ai des cils et des sourcils noirs.
— *Comment est votre nez ?* — Mon nez n'est ni grand, ni petit. Il n'est ni gros, ni mince. Il est pointu.
— *De quelle couleur sont vos joues ?* — Mes joues sont roses.
— *Et vos lèvres ?* — Elles sont rouges.
— *Qu'y a-t-il dans votre bouche ?* — Dans ma bouche, il y a une langue et trente-deux dents. Avec ma bouche je mange et je parle.
— *Avec la bouche vous mangez et vous parlez. Avez-vous des oreilles ?* — Oui, j'ai deux oreilles.
— *Avec vos oreilles vous écoutez, vous entendez.* — Oui ; j'écoute et j'entends avec mes oreilles. »*

□ *EXERCICES* □

I) **Ajoutez** un article *et* un adjectif *aux mots :* patte, yeux, chien, joue, main, aile, bouche. (Ex. : *pied,* **le** *pied* **droit.)**

II) **Faites** des phrases *avec les mots de l'exercice I.*

III) **Conjuguez :** *J'ai mon chapeau brun (à la forme affirmative) ; je n'ai pas ma serviette jaune (à la forme négative) ; ai-je mes gants gris ? (à la forme interrogative).*

IV) **Conjuguez :** *Je ferme ma serviette (à la forme affirmative) — Je n'ouvre pas mon livre (à la forme négative). — Est-ce que je parle français ? (à la forme interrogative).*

du, des	*L'heure*

Les jambes DE Pierre sont longues.   Les bras DE sa sœur sont courts.

MAIS $\left\{\begin{array}{l}\text{Les jambes } \boxed{\textbf{du}} \text{ garçon...}\\ \text{Les jambes } \boxed{\textbf{des}} \text{ garçons...}\end{array}\right.$

Les bras $\boxed{\textbf{des}}$ petites filles...

 Qu'est-ce que c'est ? — C'est une **horloge.** Elle est ronde.
Elle a un **cadran** avec des **chiffres** (m.) et deux **aiguilles** :
Les chiffres *du* cadran sont noirs.
La *petite* aiguille est l'aiguille *des* **heures** (une heure).
La *grande* aiguille est l'aiguille *des* **minutes** (une minute).
La **montre** a une troisième aiguille pour les **secondes** (une seconde).
Une heure = 60 minutes.   Une minute = 60 secondes.

QUELLE HEURE EST-IL ?

Il est **deux heures.**

Il est **cinq heures.**

Il est **neuf heures.**

Il est
deux heures cinq (minutes).

Il est
cinq heures moins dix.

Il est
neuf heures vingt.

Il est
deux heures et quart.

Il est
cinq heures et demie.

Il est **neuf heures trois quarts**
ou **dix heures moins le quart.**

Il est **midi.** Le soleil brille (v. *briller*).
C'est le **jour.**

Il est **minuit.** La lune et les étoiles (f.) brillent.
C'est la **nuit.**

Le **matin** : de 6 heures à midi.   L'**après-midi** (m. et f.) : de midi à 6 heures.
Le **soir** : de 6 heures à minuit.   Il est huit heures **du soir,** ou **vingt** heures.

A 9 heures, j'**entre** dans la classe (v. *entrer*). — A midi, je **sors** de la classe (v. *sortir*).
A quelle heure sortez-vous de la classe ? — Je sors de la classe à midi.
Il est neuf heures *moins dix* : je suis **en avance.** — Il est neuf heures *dix* : je suis **en retard.**

Verbe *sortir* (comme *sentir* leç. 9) : Je sors, tu sors, il sort, nous sortons, vous sortez, ils sortent.

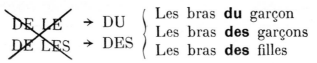

GRAMMAIRE

DE LE → DU ⎰ Les bras **du** garçon
DE LES → DES ⎱ Les bras **des** garçons
Les bras **des** filles

du, des sont des *articles contractés*

de est une *préposition*

☆ *PRONONCIATION*

l'aiguille des secondes
[legɥij de sgő:d]

les chiffres du cadran
[le ʃifrə dy kadrɑ̃]

Il est deux heures et demie
[il ɛ døzœ·r e dmi]

Il est neuf heures
[il ɛ nœvœ:r]

Il est cinq heures vingt
[il ɛ sɛ̃kœ·r vɛ̃]

Il est minuit et quart
[il ɛ minɥi e ka:r]

le matin   le soir
[lə matɛ̃] [lə swa:r]

l'après-midi
[lapremidi]

en avance
[ɑ̃navɑ̃:s]

en retard
[ɑ̃rta:r]

▶ *EXERCICES* ◀

I) **Mettez** *du* **ou** *des* : *Le livre ... professeur est sur la table. Les cahiers ... étudiants sont rouges, bleus ou verts. Les pattes ... chien sont courtes. Les aiguilles ... montres sont noires. Les cadrans ... horloges sont blancs. Les robes ... femmes sont longues ou courtes.*

II) **Conjuguez** *aux trois formes* (affirmative, négative, interrogative) : *J'entre dans la classe à 9 heures. Je sors de la classe à midi.*

III)

Quelle heure est-il ?

IV) **Écrivez** *et* **répondez** : *Avez-vous une montre ? Combien d'aiguilles a-t-elle ? Quelle est l'aiguille des minutes ? Est-ce que votre montre a une aiguille pour les secondes ? Comment est votre montre ? De quelle couleur sont les aiguilles ? De quelle couleur est le cadran ? De quelle couleur sont les chiffres du cadran ?*

V) **Combien de minutes y a-t-il** *dans une heure ? Combien de secondes y a-t-il dans une minute ? Combien d'heures y a-t-il dans un jour ? Combien de minutes y a-t-il dans une demi-heure ? Combien de quarts d'heure y a-t-il dans une heure ? A quelle heure entrez-vous dans la classe ? A quelle heure sortez-vous de la classe ?*

VI) **Mettez** l'article *indéfini ou* l'article *défini devant*: *minute, heure, aiguille, cadran, montre, horloge, soleil, lune, étoile, nuit, jour, seconde, matin, soir, après-midi.*

5 h. du matin, c'est **tôt.** — *minuit,* c'est **tard.**

au, aux	*Le jour, le mois, l'année*

Je parle ⎰ **à** Pierre / **à l'**étudiant / **à la** fille   mais   je parle ⎹ **au** ⎸ garçon   je parle ⎰ ⎹ **aux** ⎸ garçons / ⎹ **aux** ⎸ étudiants / ⎹ **aux** ⎸ filles

Hélène **donne** une fleur **au** bébé (verbe *donner*).

Quel jour est-**ce aujourd'hui?**
Aujourd'hui, **c'**est jeudi, c'est le 1ᵉʳ mai.

Aujourd'hui 1ᵉʳ mai : le **présent.** — *Hier* 30 avril : le **passé.**
Demain 2 mai : le **futur.**

Une **semaine** a sept jours (m.) :
lundi, mardi, mercredi, jeudi, vendredi, samedi, dimanche.

Lundi est le premier jour de la semaine;
dimanche est le septième (le dernier) jour de la semaine.

Un **mois** a quatre semaines.

Une **année** (= un **an**) a douze mois :
janvier, février, mars, avril, mai, juin, juillet, août, septembre, octobre,
novembre, décembre.

Nous sommes ⎹ **au** ⎸ **mois** de mai (ou **en** mai).

NOMBRES ORDINAUX

20ᵉ	21ᵉ	22ᵉ	30ᵉ	40ᵉ	50ᵉ
vingtième	vingt et ⎹unième⎸	vingt-deuxième	trentième	quarantième	cinquantième

60ᵉ	70ᵉ	71ᵉ	80ᵉ
soixantième	soixante-dixième	soixante et onzième	quatre-vingtième

81ᵉ	90ᵉ	91ᵉ	100ᵉ
quatre-vingt-unième	quatre-vingt-dixième	quatre-vingt-onzième	centième

(Tableau des nombres, page 216.)

GRAMMAIRE ──────────

A̶ L̶E̶ → AU { Je donne un cahier **au** garçon
A̶ L̶E̶S̶ → AUX { Je donne des cahiers **aux** garçons

au, aux sont des *articles contractés*
à est une *préposition*

☆ *PRONONCIATION*

le jour	le mois	l'année	lundi	mardi	mercredi	jeudi	vendredi	samedi	dimanche
[lə ʒuːr]	[lə mwɑ]	[lane]	[lœ̃di]	[mardi]	[mɛrkrədi]	[ʒødi]	[vɑ̃drədi]	[samdi]	[dimɑ̃ːʃ]

janvier	février	mars	avril	mai	juin	juillet	août	septembre
[ʒɑ̃vje]	[fevrie]	[mars]	[avril]	[mɛ]	[ʒɥɛ̃]	[ʒɥijɛ]	[u]	[sɛptɑ̃ːbr]

octobre	novembre	décembre	aujourd'hui	vingtième	soixantième	quatre-vingt-onzième
[ɔktɔbr]	[nɔvɑ̃ːbr]	[desɑ̃ːbr]	[oʒurdyi]	[vɛ̃tjɛm]	[swasɑ̃tjɛm]	[katrəvɛ̃ ɔ̃zjɛm]

► *EXERCICES* ◄

I) **Complétez** *avec* au *ou* aux :
Je parle ... professeur. Les petits Français n'ont pas de classe ... mois d'août ni ... mois de septembre. Nous donnons des livres ... petits garçons. Le professeur donne des livres ... étudiants et ... étudiantes.

II) **Écrivez et répondez :** *Combien de mois y a-t-il dans une année? Quels sont les mois de l'année? Combien de jours y a-t-il dans une semaine? Combien de jours y a-t-il dans une année? Quel jour est-ce aujourd'hui ?*

III) **Complétez :** *... est le troisième mois de l'année. — ... est le premier mois de l'année. — ... est le neuvième mois de l'année. — ... est le sixième mois de l'année. — ... est le quatrième mois de l'année. — ... est le onzième mois de l'année. — ... est le dernier mois de l'année.*

IV) **Lundi est** *le ... jour de la semaine. Mercredi est le ... jour de la semaine. Vendredi est le ... jour de la semaine. Samedi est le ... jour de la semaine. Jeudi est le ... jour de la semaine. Dimanche est le ... jour de la semaine. Mardi est le ... jour de la semaine.*

V) **Écrivez et répondez :** *Combien de jours a le mois de février? Combien de jours a le mois d'août? Combien de jours a le mois de mai? Combien de jours a le mois de septembre? Quel est le premier mois de l'année? Quel est le dernier mois de l'année?*

VI) **Écrivez en lettres** *les nombres ordinaux :* a) *de 20ᵉ à 70ᵉ;* b) *de 70ᵉ à 100ᵉ.*

Août :
en Argentine   en France

Décembre :
en **Argentine**   en France

| **Verbes en IR** | *Les saisons* |

Le professeur **commence** la classe à 9 heures. Il **finit** la classe à midi.

Nous fin **issons** la classe à midi. Vous fin **issez** la classe à midi.

ou :

*Les classes commencent à 9 heures. Elles fin **issent** à midi.*

Commencer est un verbe du 1er *groupe* :   1er groupe ... **er**

Finir est un verbe du 2e *groupe* :   2e groupe ... **ir (-issons).**

L'année a quatre **saisons** (la saison) :

le **printemps**   l'**été** (m.)   l'**automne** (m. et f.)   l'**hiver** (m.)

En Europe,

le **printemps**	commence le 21 mars	et finit le 21 juin.
l'**été**	commence le 22 juin	et finit le 22 septembre.
l'**automne**	commence le 23 septembre	et finit le 21 décembre.
l'**hiver**	commence le 22 décembre	et finit le 20 mars.

● *AU* printemps le **ciel** est bleu, le soleil **brille,** il fait **beau** (= le **temps** est beau).

Les arbres ont des **feuilles** vertes. Le printemps est la saison des **fleurs.**

● *EN* été, **quel temps** fait-il **?** — *EN* été, il fait beau et il fait chaud (chaud ≠ froid).

Déjà les fruits **grossissent.**   Sont-ils bons ? — Non; pas encore.

● *EN* automne le ciel est gris.  Les feuilles

Il pleut.   **Il fait** des **arbres** (m.)

J'ai un **parapluie.**   **du**   **tombent.**
                                        vent.

● **Quel temps** fait-il *EN* hiver?   *EN* hiver, il fait froid

La neige tombe, et la **terre** est blanche.

Je **fais** du **feu**
dans la maison.

Verbe *faire* :

Je fais, tu fais, il fait,
nous faisons [nu fəzõ],
vous **faites**, ils font.

[Le maçon *fait* un mur, les maçons *font* des murs.]

En été il fait jour **tôt.** Il fait nuit **tard.** — En hiver il fait jour **tard.** Il fait nuit **tôt.**

GRAMMAIRE

Verbe **FIN** IR 2e groupe : IR

Présent (de l'indicatif)

forme affirmative	forme négative	forme interrogative
1. Je fin **is**	Je ne fin**is** pas	Est-ce que je fin**is**?
2. Tu fin **is**	Tu ne fin**is** pas	Fin**is**-tu ?
3. Il fin **it**	Il (elle) ne fin**it** pas	Fin**it**-il ? Fin**it**-elle?
1. Nous fin **iss** ons	Nous ne fin **iss** ons pas	Fin **iss** ons-nous ?
2. Vous fin **iss** ez	Vous ne fin **iss** ez pas	Fin **iss** ez-vous ?
3. Ils fin **iss** ent	Ils ne fin **iss** ent pas	Fin **iss** ent-ils?-elles?

On conjugue comme **finir** :

blanchir (blanc)   rougir (rouge)   jaunir (jaune)   grandir (grand)   grossir (gros)

ATTENTION au v. Commencer ! | Je commence, tu commences, il commence, nous commen**ç**ons, vous commencez, ils commencent

☆ *PRONONCIATION*

Je finis	nous finissons	ils finissent	il fait froid en hiver	il fait chaud en été
[ʒə fini]	[nu finisõ]	[il finis]	[il fɛ frwa ãnivɛːr]	[il fɛ ʃo ãnete]

le printemps	l'automne	l'hiver	la feuille tombe	il fait jour tôt	il fait nuit tard
[lə prɛ̃tã]	[lotɔn]	[livɛːr]	[la fœj tõːb]	[il fɛ ʒuːr to]	[il fɛ nɥi taːr]

▶*EXERCICES* ◀   I) **Conjuguez** *aux trois formes* (affirmative, négative, interrogative) :
Commencer la classe à 9 heures. Finir la leçon à midi. Faire l'exercice de grammaire.

II) **Répondez et écrivez :** *De quelle couleur est le ciel au printemps ? De quelle couleur est-il en automne ? De quelle couleur sont les arbres au printemps ? En quelle saison tombent les feuilles ? De quelle couleur est la neige ?*

III) **Mettez** l'article indéfini *devant : beau printemps, long été, automne chaud, hiver froid, ciel bleu, feuille verte, fleur rose, petit oiseau, fruit rouge, neige blanche, terre brune, grand vent.*

IV) **Répondez :** *Quand grossissent les fruits ? Quel temps fait-il en hiver? Fait-il froid au mois d'août en Europe ? Fait-il chaud en été ? Quand pleut-il ? Quel temps fait-il aujourd'hui ? Quand fait-il jour en hiver? Quand fait-il jour en été? Quand fait-il nuit, au mois d'août ?*

V) **Mettez** *le nom d'une saison : Au ... il y a des fleurs. En ... il fait beau. En ... il fait du vent, et les feuilles des arbres tombent. En... la terre est blanche. En... il fait chaud. En... il fait froid.*

VI) **Quand** *commence le printemps en Europe ? Quand finit l'été ? Quand commence l'hiver ? Quand finit l'automne ?*

PRON. nous faisons : *fai* comme *fe* dans fenêtre. **Bon ≠ mauvais** (**méchant,** en parlant des *personnes*). Je *fais* ou j'*allume* du feu ≠ j'*éteins* le feu (tu éteins, il éteint, n. éteignons, v, éteignez, ils éteignent).

Ce, cet, cette, ces	*Les mesures (f.) — L'âge (m.)*

 ← **Ce** crayon est long.   ← **Ce** crayon est court.

 ← **Cet** oiseau vole.   ← **Cet** oiseau ne vole pas.

 ← **Cette** horloge est ronde.   ← **Cette** horloge est carrée.

CES images
réprésentent des crayons, des oiseaux, des horloges.

Cette image **représente** la classe d'Hélène Vincent. Cette classe est grande et **claire**; elle [a] (elle **mesure**) 9 mètres de **long**, 7 mètres de **large** et 5 mètres de **haut**. Cette dame, à droite, est le **professeur** d'Hélène. C'est une Française. Son **nom** est Leblanc. Son **prénom** est Louise. Madame Leblanc n'est pas grande. Elle a 1 m. 60. Elle n'est pas mince, elle est grosse : elle **pèse** 70 kilos. **Quel âge** a-t-elle? Elle a 30 ans. Elle est **jeune**. Le **directeur** de l'**école** (f.) a 70 ans : il n'est pas jeune, il est **vieux** (fém. **vieille**).

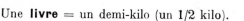

un **centimètre**.   10 centimètres = un **décimètre**.

100 centimètres = un **mètre**.   1 000 (mille) mètres = un **kilomètre**.

Long : **la longueur**. — Large : **la largeur**. — Haut : **la hauteur**.

Un **litre** d'eau (f.) ou de **vin** (m.) **pèse** un **kilo** (ou un **kilogramme**).

1 kilo = 1 000 **grammes** (*le* gramme).

Une **livre** = un demi-kilo (un 1/2 kilo).

Combien **pèse** ce pain ?
— Il **pèse** deux kilos.

Combien **coûte** ce pain?
— Il coûte 1 franc 20 centimes.

GRAMMAIRE

L'adjectif démonstratif

Masculin singulier	Féminin singulier	Masculin et féminin pluriel
ce, cet	**cette**	**ces**

ATTENTION ! C̶E̶ → CET
$\begin{cases} a..... \\ e..... \\ i..... \\ o..... \\ u..... \\ h \text{ (muet)} \end{cases}$
 Cet oiseau

Verbe **peser :** Je pès(e), tu pès(es), il pès(e), nous pesons, vous pesez, ils pès(ent).

☆ *PRONONCIATION*

ce crayon	cet oiseau	cette dame	cette horloge	ces classes	ces hommes
[sə krejõ]	[sɛtwazo]	[sɛt dam]	[sɛtɔrlɔ:ʒ]	[se klɑ:s]	[sezɔm]
le mètre	je pèse	vieux, vieille	la longueur	la hauteur	la largeur
[lə mɛtr]	[ʒə pɛ:z]	[vjø - vjɛj]	[la lõgœ:r]	[la otœ:r]	[la larʒœ:r]

► EXERCICES ◄

I) **Conjuguez :** peser 60 kilos *aux trois formes* (affirmative, négative, interrogative).

II) **Mettez** *les* adjectifs démonstratifs ce, cet, cette *ou* ces *:*
... livre est vert. ... horloge est grande. ... serviette pèse 10 kilos. ... enfant a 10 ans. ... mur a cinq mètres de hauteur. ... femme est mince. ... arbre a des fruits. ... homme a 40 ans.

III) **Combien de centimètres y a-t-il** *dans un mètre? Combien de mètres y a-t-il dans un kilomètre? Combien de grammes y a-t-il dans une livre? Combien de livres y a-t-il dans un kilo? Combien pèse un litre d'eau? Combien de décimètres y a-t-il dans un mètre?*

IV) **Quel âge avez-vous ?** *Êtes-vous grand ? Combien mesurez-vous ? Combien pesez-vous ? Quel est votre nom ? Quel est votre prénom ? Êtes-vous Français ?*

V) **Mettez** *l'article* défini le, la, l' *devant :* kilomètre, gramme, âge, litre, kilo.

VI) **Faites** *des phrases avec les* verbes : *marcher, parler, finir, rougir, faire, jaunir, peser, blanchir, coûter, commencer.*

VII) **Complétez** *avec les* adjectifs qualificatifs : *grand, gris, rectangulaire, carré, haut, petit, noir, large. Notre classe n'est pas p..., elle est g.... Elle n'est pas c..., elle est r.... De quelle couleur sont les murs? Ils sont g... La porte est l... et les deux fenêtres sont h... Dans la classe il y a deux tableaux n..., une chaise et des bancs.*

⟫⟶ Le pain *pèse* deux kilos (son *poids* est *de* 2 kilos); le garçon *a* 5 ans; le mur *a* 6 mètres.

36

Revision et variétés. Leçons 11 à 14

□ *VOCABULAIRE, PRONONCIATION* □

○ LEÇON 11

NOMS		VERBES	EXPRESSIONS
le cadran	la seconde	*sortir*	*quelle heure est-il ?*
le matin	la minute	entrer	il est midi
le chiffre	la lune	briller	il est minuit
le jour	l'aiguille		moins dix
le soir	la nuit		en avance
l'après-midi	l'étoile		en retard
le soleil	l'heure		

Verbe *sortir* : Je sors, tu sors, il sort, nous sortons, vous sortez, ils sortent.

○ LEÇON 12

NOMS			VERBE	MOTS INVARIABLES
l'an	janvier (m.)	l'année	donner	aujourd'hui
le mois	février (m.)	la semaine		demain
le bébé	mars (m.)			après-demain
le dimanche	avril (m.)			hier
le lundi	mai (m.)			avant-hier
le mardi	juin (m.)			
le mercredi	juillet (m.)			
le jeudi	août (m.)			
le vendredi	septembre (m.)			
le samedi	octobre (m.)			
	novembre (m.)			
	décembre (m.)			

□ *EXERCICES* □

I) **Complétez en lettres** (Ex. : *Le 2 janvier est le deuxième jour de l'année*).
Le 15 janvier est le ... jour de l'année. — Le 29 janvier est le ... jour de l'année. — Le 28 février est le ... jour de l'année. — Le 14 mars est le ... jour de l'année. — Le 31 décembre est le ... jour de l'année.

I!) **Trouvez** *dans le vocabulaire des leçons 11, 12, 13 et 14 les verbes du 1er et du 2e groupes et mettez ces verbes à la première personne du singulier et du pluriel :*
Ex. : Briller : Je brille, nous brillons.

III) **Mettez** *les adjectifs démonstratifs : ce, cet, cette, ces (m.) et ces (f.) devant des noms. Faites des phrases avec ces noms.*

IV) **Complétez les phrases :** *Au printemps ... En été ... En automne ... En hiver ... Aujourd'hui le ciel n'est pas bleu, il est ... Ma sœur n'est pas blonde, elle est ... Le 31 décembre n'est pas le premier jour de l'année, il est le ...*

○ LEÇON 13 ───────────────────────────────

NOMS		VERBES		ADJECTIFS
le parapluie	la feuille	*finir*	blanchir	bon-bonne
le fruit	la fleur	*faire*	fleurir	chaud-chaude
le feu	la saison	commencer	grandir	froid-froide
───────	la neige	tomber	grossir	
l'arbre	───────	jouer	jaunir	
le ciel	l'Europe		rougir	
le maçon	la glace			
le printemps	la terre			
l'été				
l'automne				
l'hiver				
le temps				
le vent				

EXPRESSIONS ET MOTS INVARIABLES

quel temps fait-il ?

il fait { beau / chaud / froid / du vent / jour / nuit

tôt
tard
déjà
pas encore

Verbe *finir* : Je finis, tu finis, il finit, nous *finiss*ons, vous *finiss*ez, ils *finiss*ent.

Je **ne** finis **pas**, tu **ne** finis **pas**, il **ne** finit **pas**, nous **ne** finissons **pas**, vous **ne** finissez **pas**, ils **ne** finissent **pas**.

Est=ce que je finis? finis-*tu*? finit-*il*? finissons-*nous*? finissez-*vous*? finissent-*ils* ?

Verbe *faire* : Je fais, tu fais, il fait, nous faisons [fezõ], vous faites, ils font.

[Le maçon f**ait** un mur ; les maçons f**ont** des murs.]

○ LEÇON 14 ───────────────────────────────

NOMS		VERBES	ADJECTIFS	ADJECTIFS DÉMONSTRATIFS
le centimètre	la longueur	coûter	clair-claire	ce, cet
le franc	la hauteur	mesurer	vieux-vieille	cette
le Français	la largeur	peser		ces
le nom	───────	représenter		
le prénom	l'eau			
le pain	l'école			
le vin	l'image			
───────	la livre			
l'âge	la mesure			
le décimètre				
le directeur				
le mètre				
le gramme				
le kilomètre				
le kilogramme				
le litre				

EXPRESSIONS

8 mètres de haut
8 mètres de long
8 mètres de large
le mur a 6 mètres
quel âge a-t-il ?
il a 5 ans.

□ *DICTÉES* □

1) Ces livres sont les livres de Pierre : ce sont **ses** livres. — **C'est** son stylo. — Ce ne sont pas **mes** crayons, **mais** les crayons de Jean. — **C'est** ma fille. **Ses** yeux sont bleus. **Cette** petite a **sept** ans.

2) Nous sommes au printemps. C'est le troisième dimanche du mois de mai. Je regarde par la fenêtre : il fait beau, le soleil brille, il n'y a pas de vent. Les arbres ont des feuilles vertes et des fleurs roses ou blanches. Je vois un petit oiseau jaune. J'écoute : il chante. Puis il ouvre ses ailes et il s'envole vers le ciel bleu.

3) Pierre a une montre. Sa montre n'est pas ronde, elle est rectangulaire ; elle n'est pas grande, elle est petite. Elle a un cadran blanc, des chiffres noirs et deux aiguilles : une petite aiguille pour les heures, une grande aiguille pour les minutes. Il n'y a pas d'aiguille pour les secondes.

Pierre regarde sa montre : quelle heure est-il ? Il est midi. Les élèves sortent de la classe.

4) Nous avons une belle salle de classe : elle est grande et claire. Elle mesure dix mètres de long, six mètres de large et quatre mètres de haut. Les murs sont blancs et verts. Notre professeur est une femme, une Française. Elle est blonde et a des yeux bleus. Elle n'est pas vieille ; elle est jeune : elle a 25 ans.

□ *DIALOGUES* □

L'heure

« Bonjour, monsieur. Quelle heure est-il, s'il vous plaît ? — *Il est midi et demi. Vous n'avez pas de montre, Françoise ?* — Oh ! si, j'ai une montre. Mais elle ne marche pas bien. Elle dit 1 h. moins 10 : elle avance.

— *Combien d'aiguilles a-t-elle ?* — Ma montre a trois aiguilles : une petite aiguille pour les heures, une aiguille longue et mince pour les minutes et une autre aiguille pour les secondes.

— *Y a-t-il une horloge dans votre classe ?* — Oui, dans notre classe il y a une grande horloge.

— *De quelle couleur sont le cadran et les chiffres ?* — Le cadran est blanc, les chiffres sont noirs.

— *Est-ce que l'horloge marche bien ?* — Elle retarde d'un quart d'heure. Quand elle dit onze heures cinq, il est onze heures vingt.

— *A quelle heure commence votre classe ?* — La classe commence à deux heures moins le quart.

— *A quelle heure finit-elle ?* — Elle finit à trois heures et demie.

— *Merci, Françoise. Au revoir.* »

Les saisons

« Cécile, avez-vous un calendrier ? — Oui, madame.

— *Quel jour est-ce aujourd'hui ?* — Aujourd'hui, c'est lundi.

— *En quel mois sommes-nous ?* — Nous sommes en mai (au mois de mai).

— *En quelle saison est le mois de mai ?* — Le mois de mai est au printemps.

— *Quelles sont les autres saisons de l'année ?* — Les autres saisons de l'année sont : l'été, l'automne et l'hiver.

— *Quel temps fait-il aux quatre saisons ?* — Au printemps et en été, il fait beau et chaud. En automne, il fait du vent ; il pleut. En hiver, il fait froid ; il neige.

— *Est-ce que le ciel est bleu toute l'année ?* — Le ciel est bleu au printemps et en été, mais en automne et en hiver il est gris.

— *Quand les arbres ont-ils des feuilles, des fleurs et des fruits ?* — Au printemps, les arbres ont des feuilles vertes et des fleurs ; en été, ils ont des fruits.

— *Et en automne ?* — En automne, les feuilles des arbres sont brunes, rouges et jaunes ; elles tombent. En hiver, les arbres n'ont ni feuilles ni fleurs ni fruits. Ils sont blancs sous la neige.

— *Est-ce que les jours sont longs en hiver ?* — Non, en hiver les jours sont courts. »

Les mesures, l'âge

« *Jean, avez-vous une règle ?* — Oui, monsieur.

— *Est-elle longue ?* — Elle a vingt centimètres.

— *Combien de centimètres y a-t-il dans un mètre ?* — Dans un mètre il y a cent centimètres ou dix décimètres ou mille millimètres.

— *Combien de mètres y a-t-il dans un kilomètre ?* — Dans un kilomètre, il y a mille mètres.

— *C'est très bien. Combien de kilomètres y a-t-il de Paris à Versailles ?* — De Paris à Versailles il y a 20 kilomètres.

— *Est-ce que les Français sont grands ?* — Les hommes ont en moyenne 1 m. 70 et les femmes, 1 m. 60.

— *Et vous, êtes-vous grand ?* — Non, j'ai 1 m. 65.

— *Marc est-il gros ou mince ?* — Il n'est ni gros ni mince.

— *Quel âge a-t-il ?* — Il a 18 ans.

— *Combien pèse-t-il ?* — Il pèse 60 kilos.

— *Combien de grammes y a-t-il dans un kilo ?* — Dans un kilo il y a mille grammes.

— *Combien de livres y a-t-il dans un kilo ?* — Dans un kilo il y a deux livres.

— *Est-ce que ces sacs sont lourds ?* — Le sac noir est lourd. Il pèse six kilos. Le sac brun est léger. Il pèse une livre et demie. »

□ EXERCICES □

I) **Mettez** de, de la, de l', du, des :

L'aiguille ... horloge. — Les aiguilles ... horloges. — La porte ... maison. — Le chapeau ... professeur. — Les yeux ... étudiants. — Les pattes ... chien. — La montre ... Pierre. — Les cheveux... Hélène. — Les chiffres ... cadran. — L'heure ... classe.

II) **Mettez** à, à la, à l', au, aux :

Je donne des livres ... étudiants, ... professeur, ... mon professeur, ... professeurs, ... Mme Leblanc. — Nous sommes ... mois d'octobre. — Nous commençons la classe ... 9 heures. — Il parle ... étudiant.

III) **Combien** de minutes y a-t-il dans : un quart d'heure ? — une demi-heure ? — trois quarts d'heure ? — une heure et quart ? — trois heures et demie ? — dix heures ? (Écrivez en lettres).

IV) **Combien** de secondes y a-t-il dans : cinq minutes ? — un quart d'heure ? — une demi-heure ? — une heure ? — deux heures ?

PREMIER DEGRÉ

●

Deuxième partie : **Au Canada, avec la famille VINCENT**

GRAMMAIRE

Les trois groupes de verbes

1ᵉʳ groupe	2ᵉ groupe	3ᵉ groupe		
... er	**...ir (-iss-)**	**...ir**	**...oir**	**...re**
v. *parler*	v. *finir*	v. *sortir*	v. *voir*	v. *entendre*
	(nous fin**issons**)	(nous sort**ons**)		

La maison de M. Vincent à Montréal (Canada)

Voici un **jardin et** des fleurs ; dans le jardin, voici une maison blanche, avec un **toit** [1] rouge et une haute **cheminée** [2]. Cette maison a un **grenier** [3], deux **étages** (m.) [4 et 5], un **rez-de-chaussée** [6] et une **cave** [7]. Devant les fenêtres du premier étage, nous voyons un **balcon**.

— Où est le grenier ?

— Il est sous le toit.

— Où est la cave ?

— Elle est sous le rez-de-chaussée.

— Y a-t-il un **garage** pour **l'auto** (f.) ?

— Oui, le garage [8] est **à droite**.

A gauche du garage, voici un petit **escalier** [9]: il a quatre **marches** (f.). **Nous montons** cet escalier. Sur la porte nous voyons un nom: « François Vincent ». Monsieur Vincent **habite** avec sa **famille** dans cette maison.

Je **sonne. Nous attendons* quelques** minutes.

← *à gauche* ≠ *à droite* → | *Quelques* = *deux ou trois*

Je monte l'escalier   *monter* ≠ *descendre* (on conjugue *descendre* comme *entendre*: leçon 8)

*J'attends : on conjugue *attendre* comme *entendre* (leçon 9).

☆ *PRONONCIATION*

Montréal	La maison	Le toit	La cheminée	Le rez-de-chaussée	Le garage
[mõreal]	[la mɛzõ]	[lə twa]	[la ʃmine]	[lə redʃose]	[lə gara:ʒ]

Nous montons cet escalier   Monsieur Vincent   La famille
[nu mõtõ seteskalje]   [məsjø vɛ̃sɑ̃]   [la famij]

Nous attendons quelques minutes
[nuzatɑ̃dõ kɛlkə minyt]

CONVERSATION

1. De quelle couleur est la maison? — **2.** De quelle couleur est le toit? — **3.** Que voyez-vous devant le premier étage? — **4.** Où est la cave de la maison? — **5.** Où est le grenier? — **6.** Y a-t-il un garage? — **7.** Y a-t-il un jardin? — **8.** Qui habite dans cette maison? — **9.** Y a-t-il un escalier? — **10.** Combien de marches a-t-il? — **11.** Que voyez-vous sur la porte? — **12.** Sonnez-vous? — **13.** Que faites-vous ensuite?

Attention!   *Qui?* = Quelle personne?   —   *Que?* = Quelle chose?

► EXERCICES ◄

I)   **Citez** *5 verbes du premier groupe, 3 verbes du 2e groupe, 2 verbes du 3e groupe. Faites une phrase avec chaque verbe.*

II)   **Mettez** *à la 3e personne du singulier et à la 1re personne du pluriel : Je monte l'escalier. Je suis dans la classe. J'ai un bon professeur. Je finis ma dictée. Je fais mon exercice. Je ferme mon cahier. J'ouvre mon livre.*

III)   **Conjuguez** *aux trois formes* (affirmative, négative *et* interrogative) :
a) voir une image ; b) entendre la leçon ; c) attendre le professeur.

IV)   **Mettez** *l'article* défini : le, la, l' *devant les noms de la leçon ; exemple : l'image, le jardin, etc.*

V)   **Décrivez** *votre maison.*

VI)   **Faites** *une phrase avec les noms : escalier, maison, fleur, garage, balcon, toit, famille.*

VII)   **Complétez avec :** *escalier, maison, étages, grenier, rez-de-chaussée, cave, toit, marches.*

Les Vincent ont une grande... avec un... rouge. Elle a un r... et deux... Il y a une grande... sous le rez-de-chaussée; Il y a un... au-dessus du deuxième étage. Pour entrer dans la maison, nous montons un... de quatre....

⇛► PRONONCEZ : Mon(t)réal ; — Monsieur *(mon comme **me**, sieur comme **sieu**).*

GRAMMAIRE

Le passé composé (de l'indicatif)

Aujourd'hui *je commence* la leçon 16 *(présent)*.
Hier, **j'ai commencé** et **j'ai fini** la leçon 15 *(passé composé)*.

Le *passé composé* du verbe *commencer :*
= le *présent* du verbe *avoir* + le *participe passé* du verbe *commencer.*

J'ai **commencé.**	Nous **avons commencé.**	
Tu **as commencé.**	Vous **avez commencé.**	
Il(elle)**a commencé.**	Ils (elles) **ont commencé.**	

1er groupe (*-ER*)... participe en **é** : j'ai commenc**é**.

2e groupe (*-IR, ISSONS*)... participe en **i** : j'ai fin**i**.

Attention ! Passé composé de :

être	: j'ai **été**
avoir	: j'ai **eu** [ʒe y]
faire	: j'ai **fait**
voir	: j'ai **vu**
entendre	: j'ai **entendu**
ouvrir	: j'ai **ouvert**

Les grands parents

Les parents

La famille Vincent

J'ai sonné. Nous avons attendu quelques minutes.

Maintenant un jeune garçon de seize ans ouvre la porte. Vous avez vu son portrait à la leçon 9. C'est Pierre Vincent. Avec Pierre, voilà une petite fille blonde. C'est Hélène Vincent; elle a sept ans. Puis, une **dame** arrive et dit* : « Bonjour, **chers amis,** je suis **contente** de votre **visite** (f.). » Cette dame est Madame Vincent, la **mère** de Pierre et d'Hélène. Pierre est son **fils,** Hélène est sa **fille.** Pierre est le **frère** d'Hélène, Hélène est la **sœur** de Pierre. Le **père** des deux **enfants,** François Vincent, n'est pas à la maison aujourd'hui. Il est **journaliste** (m.).

M. Vincent a épousé une Américaine de New York, mademoiselle Margaret Bell. **Depuis** dix-sept ans, elle est la **femme** de M. Vincent, et M. Vincent est son **mari.** Les **parents** de Pierre et d'Hélène sont **jeunes.** M. Vincent a trente-neuf ans, sa femme a trente-cinq ans.

Le père et la mère de M. Vincent sont les **grands-parents** de Pierre et d'Hélène. M. Vincent a aussi une sœur, Marie. Elle a épousé un Argentin, Miguel Sanchez, et elle habite à Buenos Aires. M. et Mme Sanchez ont deux **enfants,** Anna et Roberto.

Verbe** *dire.* — ***Présent : Je dis, tu dis, il dit, nous disons, *vous dites,* ils disent.
Passé composé : J'ai dit, tu as dit, il a dit, etc.

La famille Vincent (suite)

M. Thomas [tɔma] Vincent	= *le grand-père*	de Pierre et d'Hélène	Pierre = *le petit-fils*	de M. et Mme Thomas Vincent	
Mme Thomas Vincent	= *la grand-mère*		Hélène = *la petite-fille*		

M. Thomas Vincent	= *le beau-père*	de Mme F. Vincent et de M. Sanchez	Mme F. Vincent = *la belle-fille*	de M. et Mme T. Vincent
Mme Thomas Vincent	= *la belle-mère*		M. Sanchez = *le gendre*	

M. F. Vincent = *le beau-frère*	de M. Sanchez	Mme Sanchez = *la belle-sœur*	de Mme F. Vincent	

M. Sanchez = *l'oncle*	de Pierre et d'Hélène	Pierre = *le neveu*	de M. et Mme Sanchez
Mme Sanchez = *la tante*		Hélène = *la nièce*	

Roberto Sanchez = *le cousin*	de Pierre et d'Hélène	Roberto = *le neveu*	de M. et Mme F. Vincent
Anna Sanchez = *la cousine*		Anna = *la nièce*	

CONVERSATION

1. Avez-vous attendu devant la porte de la maison ? — **2.** Qui ouvre la porte maintenant ? — **3.** Quel âge a Pierre ? — **4.** Qui voyez-vous avec Pierre ? — **5.** Qui arrive ensuite ? — **6.** Que dit Mme Vincent ? — **7.** Qui est le frère d'Hélène ? son grand-père ? sa grand-mère ? sa tante ? son oncle ? — **8.** Qui est la femme de M. Vincent ?

► EXERCICES ◄

I) **Conjuguez** *au passé composé : sonner à la porte, finir la leçon.*

II) **Donnez** la première personne du singulier et du pluriel, du présent de : *marcher, parler, finir, grossir, dire, entendre, rougir, sortir, sentir.*

III) **Mettez** au passé composé : *M. et Mme Martin ont des enfants. Au printemps, les arbres fleurissent. En automne, les fruits rougissent. En hiver, il neige (v. neiger : 3e personne du singulier seulement).*

IV) **Conjuguez** au présent *et* au passé composé : *dire bonjour, ouvrir la porte.*

V) **Avez-vous** des parents? *Quel âge a votre père? Quel est le prénom de votre mère? Que est le nom de ses parents? Avez-vous des frères? Combien de sœurs avez-vous?*

VI) **Complétez avec** *frère, fille, mère, fils, oncle, neveu, grand-mère, tante, cousin, grand-père, nièce, petit-fils, petite-fille : Pierre Vincent est le ... de M. et de Mme F. Vincent. Son père et sa ... ont aussi une ..., Hélène. Pierre est le ... d'Hélène. M. et Mme Thomas Vincent sont le ... et la ... de Pierre et d'Hélène. Pierre et Hélène sont le ... et la ... de M. et de Mme Thomas Vincent. M. et Mme Sanchez sont l' ... et la ... de Pierre et d'Hélène. Pierre est leur ..., Hélène est leur ... Roberto Sanchez est le ... des petits Vincent.*

GRAMMAIRE

Le passé composé (suite)

forme négative	forme interrogative
Je **n'**ai **pas** commencé.	Ai-**je** commencé ?
Tu **n'**as **pas** commencé.	As-**tu** commencé ?
Il (elle) **n'**a **pas** commencé.	A-[t]-**il** (a-[t]-**elle**) commencé ?
Nous **n'**avons **pas** commencé.	Avons-**nous** commencé ?
Vous **n'**avez **pas** commencé.	Avez-**vous** commencé ?
Ils (elles) **n'**ont **pas** commencé.	Ont-**ils** (ont-**elles**) commencé ?

Le salon = la salle à manger = la cuisine

Nous **visitons** la maison des Vincent. Au rez-de-chaussée il y a deux grandes **pièces** : le **salon** et la **salle à manger.** Voici le salon avec ses **meubles** (m.): un **divan**, des **fauteuils** (m.), des **chaises** (f.), un **piano.** Près du piano, M. Vincent a mis* un **poste de radio**, un poste de **télévision** (f.) et un **phono** avec des **disques** (m.).

Nous entrons ensuite dans la **salle à manger.** Cette grande pièce a deux larges fenêtres. La petite Hélène met le **couvert.** Elle **prend,*** dans le **buffet,** des **couteaux** (m.), des **cuillères** (f.), des **fourchettes** (f.). Sur la table il y a une **nappe** blanche, des **assiettes** (f.) et des **verres** (m.). « Vous [n'avez pas visité] ma **cuisine ?** » dit Mme Vincent. C'est une belle cuisine blanche. Voici la **cuisinière électrique,** le **réfrigérateur,** et les **casseroles** (f.) contre le mur. **Au-dessus de l'évier** (m.) le **robinet** brille comme de l'**argent** (m.).

Le *cuivre* et l'*or* sont jaunes. — L'*argent* (m.) est blanc.
*Verbe *mettre*. — *Présent* : Je mets, tu mets, il met, nous mettons, vous mettez, ils mettent.
    Passé composé : J'ai mis, tu as mis, etc.
*Verbe *prendre*. — *Présent* : Je prends, tu prends, il prend, nous prenons, vous prenez, ils prennent.
    Passé composé : J'ai pris, tu as pris, etc.

☆ PRONONCIATION

Le salon	Un divan	Un fauteuil	Un poste de radio	La salle à manger
[lə saló]	[œ̃ divã]	[œ̃ fotœj]	[œ̃ pɔstə də radjo]	[la salamã ʒe]

Le couvert	Elle prend	Le buffet	Le couteau	La cuillère
[lə kuvɛːr]	[ɛl prã]	[lə byfɛ]	[lə kuto]	[la kɥijɛːr]

La cuisine	Le réfrigérateur,	La casserole	La cuisinière électrique
[la kɥizin]	[lə refriʒeratœːr]	[la kasrɔl]	[la kɥizinjɛ·r elɛktrik]

CONVERSATION

1. Combien de pièces y a-t-il au rez-de-chaussée ? — **2.** Quels sont les meubles du salon ? — **3.** Où a-t-on mis le poste de radio ? — **4.** Comment est la salle à manger des Vincent ? — **5.** Que fait Hélène ? — **6.** Où prend-elle les couteaux et les fourchettes ? — **7.** Qu'y a-t-il sur la table de la salle à manger ? — **8.** Que voyez-vous dans la cuisine ?

► EXERCICES ◄

I) **Conjuguez** *au* passé composé : *visiter la maison, finir les exercices, entendre la radio.*

II) **Conjuguez** *au* présent *et au* passé composé *(aux trois formes)* : *prendre un cahier; mettre une cravate.*

III) **Mettez** au passé composé :
Mme Vincent ouvre la porte de la salle à manger. La petite Hélène prend dans le buffet les couteaux, les cuillères et fourchettes. Elle met les assiettes et les verres sur la nappe blanche.

IV) **Mettez** *l'*article indéfini singulier : *un ou une devant les* noms de la leçon.

V) **Faites** *des phrases avec les* noms :
meuble, salon, salle à manger, couteau, fourchette, nappe, cuisine, chaise.

VI) **Complétez** *avec : divan, chaises, piano, buffet, fauteuils, table, casseroles :*
Dans le salon des Vincent il y a un d..., un p... et plusieurs.... Dans la salle à manger nous voyons un b..., une... et six.... Voici la cuisine. Contre le mur, les... brillent.

VII) **Répondez** *par écrit : Avez-vous un salon ? Quels sont les meubles de votre salle à manger ? Que mettez-vous dans le buffet ? Qu'y a-t-il dans votre cuisine?*

VIII) **Comment** *mettez-vous le couvert ?*

Je prends.   Je mets.

⇛ La *cuillère* ou la *cuiller*. — La *cuisinière* est aussi un nom de *personne* : la cuisinière fait la *cuisine*. Le *couvercle couvre* la casserole, le *pot* ou la *marmite*. (*Couvrir*, comme *ouvrir*).

GRAMMAIRE

Le *passé composé* avec *être*

Je **suis arrivé** hier : ☐présent☐ de être + ☐participe passé☐.

Je suis arriv**é**	Nous sommes arriv**és**	Elle est grand**e**. — Elle est arriv**ée** :
Tu es arriv**é**	Vous êtes arriv**és**	Le participe passé avec *être*
Il est arriv**é**	Ils sont arriv**és**	**s'accorde comme un adjectif.**
Elle est arriv**ée**	Elles sont arriv**ées**	

Entrer : Je **suis** entré. — *Sortir :* Je **suis** sorti. — *Monter :* Je **suis** monté.
Descendre : Je **suis** descendu. — *Tomber :* Je **suis** tombé. — *Aller :* je **suis** allé.

Les chambres, la salle de bains

Pour **aller*** au premier étage, nous prenons l'escalier, car la maison n'a pas d'**ascenseur** (m.).

« Combien de **chambres** (f.) (ou : de chambres à coucher) avez-vous, Madame ?

— Deux au premier (ou : au premier étage), deux au second.

— Voici ma chambre, dit la petite Hélène. Voici la chambre de mes parents. Pierre **couche** au second. »

Mme Vincent ajoute : « Au second, nous avons aussi une chambre d'amis. L'année **dernière** nos amis Legrand ☐sont arrivés☐ de Paris. Ils ont **passé** deux mois à la maison. »

La petite Hélène parle encore ! « Dans chaque chambre il y a un grand **lit**, une **armoire** et une **table de nuit**. Et puis nous avons le **chauffage central**. Et puis voici la **salle de bains** avec la **baignoire**, le **lavabo**...

— Hélène, tu es **trop bavarde !** » dit Mme Vincent.

Nous sommes redescendus dans le salon.

... Où est Mme Vincent ? ☐Est-elle sortie ?☐ Elle ☐est allée☐ dans la salle à manger, et elle revient* avec une **bouteille** et des verres. « C'est du vin de France. » Ce vin est **excellent**... Nous **remercions** Mme Vincent et nous disons au revoir à nos amis.

Chaque chambre = *toutes* les chambres (tou*t*, toute, tous, toutes).
Un peu de ≠ *beaucoup de.*

*Verbe *aller*. — **Présent :** Je vais, tu vas, il va, nous allons, vous allez, ils vont.
   Passé composé : Je suis allé, tu es allé, ... ils sont allé*s*.
*Verbe *venir (revenir)*. — **Présent :** Je viens, tu viens, il vient, nous venons, vous venez, ils viennent.
   Passé composé : Je suis venu, tu es venu, ... ils sont venu*s*.

☆ *PRONONCIATION*

L'ascenseur	Les chambres	Chaque chambre	Le second
[lasɑ̃sœːr]	[le ʃɑ̃ːbr]	[ʃak ʃɑ̃ːbr]	[lə sgɔ̃]
Le lit	L'armoire	La table de nuit	Ils sont venus
[lə li]	[larmwaːr]	[la tablə də nɥi]	[il sɔ̃vny]
La salle de bains	La baignoire	Le chauffage central	La bouteille
[la sal də bɛ̃]	[la bɛɲwaːr]	[lə ʃofaˑʒ sɑ̃tral]	[la butɛj]
	Ce vin est excellent	Nous remercions	
	[sə vɛ̃ ɛtɛksəlɑ̃]	[nurmɛrsjɔ̃]	

CONVERSATION

1. Y a-t-il un ascenseur chez M. Vincent ? — **2.** Combien de chambres y a-t-il dans la maison ? — **3.** Pour qui sont les chambres du premier étage ? — les chambres du second ? — **4.** De quelle ville les Legrand sont-ils venus ? — **5.** Combien de temps ont-ils passé chez les Vincent ? — **6.** Quels sont les meubles des chambres ? — **7.** Qu'y a-t-il dans la salle de bains ? — **8.** Les Vincent ont-ils le chauffage central ? — **9.** Qu'est-ce que Mme Vincent apporte dans le salon ? — **10.** Le vin de Mme Vincent est-il bon ?

► EXERCICES ◄

I) **Conjuguez** *aux trois formes du* passé composé : *arriver en classe à huit heures, entrer dans la chambre, sortir du jardin.*

II) **a)** **Ecrivez** *ce texte :*

J'arrive à l'école à neuf heures. J'entre en classe. Je dis bonjour au professeur. Je mets mes livres et mes cahiers sur la table. J'étudie le français jusqu'à midi. Ensuite, je dis au revoir au professeur et je rentre à la maison.

b) **Mettez** *le texte à la* 3e *personne du singulier, au féminin : Elle arrive, etc.*

c) **Mettez** *le texte au passé composé :* 1o *à la* 1re *personne du singulier : je suis arrivé... ;* 2o *à la troisième personne du singulier, au féminin : elle est... ;* 3o *à la première personne du pluriel : nous sommes...*

III) **Conjuguez** *au présent et au passé composé : aller en classe, revenir à la maison.*

IV) **Écrivez** *au passé composé : Hélène entre dans la chambre à coucher. Mme Vincent descend dans la salle à manger. Les étudiants vont à l'école. Ils sortent de la classe à onze heures. La maîtresse arrive à neuf heures. M. Vincent revient à midi.*

V) **Ajoutez un adjectif qualificatif** *à chaque nom : lit, salle de bains, étage, chambre à coucher, armoire, maison, et* **faites six phrases.**

⟫⟶ Je descends; je *re*descends. — Je viens; je *re*viens. — Je dis; je *re*dis. — Je fais, je *re*fais.
Je *suis* monté. MAIS : j'*ai* monté l'*escalier.* — Le *chauffage :* je me *chauffe,* je *chauffe* ma chambre.
Le *bouchon bouche* la bouteille; je *débouche* la bouteille avec un *tire-bouchon.*

GRAMMAIRE

Je prends *le* pain

Je prends **du** pain

Du, De la = *Un peu de...*

Je mange *du* pain, *de la* viande

Du, de la, placés *après les verbes* je mange, je prends, sont des **articles partitifs.**

Attention !   Je prends *le* pain ; je ne prends pas *le* pain.

mais { Je prends *du* pain ; je ne prends **pas de** pain.
{ Je bois *de l'*eau ; je ne bois **pas d'**eau.

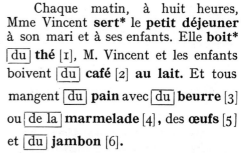

Les repas

    Chaque matin, à huit heures, Mme Vincent **sert*** le **petit déjeuner** à son mari et à ses enfants. Elle **boit*** du thé [1], M. Vincent et les enfants boivent du café [2] **au lait.** Et tous mangent du **pain** avec du **beurre** [3] ou de la **marmelade** [4], des **œufs** [5] et du **jambon** [6].

    Ce matin, 2 juillet, les Vincent ont pris leur petit déjeuner dans la salle à manger, puis M. Vincent est sorti à 8 h. 30 et il n'est pas rentré à midi. Sa femme et ses enfants ont déjeuné **ensemble.** Ils ont mangé de la **viande** et des **légumes** (m.) [7]. Au **dessert** Mme Vincent a servi des **fruits** (m.) [8] et des **gâteaux** (m.) [9]. Tous les trois **ont bu** de la **bière** [10], les Vincent ne boivent pas de vin, sauf aux jours de **fête.** Puis Pierre et sa mère ont pris du **café** avec du **sucre.**

    Il est maintenant sept heures du soir. Mme Vincent a mis le couvert et elle prépare le **dîner.**

    A huit heures, M. Vincent n'est pas là. Les enfants **ont faim.** Mme Vincent **sert** le **potage,** puis un **poisson...** Elle regarde l'horloge : « Votre père est en retard. Pourquoi ? »

J'ai faim : je mange. — *J'ai soif : je bois.*

*Verbe *boire.* — *Présent :* Je bois, tu bois, il boit, nous buvons, vous buvez, ils boivent.
                 Passé composé : J'ai bu...

*Verbe *servir.* — *Présent :* Je sers, tu sers, il sert, nous servons, vous servez, ils servent.
                 Passé composé : J'ai servi...

Attention !   Je mange, nous mangeons.

☆ *PRONONCIATION*

Chaque matin [ʃak matɛ̃]	Ils boivent du thé [il bwa:v dy te]	Un œuf [œ̃nœf]	Ils mangent des œufs et du jambon [il mɑ̃:ʒ dezø e dy ʒɑ̃bõ]

Le déjeuner [lə deʒøne]	La viande [la vjɑ̃:d]	Les gâteaux [le gɑto]	Le beurre [lə bœ:r]	La bière [la bjɛ:r]	Le dessert [lə dɛsɛ:r]

La faim [la fɛ̃]	Le dîner [lə dine]	Il est en retard [il ɛtɑ̃rta:r]	Pourquoi [purkwa]

CONVERSATION

1. A quelle heure prenez-vous votre petit déjeuner? Où? — **2.** Que mangez-vous pour le petit déjeuner? — **3.** Que boit Mme Vincent? — **4.** Que boivent les enfants? — **5.** Est-ce que M. Vincent est sorti à dix heures? — **6.** Est-il rentré à midi? — **7.** Qu'est-ce que Mme Vincent et ses enfants ont mangé au déjeuner? — **8.** Qu'est-ce qu'ils ont bu? — **9.** Est-ce qu'Hélène boit du café après le déjeuner? — **10.** Qui prépare le dîner? — **11.** A quelle heure Mme Vincent sert-elle le potage? — **12.** Que dit-elle?

► *EXERCICES* ◄

I) **Complétez** *avec : pain, thé, gâteaux, fruits, viande, légumes, café au lait, marmelade, beurre. Pour son petit déjeuner Mme Vincent prend du..., les enfants du.... Ils mangent du... avec du...ou de la.... A midi, les Vincent mangent de la..., des..., des... et des ...*

II) **Mettez** *l'adjectif démonstratif : ce (cet), ces, cette, devant les noms de la leçon.*

III) **Faites** *des questions avec : Où? Quand? Combien? Comment? Pourquoi?*

IV) **Faites** *des phrases avec des articles partitifs et les mots : viande, potage, beurre, pain, marmelade, eau, vin, bière, sucre, café au lait.* **Mettez** *ces phrases à la forme négative.*

V) **Conjuguez** : *sortir à cinq heures, boire du vin, servir le dîner, manger de la viande :*
   a) au présent ; b) au passé composé.

VI) **Mettez** *les verbes entre parenthèses : a) au présent ; b) au passé composé : Nous (prendre) notre petit déjeuner à 8 heures du matin. Nous (boire) du café au lait et (manger) du pain et du beurre. Ensuite nous (sortir) et nous (aller) à l'école. A midi nous (revenir). Nous (mettre) le couvert dans la salle à manger. Nous (déjeuner). Nous (dîner) à sept heures du soir.*

VII) **Répondez par écrit** : *Que prenez-vous pour votre petit déjeuner? A quelle heure déjeunez-vous? Mangez-vous de la viande? Buvez-vous de la bière? Mettez-vous du sucre dans votre café? A quelle heure dînez-vous? Où prenez-vous vos repas?*

⇒► Prononcez : Un œuf, des œu(fs). — Nous man**geons** (comme **jon**).

On dit : le *petit déjeuner* — je *déjeune*. Le *déjeuner* — je *déjeune*. Le *dîner* — je *dîne*.

La couleur **du** pain (article *défini contracté*, v. p. 28); je mange **du** pain (article *partitif*).

Revision et variétés. Leçons 15 à 19

□ *VOCABULAIRE, PRONONCIATION* □

○ LEÇON 15 ─────────────────────────────────

NOMS		VERBES	ADJECTIF INDÉFINI

Montréal · la **che**minée · *attendre* · quelque (s)

le bal**con** · la mar**che** · habiter

le jar**din** · l'auto · monter · **EXPRESSIONS**

le rez-de-**ch**aussée · la cave · sonner · à droite

l'ét**age** · la famille · à gauche

le garage

le Canada
l'escalier
le grenier
le toit

Verbe *attendre* : J'atten**ds**, tu attends, il attend, nous attendons, vous attendez, ils attend**ent.**

○ LEÇON 16 ─────────────────────────────────

NOMS		VERBES	ADJECTIFS

le père · la mère · *dire* · cher-chère

le frère · la fille · épouser · content-contente

le **neveu** · la visite · **MOT INVARIABLE**

le **fils** [fis] · la belle-mère · depuis

l'ami · la cousine

les grands-parents · la dame · **EXPRESSION**

les parents · la femme (de) · bonjour

les enfants · la nièce

le beau-frère · la tante

le cousin
le journaliste
le mari
l'oncle

Verbe *dire* : Je d**is**, tu dis, il dit, nous d**is**ons, vous d**ites**, ils d**is**ent.

○ LEÇON 17 ─────────────────────────────────

NOMS

l'arg**ent**	le **meu**ble	le phono	la **four**chette	la casserole
le divan	le **cui**vre	le piano	la cuiller	la nappe
le sal**on**	le buffet	le poste de radio	la cuisine	la pièce
le **cou**teau	le disque	le réfrigérateur	la cuisinière	la radio
le **cou**vert	l'évier	le robinet	l'assiette	la salle à manger
le **fau**teuil	l'or	le verre		la télévision

O LEÇON 17 *(suite)* ─────────────

VERBES	ADJECTIFS	
mettre	électrique (m. f.)	Verbe *mettre* : Je mets, tu mets, il met, nous mettons, vous mettez, ils mettent.
prendre		
visiter	MOTS INVARIABLES	Verbe *prendre* : Je prends, tu prends, il prend, nous **pren**ons, vous **pren**ez, ils **pren**nent.
	au-dessus de	
	contre	
	ensuite	
	déjà	
	près de	

O LEÇON 18 ─────────────

NOMS		VERBES	ADJECTIFS
l'ascenseur	la salle de **bains**	*aller*	bavard-bavarde
le **chauffage central**	la **chambre à coucher**	*venir*	dernier-dernière
		apporter	excellent-excellente
le premier (étage)	l'armoire	ajouter	
le second (étage)	la baignoire	arriver	ADJECTIFS INDÉFINIS
le lavabo	la table de nuit	coucher	chaque (m. f.)
le lit	la bouteille	passer	tout-toute
le vin		remercier	tous-toutes

EXPRESSIONS	MOTS INVARIABLES
au revoir!	aussi
l'année dernière	encore
	car
	et puis

Verbe *aller* : Je vais, tu vas, il va, nous **all**ons, vous allez, ils *vont*.
Verbe *venir* : Je viens, tu viens, il vient, nous **ven**ons, vous venez, ils *vienn*ent.

O LEÇON 19 ─────────────

NOMS				VERBES	EXPRESSIONS
le jambon	le café	le poisson	la bière	*boire*	ce matin
la viande	le dessert	le potage	la fête	*servir*	chaque matin
le beurre	le dîner	le repas	la marmelade	déjeuner	un peu de
le déjeuner	le gâteau	le sucre	la soif	manger	avoir faim
le petit déjeuner	le lait	le thé	la faim	préparer	avoir soif
	le légume				MOTS INVARIABLES
	l'œuf				ensemble
					pourquoi?
					sauf

Verbe *boire* : Je bois, tu bois, il boit, nous **buv**ons, vous buvez, ils *boiv*ent.
Verbe *servir* : Je sers, tu sers, il sert, nous **serv**ons, vous servez, ils serv**ent**.

□ DICTÉES □

1) Je **mets mes** livres dans ma serviette. — **C'est** la serviette de Jean. — **Ces** cahiers sont aussi à Jean : ce sont **ses** cahiers. — **Mes** cahiers sont minces, mais **ses** cahiers sont épais. — Jean **met ses** cahiers sur la table ; **c'est** une table étroite. J'ai **dix** frères, **dit** Jean.

2) Nous habitons dans une petite maison grise. Notre maison a une cave, un rez-de-chaussée, un étage, un grenier. Elle n'a pas de balcon. Dans le jardin il y a de beaux arbres et des fleurs de toutes les couleurs : bleues, blanches, roses, jaunes, rouges. Nous avons un garage pour l'auto ; il est à droite de la maison.

Pour entrer dans la maison, vous montez un petit escalier de cinq marches. Vous êtes devant la porte. A gauche, vous voyez une sonnette. Vous sonnez. Vous attendez quelques minutes. On vient et on ouvre la porte. Vous entrez dans la maison.

3) Qui habite dans cette maison ? C'est M. Vincent, le journaliste. Il a épousé une Américaine de New York. Madame Vincent est une jeune femme de trente-cinq ans. Les Vincent ont des enfants : un fils, Pierre et une fille, Hélène. Le garçon a seize ans ; il est brun ; la petite fille a sept ans ; c'est une blonde aux yeux bleus. Les enfants ont encore leurs grands-parents et ils ont aussi une tante, un oncle, un cousin, une cousine. C'est une grande famille.

4) Notre salle à manger est grande et claire. Au milieu de la pièce il y a une table ronde et six chaises. Dans le buffet, à droite, nous mettons les assiettes, les verres, les cuillers, les couteaux et les fourchettes.

Notre salon est une belle pièce et nous avons de beaux meubles : un piano, un divan, des fauteuils. Nous avons aussi un poste de radio, un électrophone et un poste de télévision (ou un téléviseur).

Dans notre petite cuisine, il y a une cuisinière électrique, une glacière, un évier, une table et une chaise. Tout brille dans notre cuisine.

5) Je passe la nuit dans ma chambre à coucher. Elle n'est pas grande, mais j'ai un bon lit, une table de nuit, une armoire et un fauteuil. Près de ma chambre il y a une salle de bains avec une baignoire et un lavabo. Chaque matin, je prends un bain.

6) Nous prenons notre petit déjeuner dans la salle à manger. Ma mère sert du thé ou du café au lait, du pain, du beurre et de la marmelade.

Nous déjeunons à midi. Nous mangeons de la viande, des légumes, de la salade et un dessert. Nous buvons de l'eau et du vin ou de la bière.

Le soir, nous commençons le dîner par un potage.

□ EXERCICE □

I) Complétez *ces phrases,* **de mémoire :**
Cette ... est Mme Vincent, la mère de Pierre et d'Hélène. — Pierre est son ... et Hélène est sa ... — Pierre est le ... d'Hélène, Hélène est la ... de Pierre. — Pierre et Hélène sont les ... de Mme Vincent. — M. Vincent est leur ..., c'est le ... de Mme Vincent. — Il a épousé sa ... en .... — Le père et la mère de M. Vincent sont les ... ... de Pierre et d'Hélène. — M. Vincent a-t-il une sœur? Oui, c'est la ... de Pierre et d'Hélène. — Son mari est l'... des enfants Vincent.

□ DIALOGUES □

1. Les repas

« *Quelle est cette pièce ?* — C'est ma salle à manger. J'ai un buffet, une table et six chaises.

— *Prenez-vous vos repas dans la salle à manger ou dans la cuisine ?* — Je prends mes repas dans la salle à manger.

— *Combien de repas faites-vous par jour ?* — Trois : le matin, je prends mon petit déjeuner ; à midi, je déjeune, et le soir je dîne.

— *Que mange-t-on et que boit-on à Paris, au petit déjeuner ?* — On mange du pain et du beurre. On boit du café ou du café au lait.

— *Mange-t-on des œufs et du jambon le matin en France ?* — Non, on ne mange générale-ment ni œufs, ni jambon.

— *Que prenez-vous à midi ?* — A midi, je mange de la viande (ou du poisson, ou des œufs), des légumes et un dessert. Je bois de l'eau et du vin, ou de la bière, puis du café.

— *Et le soir, à quelle heure dînez-vous ?* — Je dîne à huit heures.

— *Que sert-on pour le dîner en France ?* — On sert du potage, de la viande, des légumes, du fromage, un gâteau (ou des fruits).

— *Est-ce que les Français prennent le thé à quatre heures ?* — Beaucoup de Français ne prennent rien à quatre heures, mais les enfants mangent du pain et du chocolat, ou du pain et du beurre, ou du pain et de la confiture.

— *Est-ce qu'on mange bien en France ?* — Oh oui ! La cuisine française est excellente. Elle n'est pas très épicée : on ne met ni trop de sel, ni trop de poivre dans les plats. »

2. La maison

« *Où habite la famille Vincent ?* — La famille Vincent habite à Montréal, au Canada.

— *Comment est la maison des Vincent ?* — La maison des Vincent a un rez-de-chaussée et deux étages. Elle est blanche, mais elle a un toit rouge.

— *Où est votre maison ?* — Elle est à Paris.

— *Comment est-elle ?* — Notre maison est grande. Elle a six étages. Il y a plusieurs caves, mais il n'y a pas de grenier.

— *Est-ce que le toit de votre maison est rouge ?* — Non, le toit de notre maison n'est pas rouge. Il est gris-bleu.

— *Combien de pièces y a-t-il chez les Vincent ?* — Il y a un salon, une salle à manger et quatre chambres à coucher. Les Vincent ont aussi une cuisine et une salle de bains.

— *Avez-vous beaucoup de pièces ?* — Oh non ! J'ai une grande chambre à coucher, une salle à manger, une petite cuisine et une salle de bains.

— *A quel étage habitez-vous ?* — J'habite au cinquième étage.

— *Comment montez-vous au cinquième ?* — Je monte par l'escalier ou je prends l'as-censeur.

— *Y a-t-il un jardin autour de votre maison ?* — Non. Les maisons de Paris ont rarement un jardin. »

□ EXERCICE □

II) **Complétez** *ces phrases* **de mémoire :**

Nous ... la maison des Vincent. — Au ... ., il y a deux pièces : le ... et la ... . — Dans le salon, nous voyons un .. des ... (m.), des ... (f.), un .... — Près du ..., M. Vincent a mis un ... . et un ... . — Nous ... dans la ... . — C'est une ... pièce ... avec deux larges .... — Hélène prend des ..., des ..., des .... — Où ? — Dans ... . — Qu'est-ce qu'il y a sur la table ? — Il y a une ... blanche, des ... et des ....

GRAMMAIRE

Le futur (de l'indicatif)

Aujourd'hui *je commence* la leçon 20. Demain **je commence** rai la leçon 21.

On écrit : *INFINITIF* + *AI, AS, A, ONS, EZ, ONT*

On prononce : JE COMMENC(e)-**RAI**

1er groupe	2e groupe	*Futur du verbe* être :
Je commence**rai**	Je fini**rai**	Je serai Nous serons
Tu commence**ras**	Tu fini**ras**	Tu seras Vous serez
Il (elle) commence**ra**	Il (elle) fini**ra**	Il (elle) sera Ils (elles) seront
Nous commence**rons**	Nous fini**rons**	
Vous commence**rez**	Vous fini**rez**	*Futur du verbe* avoir :
Ils (elles) commence**ront**	Ils (elles) fini**ront**	J'aurai Nous aurons
Forme négative : Je **ne** commencerai **pas**, etc.		Tu auras Vous aurez
Forme interrogative : Commencerai-**je** ?		Il (elle) aura Ils (elles) auront

---

Une grande nouvelle

On sonne. « C'est papa ! » dit Hélène, et **vite** elle ouvre la porte.

« Écoutez, mes enfants, j'apporte une grande **nouvelle**. Nous partirons * dans un mois pour la France. Je serai **correspondant** de mon **journal** à Paris. »

Les enfants sont **contents !** « Voyage-rons-nous en **avion** (m.) ou en **bateau** (m.) ? demande Pierre. Visiterons-nous la tour Eiffel et Notre-Dame ?

— Et le petit **chat**, dit Hélène, partira-t-il aussi ? »

Mme Vincent regarde son mari : « François, vous avez faim, n'est-ce pas ? A table, mes enfants ! Nous parlerons de ce grand voyage pendant le dîner. »

A table, M. Vincent dit à sa femme : « J'ai visité beaucoup de grandes **villes**. J'ai été correspondant du *Courrier de Montréal* au Caire, à Lyon, à Londres. Je suis content de passer quelques années en France. Vous visiterez avec moi ce beau **pays.** C'est la vieille **patrie** de beaucoup de Caṅadiens ».

Vite ≠ Lentement.

Verbe partir (comme *sortir*). — *Présent :* Je pars, tu pars, il part, nous partons, vous partez, ils partent.
Futur : Je partirai. *Passé composé :* Je suis parti... ils sont partis.

☆ PRONONCIATION

Je commencerai	Une grande nouvelle	Nous partirons	Je serai correspondant
[ʒə kɔmãsre]	[yn grã·d nuvɛl]	[nu partirõ]	[ʒə sre kɔrɛspõdã]
Voyagerons-nous ?	Un bateau	Un avion	La tour Eiffel
[vwajaʒrõnu]	[œ̃ bato]	[œ̃navjõ]	[la tu·r ɛfɛl]
Notre-Dame	Le petit chat	La vieille patrie	Le pays
[nɔtrədam]	[lə pti ʃa]	[la vjɛj patri]	[lə pei]

CONVERSATION

1. Qui a sonné ? — **2.** Qui ouvre la porte ? — **3.** Que dit M. Vincent ? — **4.** Quand partira la famille ? — **5.** Où M. Vincent sera-t-il correspondant de son journal ? — **6.** Que demande Pierre ? — **7.** Que dit Hélène ? — **8.** Que dit Mme Vincent à son mari ? — **9.** Que dit-elle à ses enfants ? — **10.** Où M. Vincent a-t-il été journaliste ? — **11.** Quelle est la vieille patrie de beaucoup de Canadiens ?

► EXERCICES ◄

I) **Conjuguez** au futur *(aux trois formes)* :
Demain, je...
Voyager en bateau, manger du pain, blanchir la nappe.

II) **Conjuguez** au présent, au futur et au passé composé : *partir pour Paris.*

III) **Mettez** les verbes : a) au présent ; b) au passé composé :
Ces étudiants (avoir) un bon professeur. Vous (partir) pour Rome. La petite fille (manger) du pain. Nous (commencer) la leçon à huit heures. Tu (finir) la dictée. Je (regarder) les images. Ils (être) dans la classe. Tu (manger) des légumes. Les élèves (entrer) dans la classe. Je (visiter) Berlin. J' (apporter) mes livres et mes cahiers. Tu (écouter) la radio.

IV) **Mettez** les phrases de l'exercice III : a) au futur forme affirmative ; b) au futur forme négative ; c) au futur forme interrogative.

V) **Faites** des phrases avec : *nouvelle, bateau, avion, chat, ville, pays.*

VI) **Répondez** par écrit :
Êtes-vous journaliste ? Partirez-vous pour Paris en juillet ? Avez-vous voyagé en avion ? En bateau ? Avez-vous vu la tour Eiffel ? Avez-vous un petit chien ? un petit chat ?

Le correspondant habite à Paris (par ex.) et envoie des articles *à son journal, au Canada.*
»»→ ON DIT : *en* avion, *en* bateau, *en* chemin de fer, *en* auto (f.). — aller *à* Paris, partir *pour* Paris.

--- GRAMMAIRE ---

Futur des verbes du *3*e *groupe*

Quelques verbes en *IR* : *IR* + *AI*...	Quelques verbes en *RE* : *R* + *AI*...	**Attention !**
Ouvrir : J'ouvri**rai**	*Boire* : Je boi**rai**	*Aller* : J'**irai**
Partir : Je parti**rai**	*Dire* : Je di**rai**	*Faire* : Je **ferai**
Servir : Je servi**rai**	*Entendre* : J'entend**rai**	*Venir* : Je **viendrai**
Sortir : Je sorti**rai**	*Mettre* : Je mett**rai**	*Voir* : Je **verrai**
	Prendre : Je prend**rai**	

Les vêtements d'homme

20 juillet. — Dans la chambre des parents, il y a deux grandes **malles** (f). Dans l'une, Mme Vincent ⎡placera*⎤ les **vêtements** de son mari et de son fils. Dans l'autre, elle ⎡mettra⎤ ses vêtements et les **habits** (m.) de sa fille.

Mme Vincent ouvre la première malle : au fond, elle place les souliers (m.) [1] et les **pardessus** [2] (le pardessus) puis les **complets** (m.) : les **vestons** (m.) [3] et les **pantalons** (m.) [4].

Elle met ensuite **l'habit** (**de soirée**) de son mari, le **costume** de **sport** [5] et la **culotte** [9] de son fils, les **chandails** (m.) [6]. Enfin elle ajoute le **linge** : les **pyjamas** (m.) [7], les **chemises** (f.) [8] et les **chaussettes** (f.) [10]. Elle n'**oublie rien** : ni les **cols** (m.) [11], ni les **bretelles** (f.) [12], ni les cravates (f.) [13], ni les mouchoirs (m.) [14]. Mais elle ne met pas les **imperméables** (m.) dans la malle : il pleut.

---

rien ≠ *tout*   *chaque* — *tout* (toute — tous — toutes)   *quelques*

*Verbe *placer* comme *commencer* (leçon 13). — *Présent* : Je place, nous plaçons.

Futur : je placerai.   *Passé composé* : J'ai placé.

☆ *PRONONCIATION*

Les vêtements d'homme	Les affaires	Les souliers	Le pardessus
[le vɛtmᾶ dɔm]	[lezafɛ:r]	[le sulje]	[lə pardəsy]
Le veston	Le pantalon	Le sport	Le chandail
[lə vɛstő]	[lə pᾶtalő]	[lə spɔ:r]	[lə ʃᾶdaj]
Le pyjama	La chemise	Le caleçon	Le mouchoir
[lə piʒama]	[la ʃmi:z]	[lə kalső]	[lə muʃwa:r]

CONVERSATION

1. Combien de malles y a-t-il dans la chambre des parents ? — **2.** Que mettra Mme Vincent dans la première malle ? et dans la seconde ? — **3.** Qu'est-ce que Mme Vincent place au fond de la malle ? — **4.** Que met-elle au-dessus ? — **5.** Qu'ajoute-t-elle ? — **6.** Qu'est-ce qu'elle n'oublie pas ?

► *EXERCICES* ◄

I) **Conjuguez** au futur: (forme affirmative) : *ouvrir la fenêtre, voir la tour Eiffel, aller à Paris*
(forme négative) : *venir à l'école, faire un voyage, mettre ces vêtements ;*
(forme interrogative) : *prendre un mouchoir, sortir de la maison, attendre le professeur.*

II) **Conjuguez** *la phrase : je mets mon col blanc, au présent, au futur, au passé composé.*

III) **Mettez** *l'article défini :* le, la, l', les, *et l'article indéfini :* un, une, des *devant les* noms *de la leçon.*

IV) **Complétez avec :** *chandail, chemise, chaussures, chaussettes, cravate, pardessus, veston, pantalon.* **Attention !** *on dit : je mets mon chapeau dans la malle, mais aussi :* je mets *mon chapeau (= je mets mon chapeau sur ma tête).*

Le matin, Pierre met une ch... blanche, un p... et un v... gris. Il porte une cr... bleue ou rouge. Aux pieds il a des ch... grises et des s... noirs. Quand il fait froid, Pierre met un ch... sous son veston, et, quand il sort, il met un p....

V) **Faites des phrases avec :** *je mets* + *un adjectif possessif* + *un adjectif qualificatif* (ex. : *col :* je mets mon col blanc) : *vêtements, cravate, chemise, chaussettes, mouchoir, habit de soirée, chaussures.*

VI) **Faites des phrases avec les noms :** *complet, malle, costume, pardessus, linge, bretelles.*

VII) **Faites des phrases :** *a)* affirmatives ; *b)* négatives *avec : du sucre, de la viande, des œufs, de l'eau, de la bière, du vin, du café.*

⇛► PRONONCEZ : pyjama (py comme ***pi***) — Le *cordonnier répare* les *souliers* (m.) (ou les *chaussures* f.).

Le TAILLEUR fait les vêtements d'*homme*. — La COUTURIÈRE fait les vêtements de *femme*.
Les robes ont des *manches* courtes ou longues. — Où est ton mouchoir ? — Il est dans ma *poche*.

GRAMMAIRE

Le futur proche

Je sortirai *demain* — mais : Je **vais sortir** $\begin{cases} \text{dans une minute} \\ \text{tout de suite} \end{cases}$

Le FUTUR PROCHE = le présent de *ALLER* + *l'INFINITIF*

Je **vais** sortir	Nous **allons** sortir
Tu **vas** sortir	Vous **allez** sortir
Il (elle) **va** sortir	Ils (elles) **vont** sortir

(Je **ne** vais **pas** sortir — Vais-**je** sortir ?)

Les vêtements de femme

Maintenant Mme Vincent va remplir* l'autre malle avec ses vêtements et les vêtements de sa fille. Elle dit à Hélène :

« Je vais placer d'abord nos souliers [1] et nos manteaux [2] d'hiver. Tu vas apporter tes **combinaisons** (f.) [3] et tes pyjamas [4].

« Bien ! Au-dessus nous allons placer nos robes [5] d'hiver et d'été, ma robe **du soir,** nos **jupes** [6] et nos **blouses** (f.) [7], nos **ceintures** [8], nos **bas** (m.) [9], nos gants [10], nos mouchoirs [11] et nos **écharpes** (f.) [12].

— Et les chapeaux, maman ?
— Dans cette **boîte à chapeaux.** »

M. Vincent entre : il tient* un **coffret** : « Où mettrez-vous vos **bijoux** (m.), ma chérie ? »

Mme Vincent répond* : « Je porterai mes **bagues** (f.) et mes **boucles** (f.) **d'oreilles.** Mais je mettrai mon **collier** et mes **bracelets** (m.) dans mon sac de voyage. » M. Vincent ferme les malles; elles sont lourdes : elles **contiennent** beaucoup de choses !

Le chapeau — les chap**eaux.**   Le manteau — les mant**eaux.**   Le bijou — les bij**oux.**

*Verbe *tenir.* — *Présent :* Je tien**s**, tu tiens, il tient, nous tenons, vous tenez, ils tiennent.
     Futur : Je tiendrai.   *Passé composé :* J'ai tenu. V. *contenir :* comme *tenir.*
*Verbe *remplir* : 2e groupe (comme *finir*).
*Verbe *répondre :* comme *entendre (leçon 9) :* Je répond**s**, je répondrai, j'ai répondu.

☆ *PRONONCIATION*

Les vêtements de femme [le vɛtmã dfam]	Le soulier [lə sulje]	La blouse [la blu:z]	Le bas [lə bɑ]	Le gant [lə gɑ̃]
Une boîte à chapeaux [yn bwaˑt a ʃapo]	Un coffret [œ̃ kɔfrɛ]	Les bijoux [le biʒu]	Une bague [yn bag]	Un bracelet [œ̃ braslɛ]

Les malles contiennent beaucoup de choses
[le mal kɔ̃tjɛn boku dʃo:z]

CONVERSATION

1. Que va faire Mme Vincent maintenant ? — **2.** Avec quoi remplira-t-elle la seconde malle ? — **3.** Que va-t-elle placer d'abord ? — **4.** Qu'est-ce qu'Hélène va apporter ensuite ? — **5.** Que tient M. Vincent ? — **6.** Que demande-t-il à sa femme ? — **7.** Que répond-elle ? — **8.** Qui ferme les malles ? — **9.** Sont-elles légères ? — **10.** Que contiennent-elles ?

▶ *EXERCICES* ◀

I) **Conjuguez :** a) au présent; b) au passé composé; c) au futur; d) au futur proche : *tenir le coffret, répondre au professeur.*

II) **Conjuguez** au futur proche : *faire ses malles — dire au revoir — aller dans le salon — mettre son pardessus — finir les exercices.*

III) **Mettez** les verbes : a) au présent; b) au futur; c) au futur proche; d) au passé composé : *Ma mère (mettre) le linge dans son armoire. Les Vincent (partir) en voyage. Tu (aller) à l'école. Mes frères (apprendre) le français. Vous (voir) Paris. Vous (rentrer) du Caire.*

IV) **Ajoutez** des adjectifs démonstratifs : *ce (cet), cette ou ces et des adjectifs qualificatifs aux noms : souliers, combinaison, robe, bas, blouse, manteau, jupe, ceinture, écharpe, chapeau. (Ex. : ces gants gris.)*

V) **Complétez** les phrases suivantes avec les noms : *boucles d'oreilles, collier, bague, bracelet, bijoux.*
Mme Vincent va sortir en ville. Elle ouvre son coffret à ... Elle met à son cou un ... et à ses oreilles des ... Elle met ensuite un beau ... à son bras droit et une ... au troisième doigt de sa main gauche.

VI) **Complétez** les phrases suivantes avec : *robe, chaussettes, souliers, manteau, combinaison, chapeau, gants, pyjama.*
Hélène sort de son petit lit en p.... Par-dessus sa c..., elle met une r... verte. Aux pieds elle met des ... blanches et des s... noirs. Dans la rue elle porte un m..., un c... et des g....

VII) **Mettez :** du, de la, de l', des, de, d' :
La cravate ... garçon est verte. Les bijoux ... dame sont dans un coffret. La robe ... petite fille est dans la malle. La bague ... professeur est en or. Les gants ... étudiants sont sur les tables. Le mouchoir ... étudiante est dans le sac. La chemise ... petit garçon est sous son veston. Les chaussettes ... Hélène sont blanches. Le pardessus ... M. Vincent est brun.

VIII) **Mettez** sur, sous, dans, entre. *Mme Vincent fait la malle. Au fond elle place les souliers... les manteaux d'hiver. Elle met les robes et les jupes ... les combinaisons. Voici maintenant les mouchoirs ... les bas et les gants. Les bijoux sont ... un coffret.*

GRAMMAIRE

Le passé récent

Je *suis sorti* hier — mais : Je **viens de sortir,** il y a une minute

LE PASSÉ RÉCENT = le présent de *VENIR* + **de** + *L'INFINITIF*

Je **viens de** sortir	Nous **venons de** sortir
Tu **viens de** sortir	Vous **venez de** sortir
Il (elle) **vient de** sortir	Ils (elles) **viennent de** sortir

Lettres et passeports

« Margaret, dit M. Vincent, je viens d'écrire* à nos amis de Paris, les Legrand, pour **annoncer** notre **arrivée** (f.). Voici ma **lettre.** »

Mme Vincent prend la lettre et **lit*** : « Chers amis, je vous annonce une grande nouvelle : dans quinze jours nous serons près de vous. Je vais être correspondant du *Courrier de Montréal* à Paris. **Retenez** trois chambres à **l'hôtel** (m.), s'il vous plaît. Nous serons contents de vous revoir, vous et vos enfants. Je **télégraphierai** le jour et l'heure de notre **arrivée. A bientôt.**

Amicalement, François Vincent. »

« Je vais porter cette lettre à la **poste.** Elle partira ce soir par **avion.**

— Et les **passeports** (m.), demande Mme Vincent, et les **visas ?** (m.).

— Nous aurons les passeports demain, répond M. Vincent. Les visas ne sont pas

nécessaires. Je viens de retenir nos **cabines** (f.) sur le **paquebot** *France.* Tout va bien. »

---

*Verbe *écrire.* — ***Présent* :** J'écris, tu écris, il écrit, nous écrivons, vous écrivez, ils écrivent.
       ***Futur* :** J'écrirai.   ***Passé composé* :** J'ai écrit.

      Verbe *retenir* : comme *tenir* (leçon 22). Je retiens, j'ai retenu.

*Verbe *lire.*   — ***Présent* :** Je lis, tu lis, il lit, nous lisons, vous lisez, ils lisent.
       ***Futur* :** Je lirai.   ***Passé composé* :** J'ai lu.

☆ *PRONONCIATION*

J'annonce mon arrivée	Dans quinze jours	Je télégraphierai	A bientôt
[ʒanõːs mɔnarive]	[dã kɛ̃ːz ʒuːr]	[ʒə telegrafire]	[a bjɛ̃to]
Amicalement	Le visa	Le passeport	Le paquebot
[amikalmã]	[lə viza]	[lə paspɔːr]	[lə pakbo]

CONVERSATION

1. A qui M. Vincent vient-il d'écrire ? — **2.** Pourquoi a-t-il écrit ? — **3.** Qui lit la lettre ? — **4.** Que demande M. Vincent à M. Legrand ? — **5.** Que télégraphiera-t-il ? — **6.** Où va-t-il porter sa lettre ? — **7.** Comment la lettre partira-t-elle ? — **8.** Quand les Vincent auront-ils leurs passeports ? — **9.** Les visas sont-ils nécessaires ? — **10.** Est-ce que M. Vincent a retenu les cabines sur le paquebot ? — **11.** Quel est le nom du paquebot ?

► *EXERCICES* ◄

I) **Conjuguez** *au* passé récent : *arriver en France — porter une lettre à la poste.*

II) **Conjuguez** *les verbes : lire la leçon — écrire une lettre : a)* au *présent; b)* au **passé** composé; *c)* au *passé récent; d)* au *futur; e)* au *futur proche.*

III) **Mettez** *les phrases suivantes : a)* au *présent; b)* au *passé composé; c)* au *passé récent :*
Les étudiants (écouter) la leçon de français. Nous (boire) un verre d'eau. Tu (entendre) la radio. Mon père (partir) de la maison. Vous (mettre) votre chapeau gris. Je (faire) l'exercice n° III = numéro III. Il (télégraphier) à son ami.

IV) *a)* **Faites des phrases** au passé récent *avec les* verbes : *fermer, aller, prendre, attendre, servir, étudier, sonner, revoir, dire.*
b) **Mettez** *ces phrases au* futur proche.

V) **Faites des phrases** *avec les mots :*
lettre, poste, passeport, visa, paquebot, hôtel, cabine, s'il vous plaît.

VI) **Répondez** *par écrit :*
Écrivez-vous des lettres ? Où portez-vous vos lettres ? Avez-vous lu des livres français ? Avez-vous vu un paquebot ? Avez-vous un passeport ?

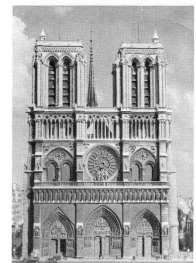

Photo Le Boyer.
Notre-Dame de Paris.

⇛→ Je *télégraphie* (1ᵉʳ groupe) : J'envoie un *télégramme* — le *télégraphe.*

Je *téléphone* (1ᵉʳ groupe) — le *téléphone.* — Un visa est *nécessaire* : **il faut** un visa. (v. p. 158, 224).

GRAMMAIRE

Le verbe pronominal : **se laver**

M. Vincent *se lave* = M. Vincent lave M. Vincent

Pour conjuguer un verbe pronominal,

on commence par :

Je me, tu te, etc.

Je	*me*	lave	Nous	*nous*	lavons
Tu	*te*	laves	Vous	*vous*	lavez
Il	*se*	lave	Ils	*se*	lavent
Elle	*se*	lave	Elles	*se*	lavent

Forme négative :

Je **ne** me lave **pas**.

Tu **ne** te laves **pas**.

Forme interrogative :

Est-ce que je me lave ?

Te laves-**tu** ?

Se lave-**t**-il ?

Nous lavons-**nous** ? etc.

La toilette de M. Vincent

25 juillet. Le grand jour, le jour du **départ** est arrivé. M. Vincent **se réveille** à 6 heures. Il **se lève*** aussitôt ; puis, en pyjama il entre dans la salle de bains.

M. Vincent a pris son bain, hier soir. Aujourd'hui, il fait vite sa toilette. Il prend le **savon** [1] sur le lavabo, il **se savonne**, il **se lave** avec de l'eau froide, il prend une serviette [2] de toilette, il **s'essuie***. Il est **propre**. Puis il **se rase** avec son **rasoir électrique** [3]. La brosse à dents [4] et la pâte dentifrice [5] maintenant ! Ensuite un coup de peigne [6].

Il revient dans sa chambre. Là, il **se chaussera** et **s'habillera** et, **pendant** ce temps, Mme Vincent et les enfants feront leur toilette. Mais Mme Vincent va passer une heure dans la salle de bains ! Du rouge sur les lèvres... du **vernis** sur les **ongles** (m.) et puis un peu de **poudre** (f.)... « Margaret, demande M. Vincent, avez-vous fini ? Le train de New York part à 8 h. 45 ! Nous allons être en retard ! »

---

froid ≠ chaud   propre ≠ sale   *laver* ≠ *salir*

***Verbe** *se lever.* — *Présent :* Je me lève, tu te lèves, il se lève, nous nous levons, vous vous levez, ils se lèvent.

     Futur : Je me lèverai...   *Passé composé :* Je me suis levé. (V. leçon 40.)

***Verbe** *s'essuyer.* — *Présent :* Je m'essuie, tu t'essuies, il s'essuie, nous nous essuyons, vous vous essuyez, ils s'essuient.

     Futur : Je m'essuierai..   *Passé composé :* Je me suis essuyé. (V. leçon 43.)

☆ PRONONCIATION

Le jour du départ	Il se réveille	Il se lève	La salle de bain	La toilette
[lə ʒuˑr dy depaːr]	[il sə revɛj]	[il sə lɛːv]	[la sal də bɛ̃]	[la twalɛt]

Il se savonne	Il s'essuie	Le rasoir électrique	La pâte dentifrice
[il sə savɔn]	[il sesɥi]	[lə razwaˑr elɛktrik]	[la pɑˑt dɑ̃tifris]

Un coup de peigne	Il se chausse	Il s'habille	Le rouge à lèvres	Le vernis à ongles
[œ̃ kudpɛɲ]	[il sə ʃoːs]	[il sabij]	[lə ruˑʒ a lɛːvr]	[lə vɛrni a ɔ̃ːgl]

CONVERSATION

1. M. Vincent se réveille : quelle heure est-il ? — **2.** Quand se lève-t-il ? — **3.** Où entre-t-il ? — **4.** Quels vêtements porte-t-il ? — **5.** Que fait-il dans la salle de bains ? — **6.** Prend-il un bain ? — **7.** Comment fait-il sa toilette ? — **8.** Avec quoi se rase-t-il ? — **9.** Où se chausse-t-il ? — **10.** Où s'habille-t-il ? — **11.** Est-ce que Mme Vincent passe beaucoup de temps dans la salle de bains ? — **12.** Pourquoi ? (Parce qu'elle met...).

► EXERCICES ◄

I) **Conjuguez** *au* présent : *se réveiller à 6 heures;*
   au futur : se laver avec de l'eau chaude.

II) **Complétez** *avec me, te, se, nous, vous :*
   Vous ... lavez avec de l'eau et du savon. Je ... chausse le matin. Mes sœurs ... habillent pour sortir. Tu ... essuies avec une grande serviette de toilette. L'étudiant .... lève quand le professeur entre dans la classe. Nous ... réveillerons à cinq heures.

III) **Mettez** les phrases de *l'exercice II :* a) à la forme négative ; b) à la forme interrogative.

IV) **Mettez** *les verbes suivants au* présent, *première personne du pluriel (Nous nous réveillons à 7 heures) :* (Se réveiller) à 7 heures — (se lever) aussitôt — (entrer) dans la salle de bains — (faire) sa toilette — (se savonner) avec un bon savon — (se laver) avec de l'eau chaude — (s'essuyer) avec une serviette de toilette. — Ensuite (revenir) dans sa chambre. — Là (s'habiller). —et (se chausser).

V) **Répondez** *par écrit : A quelle heure vous levez-vous ? Où faites-vous votre toilette ? Avec quoi vous lavez-vous ? Avec quoi vous essuyez-vous ? Vous rasez-vous ? De quelle couleur est votre peigne ? Avez-vous une brosse à dents ? Où prenez-vous votre bain ? Après le bain, êtes-vous propre ou sale ? Mettez-vous du vernis sur vos ongles ?*

VI) **Écrivez la lecture.** Commencez ainsi : *Ils se réveillent à 6 heures. Ils se lèvent ... (jusqu'à ... s'habillera).*

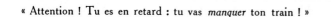

« Attention ! Tu es en retard : tu vas *manquer* ton train ! »

GRAMMAIRE

Le passé composé d'un *verbe pronominal*

Je me suis lavé

= *LE PRÉSENT DU VERBE ÊTRE + LE PARTICIPE PASSÉ*

Je	*me*	**suis**	lavé	Nous	*nous*	**sommes**	lavé **s**
Tu	*t'*	**es**	lavé	Vous	*vous*	**êtes**	lavé **s**
Il	*s'*	**est**	lavé	Ils	*se*	**sont**	lavé **s**
Elle	*s'*	**est**	lavé **e**	Elles	*se*	**sont**	lavé **es**

Le départ

Avant-hier, 24 juillet, M. et Mme Vincent ont fait leurs dernières **visites** à leurs parents et à leurs amis. Ils n'ont oublié **personne.** Puis Mme Vincent **a** donné les clés de la maison à ses beaux-parents; ils viendront habiter chez leur fils et leur belle-fille.

Hier, 25 juillet, la famille Vincent a pris le train pour New York. Et ce matin, 26 juillet à neuf heures, elle **s'est embarquée** sur le paquebot *France.*

Maintenant c'est le départ.... Trois coups de **sirène...** le bateau **lève l'ancre.** Les **passagers** sont **debout** sur le **pont,** et ils **agitent** leurs mouchoirs... Bientôt ils ne voient plus les gratte-ciel de la ville, **ni** la **statue** de la Liberté. Hélène est un peu **triste.** Pourquoi? Parce qu'on a oublié le petit chat à Montréal. Mais Pierre est content : il va visiter Paris. Il va **connaître*** la France. Quel beau voyage!

---

tout $\neq$ *rien*   *tous* $\neq$ *personne*   *un peu* $\neq$ *beaucoup*   *et* ⁄ *ni*

Attention !   Il est *debout* — elle est *debout* — ils sont *debout* — elles sont *debout*

*Verbe *connaître.* — *Présent :* Je connais, tu connais, il connaît, nous connaissons, vous connaissez, ils connaissent.

Futur : Je connaîtrai.   *Passé composé :* J'ai connu.

☆ *PRONONCIATION*

Avant-hier [avɑ̃tjɛ:r]	Ils viendront habiter [il vjɛ̃drõ abite]	Hier [jɛ:r]	Neuf heures [nœ vœ:r]	Elle s'est embarquée [ɛl sɛtɑ̃barke]
Le paquebot [lə pakbo]	Le départ [lə depa:r]	Le bateau lève l'ancre [lə bato lɛ:v lɑ̃:kr]		Le passager [lə pɑsaʒe]
La statue [la staty]	Triste [trist]	Connaître [kɔnɛtr]		Quel beau voyage [kɛl bo vwaja:ʒ]

CONVERSATION

1. Quand M. Vincent et Mme Vincent ont-ils fait les dernières visites ? — **2.** Est-ce qu'ils ont oublié quelqu'un ? — **3.** A qui Mme Vincent a-t-elle donné ses clés ? — **4.** Pourquoi ? — **5.** Où les Vincent ont-ils pris le bateau? — **6.** A quelle heure ? — **7.** Que font maintenant les passagers ? — **8.** Pourquoi Hélène est-elle triste ? — **9.** Pourquoi Pierre est-il content ? — **10.** Avez-vous déjà visité Paris ?

► *EXERCICES* ◄

I) **Conjuguez** : *visiter la France et voir Paris : a)* au présent ; *b)* au futur ; *c)* au passé composé ; *d)* au futur proche ; *e)* au passé récent *(v. leçons 22 et 23).*

II) **Conjuguez** *au* passé composé :

se lever tôt — se coucher tard — se laver avec de l'eau froide — s'embarquer sur le bateau.

III) **Conjuguez** *au présent, au futur, au passé composé : connaître la France — rester à Paris.*

IV) **Mettez** *les verbes suivants au* passé composé : *a)* 1ʳᵉ personne du singulier ; *b)* 3ᵉ personne du pluriel, féminin.

Le matin je me lève. Je fais ma toilette : je me savonne, je me lave, je m'essuie, je me peigne. Ensuite, je me chausse et je m'habille. Je vais dans la salle à manger. Je dis bonjour à mes parents. Je prends mon petit déjeuner : je mange du pain et du beurre, je bois du café au lait. Puis je pars de la maison. J'entre dans la classe à 9 heures et je reste là jusqu'à midi. Je lis, j'écris, je fais des exercices. Je reviens à la maison pour le déjeuner. Après le déjeuner, j'étudie mes leçons.

V) **Mettez** *les phrases suivantes : a) à la forme* négative ; *b) à la forme* interrogative. *Je pars pour Paris. Vous écrivez une lettre. Les étudiants font la dictée. Il boit de la bière. Tu parles français. Elle connaît la France.*

VI) **Complétez** *avec : ancre, passagers, sirène, pont, paquebot, mouchoirs :*
Quand le départ est proche, les ... montent sur le ... Ils restent debout sur le ... Ils entendent la ... Puis le bateau lève l'... Les passagers agitent leurs ...

Photo Cᶦᵉ Gᶦᵉ Transatlantique.
Le paquebot *France* à New York.

Revision et variétés. Leçons 20 à 25

□ *VOCABULAIRE, PRONONCIATION* □

O **LEÇON 20**

NOMS		VERBES	EXPRESSIONS
Londres	la **France**	*partir*	beaucoup de
Lyon	la **nouvelle**	demander	dans un mois
l'**avion**	la **tour**	voyager	en avion
le **correspondant**	la **Canadienne**		en bateau
le **journal**	la **patrie**		
le **Canadien**	la **ville**		
le **bateau**			**MOT INVARIABLE**
le **pays** [pɛi]			**vite**
le **voyage** [vwaja:ʒ]			
le **Caire**			
le **papa**			
le **courrier**	Verbe *partir* : Je pars, tu pars, il part, nous **part**ons,		
le **chat**	vous partez, ils part**ent**.		
	Je partirai ; je suis *parti*.		

O **LEÇON 21**

NOMS		VERBES	ADJECTIFS INDÉFINIS
le **chandail**	la **chaussette**	oublier	l'un, l'une
le **caleçon**	la **chemise**	placer	les uns, les unes
le **complet**	les **affaires**		l'autre, les autres
le **fond**	la **bretelle**		
le **pantalon**	la **cravate**		**PRONOM INDÉFINI**
le **veston**	la **culotte**		**rien**
le **linge**	la **malle**		
le **col**			**MOTS INVARIABLES**
le **costume** (de sport)			**ensuite**
l'**habit** (de soirée)			**enfin**
l'**imperméable**			
le **pardessus**			
le **pyjama**			
le **vêtement**			

O **LEÇON 22**

NOMS		VERBES	EXPRESSIONS
le **bas**	l'**écharpe**	*répondre*	au-dessus
le **bracelet**	la **boîte à chapeaux**	*tenir*	d'abord
le **coffret**	la **blouse**	contenir	
le **collier**	la **boucle d'oreille**	remplir (2e groupe)	
le **sac** (de voyage)	la **ceinture**		
	la **combinaison**		
	la **bague**		
	la **jupe**		

Verbe *répondre* : Je répond**s**, nous *répond*ons ; je répondrai ; j'ai *répondu*.
Verbe *tenir* : Je tien**s**, nous *ten*ons ; je tiendrai ; j'ai *tenu*.

○ LEÇON 23 ────────────

NOMS		VERBES	ADJECTIFS	EXPRESSIONS
le passeport [ɔ]	la poste [ɔ]	*écrire*	nécessaire (m. f.)	à bientôt
l'**hôtel** [o]		*lire*		amicalement
le paque**bot** [o]	l'arrivée	*revoir*		ce soir
	la cabine	retenir (3e groupe)		dans quinze jours
le visa	la lettre	annoncer		par avion
		télégraphier		s'il vous plaît
				tout va bien

Verbe *écrire* : J'écris, nous *écriv*ons ; j'écrirai ; j'ai *écrit*.

Verbe *lire* : Je li**s**, nous *lis*ons ; je lirai, j'ai *lu*.

Verbe *revoir* : Je revoi**s**, nous *revoy*ons, ils revoi**e**nt ; je reve**rr**ai ; j'ai *revu*.

○ LEÇON 24 ────────────

NOMS		VERBES	ADJECTIFS
l'**ongle**	la brosse à d**ents**	*revenir*	propre (m. f.)
le **savon**	la pâte **den**tifrice	se chausser	sale (f. m.)
le **train**	la **poudre**	s'essuyer	
le **coup** de peigne	la **toilette**	s'habiller	**MOTS INVARIABLES**
le **rou**ge	la serviette de **toi**lette	se laver	aussitôt
le ras**oir**		se lever	là
		se réveiller	pendant
le **départ**		se savonner	
le **peigne**			
le vernis			**EXPRESSION**

Verbe *revenir* : Je revien**s**, nous *reven*ons ; je reviendrai ; je suis *revenu*.

prendre le train

○ LEÇON 25 ────────────

NOMS		VERBES	ADJECTIFS	PRONOM INDÉFINI	MOTS INVARIABLES
l'ancre	la liberté	*connaître*	proche (m. f.)	personne	bientôt
les **beaux-parents**	la sirène	agiter	triste (m. f.)		debout
les **parents**	la statue	s'embarquer			
le passager		rester		**EXPRESSION**	
le pont				lever l'ancre	

Verbe *connaître* : Je connai**s**, nous *connaiss*ons ; je connaîtrai ; j'ai *connu*.

□ *EXERCICE* □

Refaites de **mémoire** *le texte des lectures, à l'aide du* **vocabulaire**

□ *DICTÉES* □

1) François *se* lave avec **ce** savon. Cette serviette, **c'est** sa serviette et **ces** souliers ce sont **ses** souliers. — Je **mets** *mes* habits. — **Mes** frères *se* sont levés tôt *ce* matin, **mais mes** sœurs ne **se** sont pas réveillées : **ce** sont des paresseuses. — Mon père **part** pour la Suède il passe **par** l'Angleterre.

2) Un jour vous partirez pour Paris. Vous voyagerez par le train, en bateau ou en avion. A Paris, vous visiterez la tour Eiffel et Notre-Dame. Vous verrez aussi les autres villes de France. Vous connaîtrez bien la patrie des Français. Vous serez content de votre voyage.

3) Voici l'armoire d'Hélène. Avec la clé vous ouvrez la porte. Les chaussures de la petite fille sont en bas, à droite. Au-dessus, vous voyez son linge : ses chemises, ses combinaisons, ses pyjamas. Il y a aussi les jupes, les blouses, les chaussettes et les mouchoirs. A gauche, voici les robes. Elles sont de toutes les couleurs : blanches, bleues, rouges, vertes...

4) Le matin, Pierre s'habille. Il met une chemise blanche, un pantalon et une ceinture, car il n'a pas de bretelles. Il met aussi un veston. Il se chausse. Aujourd'hui il a une cravate bleue, des chaussettes grises et des souliers noirs.

L'hiver, quand il va à l'école, Pierre prend un pardessus, un chapeau et des gants.

5)   « Mon cher ami,

Je t'annonce une grande nouvelle : je vais aller à Paris le mois prochain avec mes parents. Nous prendrons le bateau dans quinze jours. Nous visiterons les grandes villes de France. A Paris, nous habiterons dans un hôtel, près de la tour Eiffel. Nous te télégraphierons le jour et l'heure de notre arrivée à la gare.

A bientôt.

Amicalement, Pierre. »

6) Le matin, Pierre fait sa toilette dans la salle de bains. Il se lave le **corps**, les jambes, les pieds, les bras, les mains et le visage avec de l'eau chaude et du savon. Il s'essuie avec une serviette de toilette. Il ne se rase pas encore : il est trop jeune ! Il se lave les dents, il se peigne. Ensuite il se chausse et il s'habille.

□ *DIALOGUES* □

1. Les habits

— *Regardez cette photographie en couleurs.*

— Je vois un garçonnet blond et une petite fille brune.

— *Le garçon est mon neveu Jean. Il a neuf ans. La petite fille est ma nièce. Son nom est Anne. Elle a cinq ans.*

— Ils sont habillés avec élégance. Le garçon est charmant avec sa culotte grise, sa chemise blanche et son chandail bleu.

— *Ma sœur habille bien ses enfants, en effet, surtout sa fille.*

— Votre nièce a une jolie robe rose. Elle porte déjà la toilette avec chic...

— *Oui : elle aime les bijoux et veut déjà des bagues, des colliers et des bracelets.*

— Voyez-vous cela ! A cinq ans !...

2. La toilette

« *Hélène, as-tu fini ta toilette ?* — Mais oui, maman. Je me suis lavée avec de l'eau chaude et du savon.

— *Oui. Ton cou, ta figure, tes oreilles et tes mains sont propres. Avec quoi t'es-tu essuyée?* — Je me suis essuyée avec la serviette de toilette rose.

— *Et tes dents ?* — Je n'ai plus de pâte dentifrice. — *Est-ce bien vrai, paresseuse ? Je ne vais pourtant pas te brosser les dents moi-même !... Fais vite, ensuite tu te chausseras et tu t'habilleras. Puis tu te peigneras. Qui est dans la salle de bains ? Est-ce Pierre ?* — Non, maman, Pierre a pris son bain hier soir. C'est papa. Il se rase avec son nouveau rasoir électrique. »

3. Préparatifs de départ

« *Où allez-vous, cher ami?* — Je vais à la gare. Je partirai pour la France la semaine prochaine. Je vais prendre mon billet et retenir une place dans le train.

— *Avez-vous votre passeport?* — Oui, j'ai mon passeport avec les visas de trois pays, car j'irai aussi en Belgique et en Suisse.

— *Et comment voyagerez-vous?* — Je prendrai d'abord le train et ensuite je m'embarquerai sur un bateau. J'ai déjà retenu ma cabine sur le paquebot.

— *Vous ne voyagerez pas en avion?* — Non, je n'aime pas l'avion.

— *Resterez-vous longtemps en France?* — Je resterai à Paris deux ou trois mois, mais je visiterai aussi les autres villes de France.

Bon voyage, cher ami! — Merci. Adieu! »

□ EXERCICES □

I) **Trouvez** *les verbes au* futur *dans les lectures : 20, 21, 22 et 23.*

Mettez *ces verbes à la forme* négative *et à la forme* interrogative :
Ex. : *nous partirons; nous ne partirons pas; partirons-nous?*

II) **Écrivez** *les noms des vêtements* d'homme, *des vêtements* de femme, *des vêtements* d'homme et de femme.

III) **Trouvez** *les verbes au futur proche dans les lectures 22, 23, 24.*

IV) **Écrivez** *4 passés composés (1ʳᵉ personne du singulier) avec* j'ai.
— *4 passés composés (1ʳᵉ personne du singulier) avec* je suis.
— *4 passés composés (1ʳᵉ personne du singulier) avec* je me suis.

V) **Faites** 12 phrases *avec ces verbes.*

VI) **Mettez** *au passé récent :* J'ai lu un beau livre. — Vous avez écrit à votre grand-père. — Nous avons revu nos amis. — Elle s'est réveillée. — Ils ont voyagé en Chine.

LA FAMILLE VINCENT EN FRANCE

Les VINCENT *(Canadiens)*

M. François VINCENT : 39 ans - 1 m. 75 - mince, cheveux noirs, yeux bruns. Journaliste. Il a beaucoup voyagé et connaît Paris, Rome, Moscou, Madrid, etc.

Mme VINCENT *(Margaret BELL, de New York)*, sa femme : 35 ans - 1 m. 65 - cheveux blonds, yeux bleus. Elle est douce et aime la musique.

Pierre VINCENT, leur fils : 16 ans - 1 m. 68 - cheveux noirs, yeux bruns. Il aime le sport.

Hélène VINCENT, sa sœur : 7 ans - 1 m. - cheveux blonds, yeux bleus. Elle est vive et bavarde.

●

Leurs amis LEGRAND *(Français)*

M. Etienne LEGRAND : 40 ans - 1 m. 66 - épaules larges, figure ronde, cheveux gris, yeux gris, moustache, lunettes. Il est libraire à Paris.

Mme LEGRAND, sa femme : 38 ans - 1 m. 60 - mince, cheveux bruns, yeux bleus. Elle est vive et gaie.

Cécile LEGRAND, leur fille : 18 ans - 1 m. 60 - cheveux blonds, yeux bruns. Elle est étudiante à la Sorbonne.

Jean LEGRAND, son frère : 17 ans - 1 m. 65 - cheveux bruns, yeux bleus. Il est élève au lycée Saint-Louis et aime le sport.

●

DEUXIÈME DEGRÉ

●

La famille Vincent arrive en France

GRAMMAIRE

Le pluriel des noms (*voir leçon 2*)

Pluriel des noms en
$$\begin{cases} \boxed{s} = \boxed{s} \\ \boxed{x} = \boxed{x} \\ \boxed{z} = \boxed{z} \end{cases}$$
Le bras, les bra**s**
La croix, les croi**x**
Le nez, les ne**z**

$\boxed{eau} = \boxed{eaux}$ Le bateau, les bat**eaux**

$\boxed{eu} = \boxed{eux}$ Le cheveu, les chev**eux**

Pluriel de quelques noms en $\boxed{ou} = \boxed{oux}$ $\begin{cases} \text{Le genou, les gen}\textbf{oux} \\ \text{Le bijou, les bij}\textbf{oux} \end{cases}$

(**Mais** : le cou, les cou**s**; le clou, les clou**s**; le trou, les trou**s**).

La famille Vincent débarque au Havre

Voici un grand port avec des $\boxed{\textbf{bateaux}}$; c'est *Le Havre*. Le paquebot *France* **s'est arrêté** devant **le quai** et les passagers **débarquent**.

Voici maintenant un train. Il va **transporter** à Paris les voyageurs d'Angleterre et d'Amérique. Ce n'est pas un **omnibus,** c'est un **express :** il s'arrêtera seulement à Rouen. Les **moteurs tournent** déjà. Ce train a six **wagons** de voyageurs, un **wagon-restaurant** et un **fourgon** pour les **bagages** (m.).

Sur la troisième image vous voyez quatre voyageurs. Ils viennent de passer à la **douane** et vont

monter dans un wagon de seconde **classe. Reconnaissez-vous*** la famille Vincent ? Voyez-vous les $\boxed{\text{cheveux}}$ noirs de Pierre et les $\boxed{\text{cheveux}}$ blonds d'Hélène ? M. Vincent et son fils portent des **valises** (f.), Hélène tient une **poupée** dans ses bras. Où sont les malles de la famille ? Elles sont déjà dans le fourgon.

---

*Verbe *reconnaître* : comme *connaître* (leçon 25).
Présent : Je reconnais.   **Futur :** Je reconnaîtrai.   **Passé composé :** J'ai reconnu.

☆ *PRONONCIATION*

Le Havre est un grand port	Le quai	Un train omnibus	Un express	Un wagon de voyageurs
[lə ɑ : vr ɛtœ̃ grɑ̃ pɔ : r]	[lə ke]	[œ̃ trɛ̃ ɔmnibys]	[œ̃nɛkspres]	[œ̃ vagõ dvwajaʒœ:r]

Les malles sont dans le fourgon
[le mal sõ dɑ̃lfurgõ]

CONVERSATION

1. Combien d'images voyez-vous ? — **2.** Que voyez-vous sur la première image ? — **3.** Qu'est-ce qu'il y a dans le port du Havre ? — **4.** Où s'est arrêté le paquebot *France* ? — **5.** Que font les passagers ? — **6.** Que voyez-vous sur la deuxième image ? — **7.** Où le train trans-portera-t-il les voyageurs ? — **8.** Combien de wagons comptez-vous ? — **9.** Combien de voyageurs voyez-vous ? — **10.** Qu'est-ce que M. Vincent porte ? — **11.** Où la famille Vincent monte-t-elle ? — **12.** Où sont ses malles ? — **13.** Dans votre pays les trains ont-ils 3 classes ?

► EXERCICES ◄

I) **Écrivez** *le* pluriel *de :*
L'image, le port, l'eau, le wagon, le nez, une locomotive, le tableau, un clou, un train, le fourgon, le bras, le manteau, un bijou, la croix, un cheveu, le cou, le genou, le quai, le bateau.

II) **Mettez :** *a) au pluriel et au futur ; b) au pluriel et au passé composé :*
Le train transporte le voyageur — Le paquebot entre dans le port — Le voyageur porte une valise — La malle est dans le fourgon — Je vois six wagons — La petite fille tient sa poupée.

III) **Mettez au pluriel :**
Voici un clou — La jeune fille a un bijou — Ton genou est sale — Il y a un trou dans le mur.

IV) **Mettez au singulier :**
Ces dames ont eu des bijoux — Vous verrez les voyageurs sur les quais — Vous avez mis vos manteaux — Les bateaux se sont arrêtés devant les quais.

V) **Faites des phrases** *avec les mots :*
valise, port, bateau, wagon, classe, bijou, genou, cou, poupée, fourgon.

VI) **Conjuguez** *au présent, au futur et au passé composé :*
Transporter les voyageurs — entrer dans le port (je suis entré ...) — monter dans un wagon (je suis monté ...) — porter une valise — reconnaître la famille Vincent.

Photo Mzheux.

Le Paquebot « France » au HAVRE

⟫→ Le Havre : *h* aspiré comme dans le *h*ibou (les *h*iboux). — Pᴿᴼᴺᴼᴺᴄᴇᴢ wagon : wa comme *va*. *Charger* (≠ *décharger*) un wagon, un bateau. — La *douane*, les *douaniers*.

GRAMMAIRE

Le pluriel des noms (suite)

Pluriel des noms en ⬛ al ⬛ = ⬛ **aux** ⬛ Un journal, des journ**aux**
Un signal, des sign**aux**

Mais : un bal, des ba**ls** ; un carnaval, des carnava**ls**

Pluriel de quelques noms en ⬛ ail ⬛ = ⬛ **aux** ⬛ Un travail, des trav**aux**
Un vitrail, des vitr**aux**

Mais : un rail, des r**ails** ; Un chandail, des chand**ails**

Dans le train

Le **chef de gare** a donné le **signal** du **départ**. Le **mécanicien** met la locomotive **en marche.** Les wagons commencent à rouler sur les ⬛ **rails** ⬛. Le train sort de la **gare,** passe sur des **ponts** (m.), sous des **tunnels** (m.) devant des ⬛ **signaux** ⬛ rouges et verts.

La deuxième image montre la famille Vincent dans son **compartiment.** M. Vincent s'est assis sur la **banquette** de droite. Il fume sa **pipe.** Mme Vincent s'est assise* sur la banquette de gauche, **en face** de son mari. Elle lit des ⬛ **journaux** ⬛. La petite Hélène, près de sa mère, **joue** avec sa poupée. Et Pierre ? Où est-il ? Il est debout dans le **couloir.**

Voici le **contrôleur** : « Vos **billets** (m.) s'il vous plaît !... **Merci,** Monsieur », et il **quitte** le compartiment.

Bientôt un **employé** passera dans le couloir avec une petite **cloche** et annoncera : « Dîner, premier **service !** » et la famille Vincent ira dîner au wagon-restaurant.

---

*Verbe *s'asseoir.*

Présent : Je m'assieds, tu t'assieds, il s'assied, nous nous asseyons, vous vous asseyez, ils s'asseyent.

Futur : Je m'assiérai.

Passé composé : Je me suis assis... elles se sont assis**es**.

☆ PRONONCIATION

Les wagons commencent à rouler sur les rails
[le vagõ kɔmã : sta rule syr le raj]

Je m'assieds
[ʒə masje]

Nous nous asseyons
[nu nuzasɛjõ]

Ils s'asseyent
[il sasɛj]

Les signaux	Le couloir	Le contrôleur	Un employé
[le siɲo]	[lə kulwa:r]	[lə kõtrolœ:r]	[œ̃nãplwaje]

CONVERSATION

1. Qu'est-ce que le chef de gare a fait ? — **2.** Où le train passe-t-il ? — **3.** Où est maintenant la famille Vincent ? — **4.** Qui est debout dans le couloir ? — **5.** Qui est assis ? — **6.** Que fait M. Vincent ? — **7.** Que fait Mme Vincent ? — **8.** Où est la petite Hélène ? — **9.** Avec quoi joue-t-elle ? — **10.** Est-ce que les Vincent dîneront au wagon-restaurant ?

▶ EXERCICES ◀

I) **Mettez** au pluriel : *une famille, le travail, le fils, la fille, le vitrail de l'église, un signal, un rail, le nez, le journal, le bal, le chandail, le carnaval de Nice, le bras, un bateau, l'oiseau, le chapeau.*

II) **Conjuguez** au présent, au futur et au passé composé : *fumer la pipe, lire le journal, parler au contrôleur, être dans le compartiment.*

III) **Conjuguez** les mêmes expressions aux mêmes temps, mais à la forme négative (exemple : je ne fume pas la pipe, etc..., je ne fumerai pas ..., je n'ai pas fumé ...).

IV) **Conjuguez** au présent, au futur, au passé composé : *s'asseoir sur la banquette.*

V) **Mettez** à la forme interrogative : a) avec est-ce que ; b) avec l'inversion.
ATTENTION ! **Deux cas d'inversion :** 1° **Il** vient : vient-⎡il⎤ ? — 2° **M. Vincent** vient: **M. Vincent** vient-⎡il⎤ ?

Elle joue avec sa poupée. — Elle est dans le compartiment. — **Mme Vincent** *lit les journaux. — Vous voyez M. Vincent assis. —* **M. et Mme Vincent** *sont debout dans le couloir. — Nous dînerons au wagon-restaurant. — Vous irez à Paris.* **Votre père** *ira à Paris. — Vous êtes journaliste.*

VI) **Mettez** au pluriel *les noms, les verbes, les adjectifs :*
Le voyageur est debout dans le couloir ; il fume sa pipe. — Je suis assis sur la banquette et je lis le journal. — La petite fille joue avec sa poupée. — Le compartiment du train est clair. — Le vitrail est rouge et bleu. — L'étudiant a un chandail gris.

⟫→ ON PEUT CONJUGUER AUSSI : Je m'assois, tu t'assois, il s'assoit, nous nous assoyons, vous vous assoyez, ils s'assoient, je m'assoirai, etc.

GRAMMAIRE

Le pluriel des adjectifs *(voir leçon 4)*

Masculin pluriel des adjectifs en

s	=	**s**	Un cheveu gris, des cheveux gr**is** *(féminin : grise, grise**s**)*
x	=	**x**	Un homme roux, des hommes ro**ux** *(féminin : rousse, rous**ses**)*
eau	=	**eaux**	Le beau bateau, les **beaux** bateaux *(féminin : belle, bel**les**)*
al	=	**aux**	Un signe amical, des signes amic**aux** *(féminin : amicale, amica**les**)*

L'arrivée à Paris *(gare Saint-Lazare)*

A 20 heures (huit heures du soir) l'express Le Havre-Paris entre en gare, sur la **voie** 23. Il n'a pas de retard. Les parents et les amis des voyageurs ont pris des **tickets** (m.) **de quai**. Ils attendent et font déjà des signes amicaux.

Le train s'arrête. M. Vincent **crie : « Porteur ! »** Un porteur vient prendre les valises. Mais, là-bas... voilà M. Legrand ! M. Vincent a reconnu sa figure ronde, ses **lunettes** (f.), ses cheveux gris et sa moustache. M. Legrand **serre** la main à M. et à Mme Vincent, et à Pierre. Il **embrasse** Hélène sur les deux joues : « Bonjour, chers amis, avez-vous fait un bon voyage ?

— Oui, merci, répond M. Vincent. **Comment vont** Mme Legrand et vos enfants ?

— Ils vont bien. Ils vous attendront demain à la maison pour le thé et vous dînerez avec nous.

— **Avec plaisir.** Où avez-vous retenu nos chambres ?

— A l'hôtel du Palais-Royal, près du Louvre. Je vais vous **conduire. »**

Et M. Legrand sort de la gare avec ses amis canadiens.

Verbe *conduire*. — *Présent :* Je condui**s**, tu condui**s**, il condui**t**, nous condui**sons**, vous condui**sez** ils condui**sent**.

Futur : Je conduir**ai**.   *Passé composé :* J'ai condui**t**.

Voici un livre
ou **voilà** un livre
(Ici)

Voilà un arbre
(Là-bas)

☆ *PRONONCIATION*

L'express n'a pas de retard   Un ticket   Ils font des signes amicaux
[lɛksprɛs na pɑ drəta:r]   [œ̃ tikɛ]   [il fõ de siŋzamiko]

Comment vont vos enfants ?   Où avez-vous retenu nos chambres ?   Je conduis   Nous conduisons
[kɔmɑ̃ võ vozɑ̃fɑ̃]   [u avevu rətny no ʃɑ̃:br]   [ʒə kõdɥi]   [nu kõdɥizõ]

CONVERSATION

1. A quelle heure le train arrive-t-il ? — **2.** A-t-il du retard ? — **3.** Où sont les parents et les amis des voyageurs ? — **4.** Que font-ils ? — **5.** A qui M. Vincent donne-t-il ses bagages ? — **6.** Qui attend les Vincent ? — **7.** M. Vincent a-t-il reconnu M. Legrand ? — **8.** Pourquoi l'a-t-il reconnu ? — **9.** Que fait M. Legrand ? — **10.** Que dit-il ? — **11.** Dans quel hôtel a-t-il retenu des chambres ? — **12.** Dans votre pays, y a-t-il des tickets de quai ?

► EXERCICES ◄

I) **Conjuguez** *au présent, au* futur *et au* passé composé : *prendre les bagages — voir ses amis — venir à Paris — sortir de la gare — aller à l'hôtel.*

II) **Conjuguez** *les expressions de l'exercice I: a) à la* forme négative *; b) à la* forme interrogative.

III) **Conjuguez** au présent de l'indicatif : *conduire son père à Paris — s'arrêter sur le quai.*

IV) **Mettez** *au* pluriel : *Mon ami fait un signe amical. La gare est grande. Cet enfant est doux. Cette petite fille est blonde. Mon veston est noir. Le chapeau de cette dame est beau. Votre pardessus est gris.*

V) **Complétez** *les phrases suivantes avec les noms : bureau, tables, fleurs, professeur, maison, plancher, arbres, plafond, étudiants, oiseau, ciel, tableau, horloge.*
Nous sommes en classe ; nous regardons autour de nous : **voici** *le bureau, voici ..., etc. — Maintenant j'ouvre la fenêtre ; je regarde par la fenêtre :* **voilà** *des arbres, voilà ..., etc.*

VI) **Mettez** *les phrases à la forme* interrogative *avec : a)* est-ce que? *b) avec* l'inversion du pronom *(voir p. 77, V). Les trains entrent en gare. Les porteurs attendent les voyageurs. Nous faisons des signes amicaux. Tu reconnais tes amis. M. Vincent dit bonjour. Vous avez fait un bon voyage.*

VII) **Faites** *des questions avec les phrases suivantes (exemple : Ton père vient :* Quand ton père vient-il?)
Les trains entrent en gare (quand ...?) Nous faisons des signes amicaux (pourquoi ...?) M. Vincent dit bonjour (comment ...?) Les porteurs attendent (où ...?)

```
  28846
PARIS S͟T LAZARE
DISTRIBUTEUR 6
TICKET D'ENTRÉE
SUR LES QUAIS

 NON ECHANGEABLE
NI REMBOURSABLE
CE TICKET NE DONNE PAS
ACCÈS DANS LES VOITURES

    3

PRIX : 1 F
  28846
```

⋙→ Les *gares* de Paris : voir **EN FRANCE,** page 186.

ON DIT : *billet* de quai ou *ticket* de quai.   Ticket de quai.

GRAMMAIRE

L'impératif

1° *Verbes du 1ᵉʳ groupe*	2° *Verbes des autres groupes*
Impératif = indicatif présent	Impératif = indicatif présent
(**sans S** à la 2ᵉ personne du singulier)	*Finir :* **Finis, finissons, finissez** (ne *finis* pas)
(Tu parles) **Parl e** ! Ne **parle** pas !	*Voir :* **Vois, voyons, voyez**
(Nous parlons) **Parlons** ! Ne **parlons** pas !	*Tenir :* **Tiens, tenons, tenez**
(Vous parlez) **Parlez** ! Ne **parlez** pas !	*Dire :* **Dis, disons, dites**
	Faire : **Fais, faisons, faites**

Attention ! *Être :* **Sois, soyons, soyez**	*Verbes pronominaux.*
Avoir : **Aie, ayons, ayez**	Ex. : se laver
Aller : **VA**, allons, allez	**Lave-toi** **Lavons-nous** **Lavez-vous**

Vers l'hôtel

La rue d'Amsterdam est étroite et pleine de **voitures** (f.). Mais les autos ne font pas beaucoup de **bruit** (m.), elles ne **klaxonnent** pas.

« **Prenons** un **taxi** », dit M. Legrand. « Hé ! **chauffeur** ! **Conduisez-nous** à l'hôtel du Palais-Royal, près du Louvre. **Passez** par la place de la Concorde, s'il vous plaît. »

Le taxi passe devant l'**église** (f.) de la Madeleine et arrive à la place de la Concorde.

« **Regarde** , Hélène, la tour Eiffel », dit M. Legrand. Hélène et Pierre ouvrent de grands yeux : là-bas, ils voient la tour Eiffel, haute et noire. Le taxi passe sur les quais de la Seine, il **traverse** le Louvre et s'arrête devant l'hôtel du Palais-Royal. Le **portier salue** les voyageurs. Puis il **emporte** les valises dans le **hall** de l'hôtel.

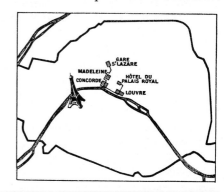

M. Legrand demande au chauffeur : « Combien ? » Le chauffeur regarde le **compteur** : « 12 francs ». M. Legrand paie* et il donne 3 francs de **pourboire** (m.). Le chauffeur **relève** le **drapeau** du compteur. Le taxi repart.

Plein ≠ Vide

*Verbe payer. **Présent :** Je paie (ou je paye), tu paies (ou tu payes), il paie (ou il paye), nous payons, vous payez, ils paient (ou ils payent).
Futur : Je paierai (ou je payerai).   **Passé composé :** J'ai payé (voir leçon 43)

☆ *PRONONCIATION*

L'hôtel du Palais-Royal   La place de la Concorde   L'église de la Madeleine   La tour Eiffel
[lotɛl dy palɛrwajal]   [la plas də la kõkɔrd]   [legli·z də la madlɛn]   [la tu·r ɛfɛl]

Le quai de la Seine   Le pourboire
[lə kɛ dla sɛn]   [lə purbwa:r]

Le chauffeur regarde le compteur   Je paie   Nous payons   Vous payez
[lə ʃofœ·r rəgard lə kõtœ:r]   [ʒə pɛ]   [nu pɛjõ]   [vu peje]

CONVERSATION

1. La rue d'Amsterdam est-elle large et vide ? — **2.** M. Legrand prend-il un taxi ? — **3.** Que dit-il au chauffeur ? — **4.** Par où le taxi passe-t-il ? — **5.** Qu'est-ce que M. Legrand dit à Hélène ? — **6.** Où le taxi s'arrête-t-il ? — **7.** Que fait le portier ? — **8.** Que demande M. Legrand au chauffeur ? — **9.** Combien M. Legrand donne-t-il au chauffeur ? — **10.** Dans votre pays, y a-t-il des taxis ? — **11.** Donne-t-on un pourboire au chauffeur ?

► *EXERCICES* ◄

I)   **Conjuguez** *tous les verbes de la lecture à l'impératif.*

II)   **Conjuguez** *au présent, au futur et au passé composé : Conduire une automobile. — Payer le taxi. — S'asseoir sur une chaise.*

III)   **Mettez** *à l'impératif : a) forme affirmative ; b) forme négative.*
Nous montons dans le taxi. Vous passez devant l'église. Tu regardes la tour Eiffel. Vous faites un voyage. Vous dites votre nom. Tu vas en France.

IV)   **Mettez** *tout au pluriel : Le taxi traverse la place et passe sur le quai. La voiture s'arrête devant l'hôtel. Le portier salue le voyageur et il prend sa valise.*

V)   **Mettez** *à la forme négative : La rue est étroite. Les autos font beaucoup de bruit. Le portier a salué les voyageurs. Hélène regarde la tour Eiffel. L'élève finira l'exercice.*

VI)   **Mettez** *les phrases de l'exercice V à la forme interrogative : a) par est-ce que ; b) par l'inversion (voir p. 77, V).*

VII)   **Cherchez** *tous les adjectifs de la lecture. Donnez le masculin et le féminin singulier, le masculin et le féminin pluriel.*

⟫⟫ La voiture *à cheval* (le cheval, les chevaux). — La voiture *automobile* = la *voiture* ou l'*auto*. — L'auto marche à l'*essence* (f.). On fait l'essence avec le *pétrole*. — L'auto a un *moteur* et 4 *roues* (f.) — Le taxi : (voir **EN FRANCE**, page 187.)

Photo Chantal.

La tour Eiffel.

GRAMMAIRE

Le comparatif

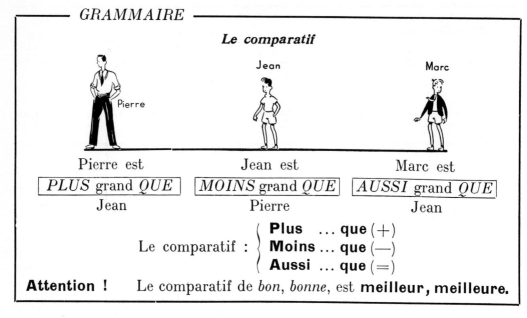

Pierre est   Jean est   Marc est

| PLUS grand QUE | | MOINS grand QUE | | AUSSI grand QUE |

Jean   Pierre   Jean

Le comparatif :
$\begin{cases} \textbf{Plus} \quad \ldots \textbf{que}\ (+) \\ \textbf{Moins} \ldots \textbf{que}\ (-) \\ \textbf{Aussi} \ldots \textbf{que}\ (=) \end{cases}$

Attention !   Le comparatif de *bon, bonne*, est **meilleur, meilleure.**

A l'hôtel

M. Legrand conduit ses amis au **bureau** de l'hôtel : « J'ai **téléphoné** la semaine dernière, dit-il au **directeur** ; j'ai retenu deux chambres au nom de Vincent. » Le directeur ouvre un gros cahier : « Au premier étage, nous avons une chambre à deux lits avec salle de bains. La deuxième chambre est au sixième ; elle est moins grande que la chambre du premier, mais elle est plus claire

et aussi confortable . **Excusez-nous ;** tout est **occupé** : en été, il y a beaucoup d'étrangers à Paris. **Voulez-vous*** prendre ces chambres ?

— Oui, je **veux** bien.

— Alors, voici vos clés : vous avez les numéros 9 et 127. L'ascenseur est là, à gauche. Mais d'abord, **veuillez remplir** ces **fiches** (f.)

— Chers amis, dit M. Legrand, je vais vous quitter. **Dormez*** bien. A demain après-midi, n'est-ce pas ? »

---

*Verbe *vouloir*. — **Présent** : Je veux, tu veux, il veut, nous voulons, vous voulez, ils veulent.
    Futur : Je voudrai.   **Passé composé** : J'ai voulu.
          Impératif : Veuille, veuillons, veuillez.
*Verbe *dormir*. — **Présent** : Je dors, tu dors, il dort, nous dormons, vous dormez, ils dorment.
    Futur : Je dormirai.   **Passé composé** : J'ai dormi.

☆ *PRONONCIATION*

J'ai retenu deux chambres
[ʒe rətnydø ʃɑ̃:br]

Le directeur ouvre
[lə dirɛktœ:r u:vr]

un gros cahier
[œ̃ gro kaje]

La deuxième chambre est au sixième
[la døzjɛm ʃɑ̃:br ɛtosizjɛm]

Confortable
[kɔ̃fɔrtabl]

Veuillez
[vœjə]

L'ascenseur
[lasɑ̃sœ:r]

Je dors
[ʒə dɔ:r]

CONVERSATION

1. Où M. Legrand conduit-il son ami ? — **2.** Que dit-il au directeur ? — **3.** Que fait le directeur ? — **4.** Combien de chambres y a-t-il pour M. Vincent ? — **5.** A quel étage est la grande chambre ? — **6.** Où est la deuxième chambre ? — **7.** Est-elle aussi grande que l'autre ? — **8.** Est-elle aussi confortable ? — **9.** Est-elle aussi claire ? — **10.** Qu'est-ce que le directeur donne à M. Vincent ? — **11.** Comment Pierre va-t-il monter au sixième ? — **12.** Qu'est-ce qu'une fiche d'hôtel ? — **13.** Quand les étrangers sont-ils nombreux à Paris ?

► EXERCICES ◄

I) **Regardez** *l'image de la grammaire et* **répondez** *par des phrases complètes aux questions suivantes : Qui est plus grand que Jean ? Qui est aussi grand que Jean ? Qui est moins grand que Pierre ? Jean est-il aussi grand que Pierre ? Marc est-il moins grand que Jean ?*

II) **Faites des phrases** *au* comparatif *avec les mots suivants : Hélène (jeune +) Pierre. Mme Vincent (grand —) M. Vincent. Le train (long —) quai. La malle (lourd +) la valise. Le journal (épais —) le livre. La tour Eiffel (haut +) les maisons. Le vin (bon) l'eau.*

III) Voici un exemple : *Pierre est plus grand que Jean =* { *a) Jean est moins grand que Pierre ;* { *b) Jean est plus petit que Pierre.*

Faites de même *pour les phrases suivantes : L'express est plus rapide que l'omnibus (rapide ≠ lent). Pierre est plus âgé qu'Hélène (âgé ≠ jeune). La rue est plus étroite que le quai (étroit ≠ large). Le quai est plus long que le train (long ≠ court). Le train est plus lourd que le taxi (lourd ≠ léger).*

IV) **Écrivez** *avec le* comparatif *(=) : Un journal n'est pas ... épais ... un livre. L'hôtel n'est pas ... haut ... la tour Eiffel. Le train n'est pas ... long ... le quai. La salle de bains n'est pas ... grande... la chambre.*

V) **Mettez** *au* futur proche *et au* passé récent *: Il s'assied et lit son journal. Tu prends l'ascenseur. Mon père part en voyage. L'étudiante fait un exercice. Nous ouvrons les fenêtres du salon.*

VI) **Conjuguez** *à* l'impératif *: Partir en voyage. Prendre l'ascenseur. Lire son journal. S'arrêter sur le quai. S'asseoir et fumer sa pipe. Téléphoner à son ami.*

VII) **Conjuguez** *au* présent, *au* futur *et au* passé composé *: Vouloir une chambre. Dormir dans son lit. Remplir une fiche.*

VIII) **Mettez** *les phrases suivantes : a) au* pluriel ; *b) au* futur *et au* pluriel ; *c) au* passé composé *et au* pluriel. *Je veux téléphoner. Tu veux prendre la clé. Le voyageur retient sa chambre. La petite fille dort dans la chambre à coucher. Le journaliste veut téléphoner à son directeur.*

IX) **Mettez** *les phrases de l'exercice VIII : a) à la forme* interrogative *(singulier et pluriel) ; b) à la* forme négative *(singulier et pluriel).*

FICHE DE VOYAGEUR	HOTEL SOLFERINO
Ch. N° **24**	91, rue de Lille — PARIS-7e — Tél. 705.85.54

NOM : *VINCENT*
Name in capital letters (écrire en majuscules)
Name (in Druckschrift)

Nom de jeune fille :
Maiden name
Mädchen Name

Prénoms : *François*
Christian names
Vorname

Né le : *10 Août 1925* à *Montréal*
Date and place of birth
Geburtsdatum - Geburtsort

Département : *CANADA*
(ou pays pour l'étranger)
Country - Für Ausländer Angabe des Geburtslandes

Profession : *journaliste*
Occupation
Beruf

Domicile habituel : *Montréal*
Permanent address
Gewöhnlicher Wohnort

NATIONALITÉ *CANADIENNE*
Nationality
Nationalität
T.S.V.P.
(Please turn over - Bitte wenden)

Une fiche d'hôtel.

GRAMMAIRE

Le superlatif

Pierre et Henri sont grands   André est TRÈS grand   André est LE PLUS grand
Pierre est LE MOINS grand

Le superlatif :   N° 1) **Très...**   N° 2) { **Le** (la) **plus** ..... (+)
                                           { **Le** (la) **moins...** (—)

Attention à l'adjectif BON !   *Superlatif :*   N° 1) **Très bon** (excellent)
                                                      N° 2) **Le meilleur, la meilleure**

La chambre d'hôtel

Sixième étage ! Pierre sort de l'ascenseur. Une **femme de chambre** ouvre la porte du n° 127. C'est la plus petite des chambres de l'hôtel; son plafond est bas, mais elle est très confortable et très claire. Un **tapis** épais **couvre*** le **plancher.** Sur la table de nuit, près du lit, il y a une lampe électrique. Le **matelas** est très bon : Pierre va bien dormir. Les **couvertures** (f.) et les **draps** (m.) sont très propres.

« Quand vous voudrez, vous **pourrez*** appeler, dit la femme de chambre. Voici le **bouton de sonnette**, à droite du lit. Le **cabinet de toilette** est à gauche. Les voyageurs peuvent prendre le petit déjeuner dans leur chambre.

— Non, merci, dit Pierre. Je déjeunerai dans la salle à manger, avec mes parents. »

La femme de chambre quitte la pièce. Pierre ouvre la **porte-fenêtre** et passe sur le **balcon :** il voit des toits gris et encore des toits gris. En bas, sur la place du Théâtre-Français et dans l'**avenue** de l'Opéra, des lumières **brillent** déjà.

Pierre se déshabille, se couche et **s'endort*** aussitôt.

* Verbe *couvrir* (comme *ouvrir*). — **Présent :** Je couvre (comme je *parle*).   **Futur :** Je couvrirai.
  Passé composé : J'ai couvert.

* Verbe *pouvoir*. — **Présent :** Je peux, tu peux, il peut, nous pouvons, vous pouvez, ils peuvent.
  Futur : Je pourrai.   **Passé composé :** J'ai pu.

* Verbe *s'endormir* : comme *dormir*; mais, au passé composé : je me suis endormi.

☆ PRONONCIATION

Un tapis épais couvre le plancher
[œ̃ tapi epɛ kuːvrə lə plɑ̃ʃe]

Une lampe électrique
[yn lɑ̃ˑp elɛktrik]

Le cabinet de toilette
[lə kabinɛ dtwalɛt]

Je peux
[ʒə pø]

Il voit des toits gris
[il vwa de twa gri]

L'avenue de l'Opéra
[lavnydlɔpera]

Le Théâtre-Français
[lə teaˑtrə frɑ̃sɛ]

CONVERSATION

1. A quel étage est la chambre de Pierre ? — **2.** Que fait la femme de chambre ? — **3.** Est-ce que la chambre de Pierre est confortable ? — **4.** Qu'est-ce qu'il y a sur le parquet ? — **5.** Y a-t-il une table de nuit ? — **6.** Comment est le mate- las ? — **7.** Les draps sont-ils propres ? — **8.** Que dit la femme de chambre ? — **9.** Où est le cabinet de toilette ? — **10.** Où déjeunera Pierre ? — **11.** Comment passe-t-il sur le balcon ? — **12.** Que voit-il ?

► EXERCICES ◄

I) **Conjuguez** *au* présent, *au* futur *et au* passé composé : *Pouvoir lire. Couvrir le lit avec la couverture. Se déshabiller. Ouvrir la fenêtre.*

II) **Conjuguez** *au* futur proche, *au* passé récent *et à l'*impératif :
Je quitte la chambre. Je sors dans la rue. Je me lave avec du savon. Je m'assieds dans le fauteuil.

III) **Mettez** : a) *le* superlatif n° 1 (= très); b) *le* superlatif n° 2 (= le plus).
L'hôtel du Palais-Royal est confortable. Le 6ᵉ étage est haut. La chambre n° 127 est petite. Le tapis est épais. Cette avenue est belle.

IV) **Répondez** *par des phrases complètes aux questions suivantes : Le sixième étage est-il le moins haut? Est-ce que la chambre n° 127 est la moins grande? M. Vincent a deux enfants : Pierre est-il le moins âgé? Cet exercice est-il le plus long?*

V) **Mettez** *le signe* = *entre deux* superlatifs (Ex. : *le plus jeune* = *le moins âgé*) :
Le plus grand - la moins large - le moins court - la plus propre - la moins rapide - le plus lourd - la moins sale - la plus lente - le moins léger - la plus étroite - le plus long - le moins petit.

VI) **Faites des phrases** *avec les* superlatifs *n° 1 et n° 2* (très *et* le plus) (Ex. : Hélène est une petite fille blonde : Hélène est une petite fille très blonde. Hélène est la plus blonde des petites filles) : *L'automobile est une voiture rapide. Cette chambre est une pièce claire. Ce garçon est un jeune élève. Paris est une belle ville. M. Vincent est un bon journaliste.*

VII) **Faites 6 phrases. Mettez** *dans ces phrases les diverses formes du comparatif et du superlatif de l'adjectif* bon.

Les murs *sont peints* en gris (v. *peindre.* — Je *peins*, comme j'*éteins*, p. 33), — Je peux dormir *: c'est* possible. Je ne peux pas *: c'est* impossible. — Le *plancher* ou le *parquet.*

Revision et variétés. Leçons 26 à 31

☐ *VOCABULAIRE, PRONONCIATION* ☐

○ LEÇON 26 ────────────────────────

NOMS		VERBES	MOT INVARIABLE
le wag**on**	l'**A**ngleterre	*reconnaître*	seulement
le wag**on**-rest**aur**ant	la **p**oupée	s'arrêter	
le **four**g**on**	l'Amérique	débarquer	
Rou**en**	la classe (du wagon)	fumer	
le Havre	la douane	représenter	
les bagages	la locomotive	serrer	
l'express	la valise	transporter	
l'omnibus			
le port			
le quai			
le train			
le voyageur			

Verbe *reconnaître* : Je reconnais, nous *reconnaiss*ons ; je reconnaîtrai ; j'ai *reconnu*.

○ LEÇON 27 ────────────────────────

NOMS		VERBES	EXPRESSIONS	MOTS INVARIABLES
le **c**on**t**rôleur	la ban**qu**ette	*s'asseoir*	mettre en marche	merci
le **ch**ef de **g**are	la clo**ch**e	jouer	en face de	
le billet	la mar**ch**e	rouler	« dîner, premier service ! »	
le compartiment	la gare	quitter		
le couloir	la pipe			
l'employé				
le mécanicien		Verbe *s'asseoir* : je m'assieds, nous		
le rail		nous *asseyons*, je m'*assiéra*i,		
le service, le signal, le tunnel		je me suis *assis*.		

○ LEÇON 28 ────────────────────────

NOMS		VERBES	ADJECTIF	EXPRESSIONS
le Palais-Ro**y**al [rwajal]	la **v**oie	*conduire*	amical-amicale	ici
le Louvre	les lunettes	crier		là-bas
le porteur		embrasser		entrer en gare
le signe		serrer		serrer la main
le thé				à la maison
le ticket de quai				avec plaisir
				comment vont ?
				ils vont bien

Verbe *conduire* : Je conduis, nous *conduis*ons ; je conduirai ; j'ai *conduit*.

○ LEÇON 29 ─────────────────────────────────────

NOMS		VERBES
le **hall** [ɔl]	la **ru**e	emporter
le compt**eur**	la **voi**ture	payer
le chauff**eur**	───────	relever
le pourb**oire**	l'église	saluer
le b**ru**it	la place	traverser
─────	La Concorde	
le drapeau	La Madeleine	
le portier		
le taxi		

○ LEÇON 30 ─────────────────────────────────────

	NOMS	VERBES	ADJECTIFS	EXPRESSIONS
l'étranger	la fi**ch**e	*dormir*	occupé-occupée	aussi... que
───────		*vouloir*	nombreux-nombreuse	moins... que
le sixième (étage)		excuser		plus... que
le bureau		remplir		je veux bien
le directeur		téléphoner		demain après-midi
le numéro				n'est-ce pas ?

Verbe *dormir* : Je dors, nous *dorm*ons ; je dormirai ; j'ai *dormi*.
Verbe *vouloir* : Je veux, nous *voul*ons, ils *veul*ent ; je *voudr*ai ; j'ai *voulu*.

○ LEÇON 31 ─────────────────────────────────────

NOMS		VERBES
le bout**on** (de sonnette)	la **lam**pe électrique	*couvrir*
le cabinet de **toil**ette	l'aven**ue**	*pouvoir*
────────	la couverture	s'*endormir*
le drap	la lu**mi**ère	se déshabiller
le matelas	───────	
le tapis	la femme de chambre	
le Théâtre-Français	la porte-fenêtre	

Verbe *couvrir* : Je couvre, nous couvrons ; je couvrirai ; j'ai *couvert*.
Verbe *pouvoir* : Je *peux*, nous *pouv*ons, ils *peuv*ent ; je *pourr*ai ; j'ai *pu*.

──

▶ *EXERCICES* ◀

I) **Ajoutez** un article *et un* adjectif *aux mots :* bras, croix, nez, eau, cheveu, cou, chou, clou, genou, bijou.
Mettez *ces expressions dans des* phrases :
Ex. : trou ; le grand trou du mur. — Je regarde par le grand trou du mur.

II) **Complétez** *ces phrases de la* leçon 27.
Le ... ... donne ... ... du départ. — Le ... met la ... en ... — Les ... roulent ... les rails. — Le train sort de ... ... — Il passe sur des ..., sous des ..., devant des ... rouges et verts.

III) **Décrivez** *M. Legrand et M. Vincent.*

IV) **Mettez** *les expressions suivantes à l'impératif, 2ᵉ personne du singulier et du pluriel ; a) forme affirmative ; b) forme négative :* Être à la gare à 5 heures. — Aller à l'hôtel. — Faire la dictée. — Prendre un taxi. — Donner un pourboire. — Finir l'exercice. — Saluer ses amis. — Payer le chauffeur.

□ DICTÉES □

1) Le paquebot « France » a transporté au Havre des voyageurs d'Amérique. Un train trans-
portera ensuite ces voyageurs à Paris. C'est un express : il s'arrêtera seulement à Rouen. Il y a deux
classes dans les trains français : la première classe et la seconde classe (ou deuxième classe). Le
billet de première classe coûte plus cher.

2) Quand le chef de gare a donné le signal du départ, le mécanicien met la locomotive en marche,
et les wagons roulent sur les rails. Les voyageurs sont assis dans leur compartiment, sur la banquette
de droite ou sur la banquette de gauche. Les uns lisent des livres ou des journaux, les autres fument
ou regardent par la fenêtre. D'autres sont debout dans le couloir. Le train va vite. Il arrivera bientôt.
Voilà le contrôleur! Avez-vous vos billets?

3) Notre ami arrivera demain du Havre vers 20 heures. Je serai à la gare. Je prendrai un ticket
pour aller sur le quai. Le train entrera en gare et s'arrêtera. Mon ami descendra de son wagon.
Nous nous serrerons la main. Puis, il donnera ses bagages à un porteur. Nous sortirons de la gare.
Je conduirai mon ami à son hôtel.

4) Près des gares, il y a toujours beaucoup d'autos. Des chauffeurs de taxi attendent les voyageurs. Voilà un monsieur. Il porte une lourde valise. Il monte dans un taxi et donne l'adresse d'un
hôtel au chauffeur. Le chauffeur conduit son client à cet hôtel. Lorsque la voiture s'arrête, le client
paie, et donne un pourboire au chauffeur.

5) M. Legrand téléphone à l'hôtel du Palais-Royal. Il veut retenir deux chambres pour ses
amis Vincent. Le directeur de l'hôtel écrit le nom de Vincent dans son cahier. Pierre aura une
chambre au sixième, ses parents et sa sœur coucheront au premier. Les chambres du sixième sont
plus petites que les chambres du premier, mais elles sont aussi confortables et plus claires. Et Pierre
aura une belle vue sur l'avenue de l'Opéra.

6) Un voyageur entre dans l'ascenseur de l'hôtel et dit au garçon : « Au quatrième, s'il vous
plaît. » Le garçon ferme les portes. L'ascenseur monte. Bientôt le garçon dit : « Quatrième! »
Le voyageur sort, puis l'ascenseur redescend au rez-de-chaussée.

Le voyageur entre dans sa chambre. Elle est très jolie et très claire. Sur le plancher il y a un
beau tapis. Le matelas du lit est très bon, les couvertures et les draps sont propres.

Le voyageur passera une bonne nuit dans cette chambre.

□ DIALOGUES □

1. A la gare

« *A quelle heure part le train pour Paris, s'il vous plaît ?* — Vous avez un express à 17 h. 52 et
un omnibus à 22 h. 18.

— *Une seconde, pour l'express de 17 h. 52, je vous prie.* — Voilà, monsieur.

— *Est-ce que je peux retenir une place ?* — Oui, au guichet 3, près du bureau de renseignements. »

(Au guichet 3 :)

« *Je désire une place pour l'express de ce soir. Je voyage en seconde; voici mon billet.*
— Voulez-vous un coin côté fenêtre ou côté couloir ? — *Côté couloir.*
— Alors, voiture 8, place 27. Voici votre ticket garde-place. »

(A un employé :)

« *Pardon, monsieur, quels bagages pourrai-je prendre dans mon compartiment ?* — Vous pourrez prendre seulement les petits bagages. Faites enregistrer vos grandes valises et votre malle au guichet 7, à droite. Les valises et la malle voyageront dans le fourgon à bagages.
— *Merci, monsieur.* — A votre service. »

2. L'arrivée du train

« *Papa, à quelle heure arriveront ma tante et mes cousins ?* — Leur train doit arriver à 20 heures s'il n'a pas de retard... Oh! déjà 19 h. 30! Il est temps d'aller à la gare. Partons! »

(Au guichet :)

« *Deux billets de quai, s'il vous plaît.* — Voilà, monsieur.
— *Combien ?* — deux francs.
— *Merci, monsieur... Marie, tu donneras les billets au contrôleur...*
... Pardon, monsieur, où est le train de Cherbourg, s'il vous plaît? — Le train n'est pas arrivé. Attendez un quart d'heure. Il entrera sur la voie 5.
— *Merci. Mon enfant, veux-tu t'asseoir dans la salle d'attente ou prendre un café au buffet ?*
— Non, papa. Restons ici... Quel est ce train?
— *C'est le train de Rouen. Il va partir. Attention au porteur! Que de monde! Que de bruit! Marie, passons sur le quai. Voilà le train de ta tante.* »

3. A l'hôtel

« *Je désire une chambre à un lit, avec salle de bains.*
— Je regrette, mais toutes nos chambres avec salle de bains sont occupées. Nous avons seulement deux chambres libres avec eau chaude et eau froide : l'une est au premier étage, l'autre est au cinquième.
— *Quel est le prix de vos chambres au mois ?* — Nous ne louons pas au mois, mais à la journée. La chambre du premier est très belle, elle donne sur l'avenue. Le prix est de 40 francs par jour, de midi à midi.
— *Et la chambre du cinquième ?* — Oh ! elle est petite, mais elle est aussi claire et moins chère : 20 francs par jour.
— *Je prends cette chambre.*
— Bon. C'est le numéro 247. Voici la clé. L'ascenseur est à gauche. Le garçon montera avec vous. Paul, conduisez monsieur au 247 ! Voici ses valises. »

4. Devant le guichet

« Une première, s'il vous plaît. — Une seconde ! — Une première ! — Une seconde ! — Mais je vous demande une première ! — Mais je vous prie d'attendre une seconde ! »

GRAMMAIRE

Le féminin des adjectifs *(voir leçon 4)*

Féminin des adjectifs en

e	= **e**	Mince, min**ce**
er	= **ère**	Premier [prəmje], premi**ère** [prəmjɛ:r]
on	= **onne**	Bon [bõ], b**onne** [bɔn]
en	= **enne**	Ancien [ãsjɛ̃], anci**enne** [ãsjɛn]
et	= **ette**	Coquet [kokɛ], coqu**ette** [kokɛt]

(mais : complet, compl**ète***).*

Gros, gro**sse**;   épais, épai**sse**;   bas, ba**sse**;   gras, gra**sse**.

Le petit déjeuner

Le **lendemain** matin, après une ⃞bonne⃞ nuit, la famille Vincent descend dans la salle à manger. « Voulez-vous du thé, du café ou du **chocolat**? » demande M. Vincent. « Je veux du chocolat et aussi du jambon et des œufs », dit Pierre. « Au petit déjeuner, dit M. Vincent, les Français mangent moins que les Hollandais ou les Anglais. Ils ne servent ni œufs, ni poisson, mais nous pourrons avoir de bons **croissants**, comme en Argentine. » Mme Vincent commande du thé, Pierre et Hélène demandent du chocolat. M. Vincent prendra du café au lait.

Le garçon apporte sur un **plateau** les **tasses** (f.), les **soucoupes** (f.), les couteaux et les cuillers. Il met ensuite sur la table du beurre [1], des **confitures** et une **corbeille** [2] ⃞pleine⃞ de petits pains et de croissants. Enfin il sert le thé [3], le chocolat, le café [4] et le lait [5].

« Mangeons vite, dit M. Vincent; nous allons faire une **promenade** dans Paris. »

Mais Pierre, **gourmand**, prend et reprend des confitures. Elles sont si ⃞bonnes⃞ !...

« Allons, dit M. Vincent, en route ! N'oubliez pas l'appareil photographique ! »

Hélas ! M. Vincent **doit*** attendre encore, car sa femme est un peu ⃞coquette⃞ : elle veut remettre du rouge sur ses lèvres...

---

*Verbe *devoir*. — ***Présent :*** Je doi**s**, tu dois, il doit, nous devons, vous devez, ils doivent.
         Futur : Je devrai.   ***Passé composé :*** J'ai d**û**.

☆ PRONONCIATION

On ne sert ni œufs ni jambon   les Hollandais   Le croissant   Les confitures   La corbeille
   [õnsɛːr ni ø ni ʒãbõ]   [le ɔlãdɛ]   [lə krwasã]   [le kõfityːr]   [la kɔrbɛj]

Une promenade   Un appareil photographique   Hélas !
[yn prɔmnad]   [œ̃naparɛj fɔtɔgrafik]   [elɑːs]

CONVERSATION

1. Que sert-on en France au petit déjeuner ? — **2.** Que sert-on au Canada ? — **3.** Et dans votre pays ? — **4.** Qui sert le thé ? — **5.** Qu'est-ce que le garçon apporte sur un plateau ? — **6.** Qu'est-ce qu'il y a dans la corbeille ? — **7.** Pierre trouve-t-il les confitures très bonnes ? — **8.** Que dit M. Vincent ? — **9.** Que fait Mme Vincent avant de sortir ?

► EXERCICES ◄

I) **Mettez** *l'adjectif au féminin et prononcez : Le ciel est gris, la mer est g ... En classe, mon fils est premier, ma fille est p ... Ce plateau est léger, cette tasse est ... Le père est bon, la mère est ... Pierre n'est pas coquet, mais Hélène est ... Voici un buffet ancien et une armoire ...*

II) **Cherchez** *les contraires (≠) de : mauvais, petit, bas, lourd, rapide, long, épais, dernier. Mettez ces adjectifs au féminin et faites huit phrases. (Ex. : dernier, premier. Ma fille est première en classe.)*

III) **Conjuguez** *au présent, au passé composé, au passé récent, au futur, au futur proche, à l'impératif : Je sers le petit déjeuner. Je me lève à 8 heures.*

IV) **Conjuguez** *les expressions de l'exercice III au futur et au passé composé : a) à la forme négative ; b) à la forme interrogative.*

V) **Conjuguez** *: devoir étudier, au présent, au futur et au passé composé.*

VI) **Mettez** *au superlatif n° 1 (très) et n° 2 (le plus): Une belle chemise. Une large avenue. Une rue étroite. Un train rapide. Un bon repas. Un gros croissant. Un vieux journal.*

VII) Sur les exemples: *Paul est plus grand que Jean = Jean est moins grand que Paul, et : Paul est moins petit que Jean = Jean est plus petit que Paul,* **faites des phrases** *avec les mots : un avion, une automobile, rapide, lent; une avenue, une rue, large, étroit; le fer, le bois, lourd, léger; le livre, le cahier, mince, épais.*

⇒ PRONONCEZ : Les Hollandais, la Hollande (« h « aspiré ») — les Anglais (liaison) — héla $\boxed{s}$!

Le *croissant* est une pâtisserie légère en forme de *croissant de lune.*
Remettre — redire — refaire — reprendre, etc.

GRAMMAIRE

Le féminin des adjectifs *(suite)*

Masculin	Féminin	
BEAU	BELLE	Un **beau** chapeau. (Un **bel** enfant). Une **belle** robe.
NOUVEAU	NOUVELLE	Un **nouveau** chapeau. (Un **nouvel** habit). Une **nouvelle** robe.
VIEUX	VIEILLE	Un **vieux** chapeau. (Un **vieil** homme). Une **vieille** robe.

Attention ! Ces adjectifs ont deux masculins : on met le 2ᵉ *(bel, nouvel, vieil)* devant une voyelle ou un h muet.

Une promenade

Nos amis entrent dans le jardin des Tuileries par le palais du Louvre. Les vieilles pierres **semblent dorées** sous le soleil d'été. M. Vincent **photographie** l'**arc de triomphe** du Carrousel, rose et gris. Puis il montre à sa femme et à ses enfants la plus belle des **promenades** : elle a trois kilomètres de long ; d'abord c'est le **jardin** des Tuileries ; puis, plus loin, la place de la Concorde ; enfin, très loin, l'avenue des Champs-Elysées avec l'arc de triomphe de l'Étoile.

Les Vincent passent devant les **bassins** (m.) et les nombreuses statues du jardin. Partout il y a des fleurs de toutes les couleurs.

Sur la place de la Concorde, nos amis regardent longtemps l'**Obélisque** (m.), un très vieux monument égyptien. Puis ils **suivent** l'avenue des Champs-Élysées, s'arrêtent devant les beaux **magasins** (m.) et arrivent sur la place de l'Étoile.

Un **agent de police a sifflé** ; il a levé son **bâton** blanc et les voitures se sont arrêtées. Les Vincent traversent la place sur le **passage clouté** ; ils vont visiter l'Arc de Triomphe et le **tombeau** du Soldat **inconnu**.

Un homme *aveugle* ne voit pas.	Un homme *sourd* (une femme *sourde*) n'entend pas.	Un homme *muet* (une femme *muette*) ne parle pas.

Verbe *suivre.* —

Le chien *conduit* l'aveugle.
L'aveugle *suit* le chien.
M. Vincent *suit* l'avenue des Champs-Elysées.

Présent : Je suis, tu suis, il suit, nous suivons, vous suivez, ils suivent.
Futur : Je suivrai. — **Passé composé :** J'ai suivi.
Attention : Je *suis* grand, tu *es* grand, etc./Je *suis* l'avenue, tu *suis* l'avenue, etc.

☆ *PRONONCIATION*

Le jardin des Tuileries
[lə ʒardɛ̃ de tɥilri]

L'arc de triomphe du Carrousel
[lark də triɔ̃:f dy karuzɛl]

L'avenue des Champs-Élysées
[lavny de ʃɑ̃zelize]

Une promenade magnifique
[yn prɔmnad maɲifik]

Le passage clouté
[lə pɑsa·ʒ klute]

Le tombeau du Soldat inconnu
[lə tɔ̃bo dy sɔlda ɛ̃kɔny]

CONVERSATION

1. Dans quel jardin entrent nos amis ? — **2.** Par où passent-ils pour entrer ? — **3.** Est-ce que le jardin des Tuileries est beau ? — **4.** Pourquoi ? (parce qu'il y a...). — **5.** De quelle couleur est l'arc de triomphe du Carrousel ? — **6.** Qu'est-ce que M. Vincent montre à sa femme et à ses enfants ? — **7.** L'Obélisque est-il un monument français ? — **8.** Quelle avenue les Vincent suivent-ils ? — **9.** Où arrivent-ils enfin ? — **10.** Pourquoi les voitures se sont-elles arrêtées ? (parce que l'agent...). — **11.** Qu'y a-t-il sous l'arc de triomphe de l'Étoile ?

► EXERCICES ◄

I) **Donnez** *le* masculin *et le* féminin *de tous les adjectifs contenus dans les lectures 32 et 33.*

II) **Mettez** *quatre adjectifs féminins de l'exercice précédent : a) aux formes du comparatif ; b) aux formes du superlatif.*

III) **Complétez** *les phrases suivantes* (ex. : *voici du vin nouveau, voici la saison nouvelle*).
Ce palais est ancien, cette ville est .... Voici des garçons coquets, voilà des filles .... L'arc de triomphe de l'Étoile n'est pas très vieux, Notre-Dame est plus .... Êtes-vous venus ici l'an dernier ? Oui, nous sommes venus l'année .... Reviendrez-vous l'an prochain ? Oui, nous reviendrons l'année .... Ce verre est plein, cette tasse est ....

IV) **Donnez** *le* masculin *des adjectifs : nouvelle, grosse, belle, grasse, épaisse, vieille, basse.* **Faites une phrase** *avec chaque adjectif (masculin ou féminin).*

V) **Lisez** *avec soin : l'été, l'Obélisque, l'arbre, l'arc de triomphe, l'avenue.*
Remplacez *l'article l' par un ou une et ajoutez l'adjectif beau, bel, belle.* **Mettez** *enfin ces expressions au pluriel (Ex. : l'étoile, une belle étoile, de belles étoiles).*

VI) **Conjuguez** *au présent, au futur et au passé composé : suivre le boulevard.*

VII) **Mettez** *au futur proche et au passé récent : Ils entrent aux Tuileries. Elle passe devant les bassins. Vous regardez l'Obélisque. Nous suivons l'avenue. Je traverse la place. Les agents de police lèvent leur bâton blanc.*

Photo Hachette.

L'Obélisque.

⇒→ ON DIT : *Sur* la place, *sur* les boulevards, *sur* la route, *sur* le quai, *dans* la rue, *dans* l'avenue. mais : j'habite *place* des Vosges, *quai* Voltaire, *rue* de Rivoli. (*Mais, attention !* il viendra, c'est **sûr**).

GRAMMAIRE

Le féminin des adjectifs (suite)

Adjectifs en	Adjectifs en	Adjectifs en
eur = **euse**	**eux** = **euse**	**f** = **ve**
menteur, ment**euse**	heureux, heur**euse**	vif, vi**ve**
	malheureux,	neuf, neu**ve**
Mais :	malheur**euse,**	
meilleur, *meilleure*	nombreux, nombr**euse**	**Attention !** blanc, blan**che,**
supérieur, *supérieure*		sec, sè**che**, long, lon**gue**,
		gros, gro**sse,** roux, rou**sse,**
		doux, dou**ce**

Le déjeuner au restaurant

Il est midi et demi. Les Vincent entrent dans un **restaurant** du **quartier** de l'Étoile et s'assoient devant une table libre. Madame Vincent, un peu **fatiguée**, est **heureuse** de **se reposer**. Hélène, toujours **vive** et bavarde, fait beaucoup de bruit.

M. Vincent prend la **carte** et demande aux enfants:« Avez-vous faim ? — Oh ! oui. — Voulez-vous un repas bien français ? Des **hors-d'œuvre** [1] variés, un **bifteck** [2] **-frites.** Cela veut dire : avec des **pommes de terre frites** [3]. On dit aussi : un steck-frites. Ensuite nous prendrons du **fromage** [4]. **Savez-vous*** qu'il y a deux cents **sortes** (f.) de fromages en France? Enfin, nous finirons le déjeuner par une **tarte** [5] et un café. — Et la **soupe?** dit Pierre. — A Paris, on ne prend pas de potage au déjeuner comme en Allemagne ou en Hongrie... J'**appelle*** le garçon. » M. Vincent **commande** le menu. Le garçon commence le **service.** Puis il apporte une bouteille de vin rouge : c'est du vin de **Bourgogne** [6]. Les Vincent **ont bon appétit,** mais ils mangent moins de pain que les Français.

... Le repas est fini. « Garçon, l'**addition** (f.), s'il vous plaît. » M. Vincent paie et donne un bon pourboire.

---

*Verbe *savoir*. — **Présent :** Je sais, tu sais, il sait, nous savons, vous savez, ils savent.
             Futur : Je saurai.   **Passé composé :** J'ai su.
        Attention ! ⟶ **Impératif :** SACHE, SACHONS, SACHEZ.
*Verbe *appeler*. — **Présent :** J'appelle, tu appelles, il appelle, nous appelons, vous appelez, ils appellent.
             Futur : J'appellerai.   **Passé composé :** J'ai appelé.

☆ *PRONONCIATION*

Un restaurant	Hélène fait du bruit	Des hors-d'œuvre	Un bifteck aux pommes
[œ̃ rɛstɔrã]	[elɛn fɛ dy brɥi]	[de ɔrdœːvr]	[œ̃ biftɛk o pɔm]
L'Allemagne	La Hongrie	Du vin de Bourgogne	Garçon, l'addition s'il vous plaît
[lalmaɲ]	[la õgri]	[dy vɛ̃dburgɔɲ]	[garsõ ladisjõ sil vu plɛ]

CONVERSATION

A) **1.** A quelle heure M. Vincent et sa famille entrent-ils au restaurant ? — **2.** Dans quel quartier sont-ils ? — **3.** Est-ce qu'Hélène fait du bruit ? — **4.** Quel est le menu du déjeuner ? — **5.** Y a-t-il beaucoup de sortes de fromages en France ? — **6.** Qu'est-ce que M. Vincent demande à la fin du repas ? — **7.** Qu'est-ce qu'il donne au garçon ? — **8.** Dans votre pays prend-on du potage au déjeuner ?

B) Décrivez en quelques phrases la 1re image, puis la 2e.

► EXERCICES ◄

I) **Mettez** *au* masculin *les adjectifs féminins et* au *féminin* les adjectifs masculins de la lecture.

II) **Faites une phrase** *avec les adjectifs suivants au* féminin :
Lourd, large, léger, beau, bon, coquet, neuf, doux, long, meilleur, heureux, supérieur, menteur.

III) **Mettez** *les expressions suivantes au* pluriel : *un sac léger, le mur gris, un garçon roux, le nouveau livre, le beau bébé, un vin doux un salut amical, l'œil bleu, un enfant heureux.*

IV) **Mettez** *le* comparatif *ou le* superlatif *des adjectifs : Pierre est ... des enfants (gourmand). Hélène est ... que Pierre (vive). En France, les sortes de fromages sont ... (nombreuses). Toute la famille est ... à Paris (heureuse). Ce restaurant paraît ... de tous (bon). L'avenue des Champs-Élysées est-elle ... de Paris? (belle). Ta robe n'est pas ..., elle est ... que la robe de ta sœur (vieille, neuve).*

V) **Mettez :** a) au passé récent ; b) au passé composé:
Les Vincent font une longue promenade. Ils entrent dans un restaurant et s'asseyent à une table libre. Mme Vincent regarde la carte. M. Vincent commande le repas. Il demande l'addition. Il donne un bon pourboire.

VI) **Mettez** au futur proche (v. leçon 22) :
Nous demanderons un bifteck-frites et nous terminerons par une tarte. Nous ne prendrons pas de potage comme les Anglais ou les Allemands. Nous boirons du vin et nous mangerons beaucoup de pain comme les Français. Après le repas nous commanderons un bon café.

VII) **Conjuguez** au présent, au passé composé, au futur et à l'impératif :
Mettre le couvert, appeler le garçon, s'asseoir à table.

VIII) **Conjuguez** au présent : *savoir sa leçon (forme* affirmative, *forme* négative, *forme* interrogative).

IX) **Faites** le même exercice au futur et au passé composé.

Terrasse de restaurant, à Paris.

GRAMMAIRE

Le sujet	L'objet direct
Avant le verbe, il y a généralement un **sujet.**	*Après* le verbe, il y a souvent un **objet direct.**
La bonne ouvre la porte.	La bonne ouvre la porte
Pour trouver le sujet, posez la *question QUI ?* avant le verbe :	Pour trouver l'objet direct, posez la *question QUI ? ou QUOI ?* après le sujet et le verbe :
Qui ouvre la porte ? — *La bonne.*	La bonne ouvre ... **quoi** ? — *La porte.*

Chez les Legrand

Il est 16 heures (4 heures de l'aprèsmidi). Les Vincent viennent de sonner à la porte des Legrand, 34, avenue de l'Opéra. La **bonne** ouvre la porte et conduit nos amis dans le salon. Mme Legrand arrive aussitôt avec son mari et ses deux enfants, Cécile (18 ans) et Jean (17 ans). On fait les **présentations** (f.) puis les parents s'assoient et parlent du voyage, de Paris, de Montréal. Leurs enfants sont très **gais** et **rient*** beaucoup. Hélène joue avec Jip, un petit **chat** noir.

Après une longue **conversation,** Mme Legrand sert le thé. Cécile **aide** sa mère : « Voulez-vous du lait ou du **citron** ? Un peu d'eau ? » M. Legrand **sourit** et dit à sa fille : « Non, merci, je ne prendrai pas de thé (comme beaucoup de Français, il n'aime pas le thé). Je boirai un verre de **porto.** » A 19 h. 45 la bonne **annonce : « Madame est servie. »** On passe dans la salle-à manger et le dîner commence. Voici le **menu** : d'abord un potage [1]; puis un poisson [2] avec du **bordeaux** [3] blanc; un **gigot** [4] **rôti** avec du bourgogne [5]; des **haricots** [6] verts; de la salade; des fromages [7] variés avec du vin d'Alsace [8]; un gâteau [9] au chocolat; des fruits (m.) [10]; enfin du café et des **liqueurs** (f.), de bonnes **cigarettes,** et des **cigares** (m.) pour M. Vincent et M. Legrand.

Rire ≠ Pleurer

*Verbe *rire.* — **Présent :** Je ris, tu ris, il rit, nous rions, vous riez, ils rient.
Futur : Je rirai. **Passé composé :** J'ai ri.
Conjuguez le verbe *sourire* comme le verbe *rire.*

CONVERSATION

1. Quelle heure est-il ? — **2.** Qui a sonné chez les Legrand ? — **3.** Qui ouvre la porte ? — **4.** Où la bonne conduit-elle les Vincent ? — **5.** Est-ce que les Legrand ont des enfants ? — **6.** Quels sont leurs prénoms ? — **7.** Qui aide Mme Legrand à servir le thé ? — **8.** Pourquoi M. Legrand prend-il du porto ? — **9.** Buvez-vous du thé ? — **10.** Que font les Vincent et les Legrand après le thé ? — **11.** A quelle heure passent-ils dans la salle à manger ? — **12.** Quel est le menu du dîner ?

► EXERCICES ◄

I) **Dans la lecture, cherchez :** a) *tous les noms* sujets ; b) *tous les noms* objets directs *(ou compléments directs).*

II) **Complétez** *les phrases suivantes avec des* pronoms sujets :
La bonne ouvre la porte et ... conduit nos amis dans le salon. Les enfants sont très gais et ... rient beaucoup. M. Legrand n'aime pas le thé ; ... aime mieux un peu de porto. Cécile aide sa mère ; ... sert le thé.

III) **Complétez** les phrases *suivantes avec ces* noms objets directs : *le thé - sa mère - des cigarettes - le gâteau - un verre - un cigare.*
Mme Legrand sert ... Cécile aide ... Hélène aime ... au chocolat. Mme Vincent et Mme Legrand fument .... M. Legrand fume .... M. Vincent prend ... de porto.

IV) **Mettez** *les* adjectifs *suivants au* comparatif féminin *dans une phrase : long, blanc, neuf, sec, vieux, vif, beau, gai, fatigué, bavard.*

V) **Mettez** *les 3 premières* phrases *de la lecture à la forme interrogative :*
a) est-ce que ... ; b) inversion *(voir page 77, V).*

VI) **Mettez :** a) *au* futur ; b) *au* passé composé *la lecture depuis : La bonne ouvre, jusqu'à ... un petit chat noir.*

VII) **Faites une phrase** *avec chaque* verbe : *sonner, sortir, entrer, inviter, vouloir, remercier, rire.*

➤➤➤ L'OBJET DIRECT (ou *complément direct*) est un complément qui suit le verbe *sans préposition.*
ON DIT : Le haricot, la Hongrie (= h « aspiré »). Onze heures et dem**ie** ; mais : une dem**i**-heure.
gai ≠ triste. — Je ris parce que tu dis des choses *drôles (amusantes).*
Le vin de Bordeaux, ou *le bordeaux* ; le vin de Bourgogne, ou *le bourgogne.*
Dans la salade, on met de l'*huile* (f.), du *vinaigre*, du *sel* et du *poivre.*

Revision et variétés. Leçons 32 à 35

○ LEÇON 32 ──────────────────────────────

NOMS		VERBES	ADJECTIFS
l'**Anglais**	l'Argentine	*descendre*	ancien-ancienne
le Hollandais	la confiture	*devoir*	coquet-coquette
le lendemain	la corbeille		gourmand-gourmande
le croissant	la soucoupe	EXPRESSION	gras-grasse
le poisson	la tasse	en route	photographique (m. f.)
le chocolat	la promenade	MOT INVARIABLE	
le plateau		hélas !	
le petit pain			
l'appareil photographique			

Verbe *descendre* : Je descend*s*, nous *descend*ons ; je descendrai ; je suis *descendu*.
Verbe *devoir*   : Je doi*s*, nous *dev*ons, ils *doiv*ent ; je devrai ; j'ai *dû*.

○ LEÇON 33 ──────────────────────────────

NOMS		VERBES	MOT INVARIABLE
l'**agent** de police	l'**Étoile**	*suivre*	loin
le monum**ent**	la statue	photographier	partout
les **Champs**-Élysées	la pierre	traverser	
le **tomb**eau		sembler	
l'Arc de Triomphe		siffler	
le bâton			
le bassin			
le magasin			
le palais			
le passage clouté			
le soldat			
le Carrousel			
l'Obélisque			

Verbe *suivre* : Je sui*s*, nous *suiv*ons ; je suivrai ; j'ai *suivi*.

Refaites *de* **mémoire** *les textes des lectures à l'aide du* **vocabulaire.**

○ LEÇON 34 ─────────────────────────────

NOMS		VERBES	ADJECTIFS
le restaur**ant**	la pomme de terre [ɔ]	*savoir*	fatigué-fatiguée
le bourg**ogne** [ɔ]	la s**orte** [ɔ]	appeler	heureux-heureuse
le fr**om**age [ɔ]	l'Allemagne	commencer	libre (m. f.)
le h**ors**-d'œuvre [ɔ]	l'addition	laisser	menteur-menteuse
l'appétit	la carte	se reposer	neuf-neuve
le bifteck	la Hongrie		sec-sèche
le menu	la soupe	EXPRESSIONS	supérieur-supérieure
le service	la tarte	l'addition, s'il vous plaît	varié-variée
le quartier		avoir bon appétit	vif-vive
		un bifteck aux pommes	
		les pommes frites	

Verbe *savoir* : Je sais, nous *savons* ; je *saurai* ; j'ai *su*.

○ LEÇON 35 ─────────────────────────────

NOMS		VERBES	ADJECTIFS	EXPRESSION
le citr**on**	la conversa**tion**	*rire*	gai-gaie	Madame est servie
le gig**ot** [o]	les présenta**tions**	aider		
le haric**ot** [o]	la b**onne** [ɔ]	annoncer		
le bord**eaux** [o]	la cigarette	rôtir (2e gr.).		
le cigare	la glace	sourire		
le porto	la liqueur			
	la salade			
	l'Alsace	Verbe *rire* : Je ris, nous *ri*ons ; je rirai ; j'ai *ri*.		

□ *EXERCICES* □

Mettez ensemble *les* noms de pays *et les* adjectifs (Ex. : Canada - Canadien) :
Canadien - Hongrois - Thaïlande - Guatemala - Costa-Rica - Panama - Écosse - Norvégien -
Chinois - Japon -Vénézuélien- Ukraine - Arabe - Irlande - Colombie - Italien - Belgique - Corée -
Grèce - Venezuela - Écossais - Israël - Espagne - Yougoslavie - Ukrainien - Honduras - Pologne -
Uruguayen - Siamois - Hondurien - Islande - Turquie - Hollandais - Égypte - Allemagne - Albanie -
Pérou - Anglais - Irak - Islandais - Mexicain - Bulgare - Autrichien - Russie - Argentin - Canada -
Espagnol - Français - Chine - Syrien - Yougoslave - Costaricien - Arabie - Américain - Vietnam -
Panamien - Brésilien - Indien - Autriche - Péruvien - Irakien - Polonais - Belge - Allemand - Pakis-
tanais - Syrie - Mexique - Chilien - Suédois - Danemark - Angleterre - Tchécoslovaquie - Cubain -
Nicaraguayen - Bulgarie - Portugais - Bolivie - Nicaragua - Iranien - Russe - Hollande - Portugal -
Marocain - Suède - Grec - Bolivien - Argentine - Égyptien - Italie - Libanais - Colombien - Hongrie -
Israélien - Pakistan - Tchécoslovaque - Cuba - Guatémaltèque - Irlandais - Norvège - Liban -
Suisse - Finlande - Amérique - Japonais - Albanais - Uruguay - Iran - Turc - Finlandais - Danois -
Tunisie - Haïti - Ile Maurice - Jordanie - Paraguay - France - Roumain - Inde - Paraguayen -
Suisse (adj.) - Haïtien - Jordanien - Mauricien - Chili - Maroc - Roumanie - Vietnamien -
Brésil - Coréen - Tunisien - Congo - Congolais - Algérien - Ghana - Algérie - Ghanéen -
Malgache - Madagascar.

□ *DICTÉES* □

1) Marc **sait ses** leçons, **mais** je n'ai pas fait **mes** devoirs. — **C'est** un bon garçon, tu **sais**. — **Ces** taxis font du bruit. — Où **mets**-tu **mes** affaires ? — **Ce** petit garçon **se** lave mal.

2) J'entre dans la salle à manger de l'hôtel pour prendre mon petit déjeuner. Sur la table il y a une tasse, une soucoupe, une petite cuiller et un couteau. Je m'assieds. Je commande au garçon un café au lait. Il va revenir avec un plateau. Il mettra sur la table du beurre, des confitures et une corbeille pleine de croissants et de petits pains.

Je verserai d'abord le café dans ma tasse. J'ajouterai ensuite du lait et du sucre et je commencerai à manger.

3) La famille Vincent vient de traverser le beau jardin des Tuileries plein de fleurs, d'arbres, de bassins et de belles statues. Elle arrive à la place de la Concorde. Les Vincent ont vu le Louvre et le Carrousel. Maintenant ils vont voir l'Obélisque.

Sur la place, ils retrouvent le bruit, les taxis, les passages cloutés, le sifflet des agents de police.

La famille Vincent n'oubliera pas sa promenade.

4) Entrons dans ce restaurant. Installons-nous à cette table libre. Comme la nappe est blanche ! Demandons le menu au garçon. Qu'allons-nous prendre ? Nous avons bien faim. Nous commencerons par des hors-d'œuvre. Ensuite le garçon nous apportera un plat de viande garnie ; puis il servira un légume, de la salade, du fromage, un dessert. Nous boirons du vin rouge ou du vin blanc et nous finirons le repas par un bon café.

□ *DIALOGUES* □

1. Au restaurant

« *Bonjour, monsieur. Voici une table libre.* — Merci, la carte, s'il vous plaît.

— *Voilà, monsieur. Qu'est-ce que vous prendrez ?* — Un hors-d'œuvre pour commencer : des sardines à l'huile.

— *Et ensuite ?* — Qu'y a-t-il au menu ? Gigot de mouton..., bifteck....Donnez-moi un bifteck-frites.

— *Très bien, monsieur. Pas de légumes ?* — Si, des haricots verts, de la salade. Et puis vous me servirez un bon fromage.

— *Gruyère, brie, camembert ?* — Du gruyère.

— *Bien, monsieur. Pour le dessert je vous recommande notre tarte maison. Et qu'est-ce que vous boirez ?* — Une demi-bouteille de vin rouge. »

2. Au salon

« *Ah ! bonjour, chère amie. Que je suis heureuse de vous voir. Comment allez-vous ?* — Très bien, merci. Et *vous-même, chère madame ? Votre mari ? Vos enfants ?* — Tout le monde va bien. *Mais prenez place. Asseyez-vous dans ce fauteuil près de la cheminée. Vous n'avez pas froid ?* — Oh ! il fait chaud chez vous, mais dehors, il neige.

— *Vite, une tasse de thé pour vous réchauffer. Je vais sonner Marie.*

— Je ne resterai que quelques minutes. Ne vous dérangez pas.

— *Cela ne me dérangera pas. Tout est prêt... Merci, Marie. Posez le plateau sur la petite table. Comment aimez-vous le thé, chère amie ? Fort ou léger ?* — Très léger, merci.

— *Un peu de lait ?* — Je préfère le thé à la russe, sans lait.

— *Du sucre ?* — Oui, un morceau.

— *Et du citron ?* — Non, merci.

— *Prenez une brioche.* — Oh ! elle est délicieuse.

— *Oui, j'achète mes brioches et mes croissants chez le pâtissier des* Martin.

— Je vois... A propos, le fils Martin est-il parti pour le Canada ? — *Oui, la semaine dernière... Encore un petit gâteau ?* — Volontiers... Vous avez de jolies fleurs.

— *J'ai acheté ces roses ce matin. Elles viennent de Nice... Vous allez goûter ma tarte.*

— Un tout petit morceau.

— *Encore un peu de thé ?* — Non, merci. Votre amie, madame Leblanc, a-t-elle trouvé un appartement ? — *Non, elle est toujours à l'hôtel.*

. . . .

— Oh ! sept heures ! Excusez-moi, je dois vous quitter. — *Déjà ?*

— Oui, je vais chercher ma sœur à la gare. Le train arrive à 19 h. 30. Au revoir, chère amie. Un grand merci pour votre aimable accueil. Pouvez-vous venir goûter à la maison, jeudi prochain ? — *Oui, avec plaisir.*

— A jeudi donc. Mon bon souvenir à votre mari, je vous prie. Une caresse aux enfants. »

□ EXERCICES □

I) **Trouvez** *les verbes de la leçon 34 jusqu'à : oh ! oui.* **Mettez** *ces verbes à la deuxième personne du singulier et du pluriel du présent, du futur, du passé composé, du futur proche, du passé récent, de l'impératif.*

II) **Faites** *cinq phrases avec un verbe et un sujet.*

III) **Faites** *cinq phrases avec un verbe, un sujet, et un complément d'objet direct.*

IV) *Dans les leçons, 32, 33 et 34* **trouvez** *cinq phrases avec un sujet, un verbe, et un complément d'objet direct.*

V) **Quel est le menu** *du dîner des Vincent chez les Legrand ?*

VI) **Mettez** *ce passage de la lecture 35 : La bonne ... un petit chat noir :* a) au futur ; b) au passé composé.

GRAMMAIRE

Les pronoms possessifs

Voici *MON* livre, voici *TON* livre, voici *SON* livre (**Adjectifs** possessifs)

= Voici **le mien** , voici **le tien,** voici **le sien** (**Pronoms** possessifs)

Un seul possesseur :	**Plusieurs** possesseurs :
Le mien, la mienne, les miens, les miennes.	*Le nôtre, la nôtre, les nôtres.*
Le tien, la tienne, les tiens, les tiennes.	*Le vôtre, la vôtre, les vôtres.*
Le sien, la sienne, les siens, les siennes.	*Le leur, la leur, les leurs.*

Appartements

VENTE 2 APPTS : 1° Rive gauche, 5 p. p., cft. — 2° 16ᵉ Arrt, 4 p. p., cft, ds bons imm. ou en construct. avancée. Tél. : 322-23-70.

ACHAT cpt 3 à 4 p. libr., 30 minut. centre maxim. Ecr. rens. : BRUS, aven. Vanbreuil, ROMAINVILLE.

A LOUER. 2 belles p., cuis., s. de b., gd cft, Ch.-Elys. - Etoile - Madeleine-Opéra. 456-41-03, matin.

Les petites annonces (voir p. 103).

Une villa de banlieue.

« Maison ou appartement ? »

M. Vincent, Mme Vincent et Pierre lisent les petites **annonces** (f.) dans les journaux : **« Maisons à vendre*, appartements** (m.) **à louer ».**

« Je **cherche** mais je ne **trouve** rien dans mon journal, dit enfin M. Vincent. Y a-t-il quelque chose dans les vôtres ? »

— Le mien, répond Pierre, annonce une villa meublée dans la **banlieue**, à Saint-Germain. C'est un peu loin, n'est-ce pas ? Et dans le tien, maman, trouves-tu quelque chose d'**intéressant** ?

— Un appartement de deux pièces au Quartier Latin. Il est trop petit. »

Mais voici M. Legrand... Il semble très content et sourit : « Bonne nouvelle, chers amis, j'ai trouvé cinq pièces **meublées,** 17, quai de Conti, au quatrième étage, avec une salle de bains et le chauffage central. Le **loyer** n'est pas **cher.** Nous pourrons visiter l'appartement après le déjeuner, si vous voulez. » M. Vincent prend les mains de M. Legrand dans les siennes. « Merci, dit-il, vous êtes le meilleur des amis. »

« Maman, dit la petite Hélène, nous avons vu hier l'appartement de M. et de Mme Legrand. Est-ce que le nôtre sera aussi beau que le leur ? »

Rien. — Quelque chose. — Tout.   *Loin ≠ Près.*

* Verbe *vendre.* — *Présent :* Je vends, tu vends, il vend, nous vendons, vous vendez, ils vendent.
Futur : Je vendrai.   *Passé composé :* J'ai vendu.
vendre ≠ acheter

Explication des **annonces** *de la page* 102. — I) Vente : 2 appartements : 1º Rive gauche, 5 pièces principales, confort. — 2º 16ᵉ arrondissement, 4 pièces principales, confort, dans bons immeubles ou en construction avancée. — II) Achat comptant 3 à 4 pièces libres, à 30 minutes du centre, maximum. Ecrire pour
renseignements à BRUS, avenue Vanbreuil, Romainville. — III) A louer : 2 belles pièces, cuisine salle de bains,
grand confort (Champs-Elysées, Etoile, Madeleine ou Opéra).

☆ *PRONONCIATION*

Les petites annonces	Maisons à vendre	Appartement à louer	Le Quartier Latin
[le ptitzanõ:s]	[mɛzõ a vã:dr]	[apartəmã a lwe]	[lə kartje latẽ]

CONVERSATION

1. Où sont Mme Vincent, M. Vincent et Pierre ? — **2.** Que font-ils ? — **3.** Qu'est-ce qu'ils lisent dans les journaux ? — **4.** Pourquoi la famille Vincent ne peut-elle pas louer la villa dans la banlieue ? (parce que...). — **5.** Pourquoi M. Legrand sourit-il ? — **6.** Qu'a-t-il trouvé ? — **7.** Où est cet appartement ? — **8.** Combien de pièces a-t-il ? — **9.** Est-ce que les Vincent iront visiter l'appartement ? — **10.** Que dit M. Vincent à M. Legrand ? — **11.** Que dit la petite Hélène ?

► EXERCICES ◄

I) **Trouvez** *dans la lecture les* pronoms possessifs. *Quels sont les* adjectifs possessifs *correspondants?* (Ex. : *les vôtres, vos journaux.*)

II) **Complétez** *les phrases suivantes avec des* adjectifs possessifs *et des* pronoms possessifs : (Ex. : *tu lis ton journal, je lis le mien.*)
Pierre lit ... journal ; Mme Vincent lit ... — Ils lisent ... journaux ; elles lisent ... — Nous lisons ... journaux ; vous lisez ... — Vous allez rentrer dans ... appartement ; nous allons rentrer dans ... — Je prends ... valise ; prends ... — Je te donne ... livres ; donne-moi... — J'ai vu ... chambre ; elle est plus grande que ....

III) **Faites des phrases** *avec les* pronoms possessifs *suivants : le tien, la nôtre, les leurs, le sien, les miennes, le vôtre, le leur, la tienne, les siennes, les nôtres.*

IV) **Quel est le contraire de :** *près de la fenêtre, sur la cheminée, la vieille dame, un appartement trop petit, très loin, après le déjeuner, une longue annonce ?*

V) **Conjuguez** *à l'impératif :*
Louer une pièce, aller visiter l'appartement, vendre la maison, ouvrir la porte.

VI) **Mettez** *dans des phrases au présent, puis au futur, puis au passé composé : vendre un appartement, manger du pain, louer une maison, trouver une chambre meublée.*

VII) **Faites** *de courtes phrases avec les* verbes : *vendre, louer, trouver, annoncer, visiter. Dans chaque phrase, mettez un nom sujet et un nom objet direct.*

⟶ On dit : quelque chose **d'**intéressant ; rien **de** neuf ; rien **de** bon. — Elle *semble* contente (*ou elle a l'air* contente). — *Construire* une maison (comme *conduire*) ≠ *démolir* une maison (comme *finir*).

GRAMMAIRE

Les pronoms personnels

**Pronoms
sujets** 〖 **Qui** regarde Pierre ? **Je** regarde Pierre.

| Je | tu | il, elle | nous | vous | ils, elles |

**Pronoms
objets directs** 〖 Paul regarde... **qui ?**   Paul **me** regarde.

| Me | te | le, la | *se* | nous | vous | les | *se* |

Ces pronoms sont généralement 〖avant〗 le *verbe*.   Mais **attention** à l'impératif !

Voici la gomme : prends-**la**.
(Voir p. 108.)

me, te, le, la + a, e, i, o, u, h muet = *m', t', l'* :   Il **m'**appelle, il **t'**appelle, il **l'**appelle

le (la, les) avant un *verbe* est un **pronom** : je **le** vois
le (la, les) avant un *nom* est un **article** : je vois *le* chien

---

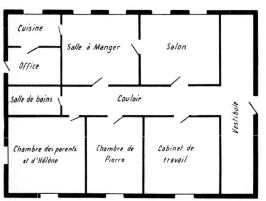

L'appartement des Vincent — Le salon

Les Vincent habitent dans leur appartement depuis huit jours. Voulez-vous 〖le〗 visiter ? Vous connaissez déjà leur maison de Montréal. Le 17 du quai de Conti n'est pas aussi **moderne,** mais c'est une belle maison de cinq étages, au bord de la Seine.

Nous demandons à la **concierge :** « M. Vincent, s'il vous plaît ?

— Au quatrième à gauche ; vous pouvez prendre l'ascenseur. »

...Nous entrons dans un **vestibule.**
A droite, voici le salon et la salle à manger ; à gauche, le **cabinet de travail** de M. Vincent, puis la chambre de Pierre ; le soleil 〖l'〗 **éclaire** toute la journée. Un couloir 〖nous〗 conduit à la chambre des parents et à la salle de bains. Au bout de l'appartement voici la cuisine, l'**office** (f.) et la porte de l'**escalier de service.**

Le salon **donne** sur le quai : là-bas, en face, c'est le Louvre ; à droite, le Pont-Neuf et la Cité. Le salon a une haute cheminée de marbre blanc. Il est plein de meubles anciens. Des portraits de famille sont **accrochés** aux murs. Les enfants 〖les〗 regardent et rient.

Le soir, ce vieux salon est très beau, quand le **lustre** brille de mille lumières (f.).

☆ **PRONONCIATION**

Un vestibule	Un bel immeuble	Une office
[œ̃ vɛstibyl]	[œ̃ bɛl immœbl]	[yn ɔfis]
Le Pont-Neuf	Des portraits sont accrochés	Le lustre brille de mille lumières
[lə põ nœf]	[de pɔrtrɛ sõtakrɔʃe]	[lə lystrə brij də mil lymjɛːr]

CONVERSATION

A) **1.** M. Vincent a-t-il quitté l'hôtel avec sa famille ? — **2.** Où les Vincent habitent-ils maintenant ? — **3.** Est-ce que la maison est moderne ? — **4.** Que demandons-nous à la concierge? — **5.** Que nous répond-elle ? — **6.** Où entrons-nous ? — **7.** Quelles pièces y a-t-il à droite ? — **8.** Quelles pièces y a-t-il à gauche ? — **9.** Où sont l'office, la cuisine, l'escalier de service ? — **10.** Quelle est la plus grande pièce de l'appartement ? — **11.** Que voit-on par les fenêtres du salon ? — **12.** Pourquoi le salon est-il très beau, le soir ?

B) Interrogez vos camarades sur l'image de la page 104, puis sur l'image de la page 105.

► EXERCICES ◄

I) **Trouvez** *dans la lecture tous les :* le, la, les *suivis d'un nom. Comment appelle-t-on ces mots ?*

II) Le, la, l', les *sont parfois suivis d'un* **verbe.** *Comment appelle-t-on alors :* le, la, l', les *?*

III) *Dans les phrases suivantes, a)* **remplacez** *le* nom objet direct *par un* pronom : *Tu salues la concierge. Nous prenons l'ascenseur. Vous visitez les pièces. Vous voyez le salon ; b) ensuite* **mettez** *ces phrases à l'*impératif.

IV) **Mettez** *au pluriel : Une grande chambre. Un vieil escalier. Cet homme heureux. Ce garçon roux. Ce beau piano. Mon nouvel habit. Un meuble moderne.*

V) **Quel est le contraire de :** *Une maison* ancienne? *Nous* entrons à droite? Ici ? *La concierge* monte? *La plus* grande *pièce ?* près?

VI) **Faites** des **phrases** *avec les formes de l'adjectif* bon : *meilleur, aussi bon, moins bon, très bon, le meilleur.*

VII) **Conjuguez** *au passé composé, au passé récent, au* futur *et au* futur proche : *Visiter l'appartement. Remplir la baignoire.*

VIII) **Complétez** *les phrases suivantes par des* pronoms personnels : *Je vais au quatrième avec la concierge; elle ... accompagne ; elle ... conduit. — ... allez au quatrième avec la concierge ; elle ... accompagne ; elle ... conduit. — ... vas au quatrième avec la concierge ; elle ... accompagne ; elle ... conduit. — ... vont au quatrième avec la concierge ; elle ... accompagne, elle ... conduit. — ... allons au quatrième avec la concierge ; elle ... accompagne ; elle... conduit. — ... va au quatrième avec la concierge ; elle ... accompagne; elle ... conduit.*

IX) **Mettez** *à la 3e personne du singulier et du pluriel : Je me lave - Tu te chausses - Je me savonne - Vous vous habillez - Nous nous asseyons - Je me couche.*

Vue sur la Seine et la Cité.

➤ On dit : le 17 ou le n° 17. — L'*escalier de service* : pour les *domestiques,* les *fournisseurs.* — L'*office* (f.) : pièce où l'on met les *provisions,* près de la cuisine. — Dans son *atelier* le *menuisier* fait ou répare les meubles avec ses *outils* (m.) : la *scie,* le *marteau* etc.

— *GRAMMAIRE* —————————————

I) *L'objet indirect*

Posez la **question** *A QUI ? après* le verbe.

Pierre parle à *M. Legrand :* Pierre parle... **à qui ?** — **à M. Legrand**

II) **Les pronoms personnels objets indirects**

Pierre parle à *M. Legrand* = Pierre **lui** parle.

(Je suis avec Pierre) = Pierre **me** parle.

| me | te | **lui** | *se* | nous | vous | **leur** | *se* |

Remarque : ces pronoms sont généralement placés ⌐avant⌐ le verbe.

Mais **attention** à l'impératif !

Parle à Pierre = parle-*lui*.
Parle à Hélène = parle-*lui*.
Parle aux enfants = parle-*leur*.
(voir p. 108)

Leur devant un *verbe* est un **pronom** (invariable).
Leur devant un *nom* est un **adjectif possessif** (variable).

Le cabinet de travail de M. Vincent

M. Vincent est très content de son cabinet de travail. C'est une pièce **silencieuse,** car elle donne sur la cour. Deux grandes fenêtres l'éclairent. Elle sera un peu chaude en été. Mais en hiver, M. Vincent n'aura pas froid ; les **radiateurs** (m.) du chauffage central ⌐lui⌐ donneront une bonne **chaleur.**

Sur le **bureau,** M. Vincent a mis sa **machine à écrire.** Dans les **tiroirs** (m.), il mettra ses papiers. La **bibliothèque** est pleine de beaux livres français : ce sont **les œuvres** (f) de Corneille, Molière, Racine, Rousseau, Victor Hugo, Balzac, etc. Il y a aussi un gros **dictionnaire.** Pierre et Hélène ont voulu l'emporter parce qu'il est plein d'images. « Non, ⌐leur⌐ a répondu leur père ; ce dictionnaire m'est **utile,** mais quand vous serez bien **sages,** vous pourrez venir regarder les images. » Pierre saura peut-être rester sage... mais Hélène est si bavarde !

Un autre visiteur plus silencieux qu'Hélène, c'est Jip; Mme Legrand l'a donné aux enfants. Le petit chat se promène partout. Cette maison ⌐lui⌐ **plaît*,** mais il aime surtout le cabinet de travail et la cuisine !

---

la chaleur ≠ *le froid.* — un **appartement** clair ≠ un appartement *sombre.*
Une couleur claire ≠ une couleur *foncée.*

*Verbe *plaire.* — *Présent :* Je plai**s,** tu plai**s,** il plaît, nous plaisons, vous plaisez, ils plaisent.
　　　　　Futur : Je plairai.　　　　*Passé composé :* J'ai plu.

☆ *PRONONCIATION*

Le cabinet de travail	C'est une pièce silencieuse	Les radiateurs du chauffage central
[lə kabinɛdtravaj]	[sɛtyn pjɛs silɑ̃sjø :z]	[le radjatœ:r dy ʃofɑ·ʒ sɑ̃tral]
Une machine à écrire	Les tiroirs	La bibliothèque · Le dictionnaire
[yn maʃin a ekri:r]	[le tirwa:r]	[la bibliɔtɛk] [lə diksjɔnɛ:r]

CONVERSATION

A) **1.** M. Vincent est-il content de son cabinet de travail ? — **2.** Pourquoi cette pièce est-elle silencieuse ? — **3.** Est-elle chaude en été ? — **4.** Pourquoi ? — **5.** Est-ce que M. Vincent aura froid en hiver ? — **6.** Quels sont les meubles du cabinet de travail ? — **7.** Qu'y a-t-il sur le bureau ? — **8.** Y a-t-il des livres français dans la bibliothèque ? — **9.** Quels sont ces livres ? — **10.** Pourquoi Pierre et Hélène ont-ils voulu emporter le dictionnaire ? — **11.** Quel est le visiteur le plus silencieux ? — **12.** Qui a donné Jip aux enfants ?

B) Questionnez vos camarades sur l'image.

► EXERCICES ◄

I) **Trouvez** *dans la lecture tous les* pronoms personnels : *a)* objets directs ; *b)* objets indirects.

II) **Dans quelles phrases** *y a-t-il* lui, leur? *Remplacez ces pronoms par les noms convenables.*

III) **Complétez** *les phrases suivantes par des* pronoms personnels :
Je *cours à la porte de service, la concierge ... salue et ... remet le courrier. - ... courent à la porte de service, la concierge ... salue et ... remet le courrier. - ... courons à la porte de service, la concierge ... salue et ... remet le courrier. - ... court à la porte de service, la concierge ... salue et ... remet le courrier. - ... courez à la porte de service, la concierge ... salue et ... remet le courrier. ... cours à la porte de service, la concierge ... salue et ... remet le courrier.*

IV) *Voici des noms* objets indirects: *à nos amis - à son frère - à Montréal - aux enfants - à Mme Legrand - à Hélène.* — **Mettez** *ces noms dans les phrases suivantes : La bonne ouvre la porte .... Cécile Legrand montre le joli chat .... Hélène parle .... Nos amis pensent souvent .... Pierre donne des fleurs .... Le petit chat plaît ....*

V) *Dans les phrases suivantes,* **remplacez** *les* noms *par :* le, la, les, leur, lui, l'.
M. Vincent connaît bien les livres français. Il place sa machine à écrire sur son bureau; il aime beaucoup son cabinet de travail. Le dictionnaire plaît à Pierre. M. Vincent montre les images du dictionnaire à Pierre et à Hélène. Pierre regarde la bibliothèque. Je ferme les tiroirs.

VI) **Écrivez** *la lecture depuis :* Sur le bureau *jusqu'à ...* papiers. *Commencez ainsi : a) sur le bureau j'ai mis ... ; b) sur le bureau nous avons mis ... ; c) sur le bureau ils ont mis ....*

VII) **Écrivez** *la lecture jusqu'à* une bonne chaleur. **Faites parler** *M. Vincent :* « *Je ...»*

VIII) *a)* **Trouvez** *dans la lecture 5 noms au pluriel.* **Écrivez-les** *au* singulier *avec un article.*
   b) **Trouvez** *5 noms au singulier.* **Écrivez-les** *au pluriel avec un article.*

IX) **Mettez** *à la 3e personne du singulier et du pluriel : Je me lave les mains - Vous vous brossez les dents. - Tu t'essuies le front.*

Hélène *a déchiré* un livre et a dit : « c'est le chat ! » Elle *a menti* (comme sentir). M. Vincent est en *colère* (f.).; il *punit* sa fille (comme finir). Il *a raison* (≠ il *a tort*).

Pronoms personnels (fin)

Moi, je suis blond ; *toi*, tu es brun. — Paul est avec *moi*.

| Moi | toi | lui, elle | — | nous | vous | eux, elles |

Ces pronoms s'emploient :

1) à côté du **sujet :** *moi*, je suis... — 2) après une **préposition :** sur *toi*.

3) après le **comparatif + que :** plus grand que *lui*.

4) après l'**impératif affirmatif** comme objets directs ou indirects des
1re et 2e personnes : lave-*toi*, lave-*moi*, lavez-*vous* ; donne-*moi* un livre.

Jip, assis sur sa **queue,** près de la porte, semble nous dire : « Vous êtes chez moi, messieurs ; regardez tout, mais n'emportez rien. »

La cuisine est petite, comme beaucoup de cuisines parisiennes, mais elle est claire. Mme Vincent va et vient, de la cuisinière à gaz à la cuisinière électrique, de l'évier au réfrigérateur.

Aujourd'hui, une bonne odeur sort du **four** : Mme Vincent **fait cuire** une tarte aux prunes. Jip passe sa langue sur ses moustaches : « Toi, Jip, tu n'aimes pas la tarte aux prunes. Tu

La salle à manger et la cuisine

Comme le salon, la salle à manger de nos amis donne sur le quai. Des tableaux **ornent** les murs ; ils représentent des **montagnes** (f.) de Provence et des ports de Bretagne. Sur un vieux buffet il y a des plats de cuivre et des assiettes à fleurs ; entre les fenêtres, une horloge normande **remue** lentement son **balancier** de droite à gauche, de gauche à droite, et fait : tic- tac....

Entrons maintenant dans la cuisine.

regardes ce beau poisson, sur la table de la cuisine... Pierre, lui, aime mieux la tarte que le poisson ! »

Je *fais cuire* le poisson. Le poisson est *cuit* (≠ il est *cru*).   **Tout ≠ rien**

☆ *PRONONCIATION*

Un plat de cuivre
[œ pladkɥi:vr]

Les montagnes
[le mõtaɳ]

Un balancier
[œ balãsje]

Vous êtes chez moi
[vuzɛt ʃe mwa]

L'évier
[levje]

L'odeur de la tarte aux prunes
[lɔdœ:r də la tart o pryn]

CONVERSATION

1. Que voit-on aux murs de la salle à manger ? — **2.** Que représentent les tableaux ? — **3.** Où sont les plats de cuivre ? — **4.** Qu'est-ce qu'il y a entre les fenêtres ? — **5.** Est-ce que la cuisine est grande ? — **6.** Que voit-on dans la cuisine ? — **7.** Qu'est-ce que Mme Vincent fait cuire dans le four ? — **8.** Le petit chat aime-t-il la tarte aux prunes ? — **9.** Que fait-il ? — **10.** Est-ce que Pierre aime mieux le poisson que la tarte ?

► *EXERCICES* ◄

I) **Complétez** *les phrases suivantes par des pronoms personnels : Moi, je prendrai mes valises avec ... - ... vous prendrez vos valises avec ... - ... il prendra ses valises avec ... - ... elle prendra ses valises avec ... - ... nous prendrons nos valises avec ... - ... vous prendrez vos valises avec ... - ... ils prendront leurs valises avec ... - ... elles prendront leurs valises avec ...*

II) **Conjuguez** *aux diverses* personnes du singulier et du pluriel *les phrases suivantes : J'entends le tic-tac de l'horloge derrière moi, tu ... - J'ai mis de belles images devant moi, tu ... - Je sais que Jip est assis près de moi, tu ...*

III) **Conjuguez** *aux diverses* personnes :
M. Legrand est Français, moi, je suis ..., toi ... etc.

IV) **Mettez** *à la* 2ᵉ *personne du singulier de l'impératif (leçons 37, 38 et 39. Ex. :* Tu nous parles *Parle-nous). Tu m'attends. Tu l'appelles. Tu nous conduis. Tu les suis. Tu me donnes un livre. Tu lui réponds. Tu leur ouvres la porte. Tu nous dis bonjour.* Voici une lettre : tu l'ouvres.

V) **Mettez** *les phrases de l'exercice IV à la 2ᵉ personne du pluriel de l'*impératif.

VI) **Mettez** *dans* quatre phrases *le pronom* nous. *Il sera : a)* sujet ; *b)* objet direct ; *c)* objet indirect ; *d)* près du sujet *ou après une* préposition.

VII) **Mettez** *dans* deux phrases *le pronom* me. *Il sera : a)* objet direct ; *b)* objet indirect. *Faites ensuite le même travail avec* te.

VIII) **Mettez** *au* futur *la lecture depuis :* Aujourd'hui *jusqu'à* Toi, Jip (Demain une bonne odeur...).

IX) **Écrivez** *les adjectifs de la lecture :* a) *au* masculin *et au* féminin singulier; b) *au* masculin *et au* féminin pluriel.

Revision et variétés. Leçons 36 à 39

○ LEÇON 36

NOMS		VERBES	ADJECTIFS	EXPRESSIONS
l'appartement	la **ban**lieue	*vendre*	meublé-meublée	*n'est-ce pas ?*
le Quartier Latin	l'a**nn**once	chercher	cher-chère	un peu loin
le **loy**er [lwaje]	la villa	louer	intéressant-e	
		trouver		

PRONOMS POSSESSIFS

le mien, le tien, le sien, le nôtre, le vôtre, le leur,
la mienne, la tienne, la sienne, la nôtre, la vôtre, la leur,
les miens, les tiens, les siens, les nôtres, les vôtres, les leurs,
les miennes, les tiennes, les siennes, les nôtres, les vôtres, les leurs.

Verbe *vendre* : Je vend**s**, nous *vend*ons ; je vendrai ; j'ai *vendu*.

○ LEÇON 37

NOMS		VERBES	EXPRESSIONS
le **Pont-Neuf**	la **c**oncierge	accrocher	au bout de.....
le lustre	la **ch**eminée	éclairer	donner sur.....
le vestibule			en face
	la Cité		au quatrième à gauche
le bord	l'office	ADJECTIFS	depuis 8 jours
le cabinet de travail		moderne (f. et m.)	
l'escalier de service			
le marbre			MOT INVARIABLE
le service			pourtant

PRONOMS PERSONNELS

sujets

je, tu, il (elle), nous, vous, ils (elles)

objets directs

me, te, le (la), *se,* nous, vous, les, *se*

○ LEÇON 38

NOMS		VERBES	ADJECTIFS
le **froid**	la **ch**aleur	*plaire*	sage (m. f.)
le tiroir	la **m**achine à écrire	aimer	silencieux-silencieuse
le radiateur	la bibliothèque		utile (m. f.)
le visiteur	la **c**our	MOTS INVARIABLES	
le bureau	l'**œ**uvre	surtout	
le dictionnaire			EXPRESSION
			à cause de

PRONOMS PERSONNELS

sujets

je, tu, il (elle), nous, vous, ils (elles)

objets indirects

me, te, lui, *se,* nous, vous, leur, *se*

Verbe *plaire* : Je plai**s**, nous *plais*ons ; je plairai ; j'ai *plu*.

○ LEÇON 39

NOMS		VERBES	ADJECTIFS
le **gaz**	la monta**gne**	faire cuire	normand-normande
le **plat**	la Bre**tagne**	emporter	parisien-parisienne
le balancier	la cuisinière	orner	
	l'odeur	remuer	**EXPRESSIONS**
le four	la Provence	se promener	chez moi
	la prune		l'assiette à fleurs
	la queue		l'image en couleurs
			la tarte aux prunes

MOTS INVARIABLES	PRONOMS PERSONNELS
mieux	avec préposition
lentement	moi, toi ; lui, elle ; nous, vous ; eux, elles

□ DICTÉES □

1) *L'heure* sonne ; je vais faire cuire *leur* repas. — Je *leur* donne *leurs* livres.—*Ce* monsieur *se* promène tard. — *C'est son* livre, ce *sont ses* livres. — Je ne *les* trouve pas beaux, je *les* trouve *laids*.

2) Nous allons visiter le nouvel appartement des Vincent. C'est une belle maison de cinq étages, près de la Seine.

Nous monterons au quatrième. Nous sonnerons à la porte. On nous ouvrira. Nous entrerons dans un vestibule et nous verrons à gauche le cabinet de travail de M. Vincent et la chambre de Pierre ; à droite, le salon et la salle à manger. A côté de cette pièce est la cuisine. Un couloir conduit aux autres chambres et à la salle de bains.

L'appartement des Vincent est clair et confortable.

3) Mme Vincent aime la salle à manger de l'appartement, ses meubles anciens, sa vieille horloge normande et ses jolis tableaux de Provence et de Bretagne. Mais elle aime encore mieux sa cuisine, petite, mais si claire! La cuisinière électrique et la cuisinière à gaz lui seront très utiles pour préparer de bons repas à son mari et à ses enfants. Elle leur fera des plats français : du gigot rôti, des biftecks-frites, des tartes aux fruits.

□ DIALOGUE □
Une agence de location

« *Bonjour, madame. Que désirez-vous ?*

— Des amis ont donné l'adresse de votre agence à mon mari. Nous cherchons un appartement.

— *Quelle sorte d'appartement voulez-vous ? Un appartement vide ou un appartement meublé ?*

— Oh ! meublé. Nous venons d'arriver à Paris, et nous n'avons pas de meubles.

— *Cherchez-vous un grand appartement ou un petit ?*

— Six pièces : trois chambres à coucher, un salon, une salle à manger, un cabinet de travail pour mon mari ; et, naturellement, la cuisine et la salle de bains.

— *Je vois... J'ai une villa en banlieue à 50 minutes de la gare Saint-Lazare. Elle a...*

— Oh ! non. Je ne veux pas de villa, et puis, c'est trop loin.

— *Alors, il n'y a rien pour vous en ce moment Voici un appartement de deux pièces, un autre de trois pièces. Ils sont trop petits, n'est-ce pas ? Remplissez cette fiche, madame, je vous prie. Voulez-vous revenir dans deux jours, ou téléphoner ? J'aurai peut-être quelque chose d'ici là.*

— Merci, monsieur.

— *A votre service, madame.* »

─── *GRAMMAIRE* ───────────────────────

I) **La conjugaison** de : *m**e**ner, p**e**ser, l**e**ver, ach**e**ter.*

[ə] devient [ɛ], et on écrit **è** :

1) aux trois personnes du *singulier* et à la 3ᵉ personne du *pluriel* du *présent,*
2) à la deuxième personne du *singulier* de l'*impératif,*
3) à *toutes* les personnes du *futur :*

Présent			
Je m**è**ne	Je p**è**se	Je l**è**ve	J'ach**è**te
Tu m**è**nes	Tu p**è**ses	Tu l**è**ves	Tu ach**è**tes
Il m**è**ne	Il p**è**se	Il l**è**ve	Il ach**è**te
Nous menons	Nous pesons	Nous levons	Nous achetons
Vous menez	Vous pesez	Vous levez	Vous achetez
Ils m**è**nent	Ils p**è**sent	Ils l**è**vent	Ils ach**è**tent

Impératif   m**è**ne !   p**è**se !   l**è**ve !   ach**è**te !

Futur   Je m**è**nerai...   Je p**è**serai...   Je l**è**verai...   J'ach**è**terai...

II) **La conjugaison** de : *appeler, jeter*
(et de presque tous les verbes en **–eler** et **–eter**)

[ə] devient [ɛ], et on écrit **ell, ett** :

J'appe**ll**e, tu appe**ll**es, il appe**ll**e, ils appe**ll**ent. J'appe**ll**erai... appe**ll**e !
Je je**tt**e, tu je**tt**es, il je**tt**e, ils je**tt**ent. Je je**tt**erai... je**tt**e !

─────────────────────────────────────

Je mange **du** pain : j'en mange.   Je bois **de la** bière : j'en bois.

J'achète **des** fruits : j'en achète.

L'épicerie, les légumes et les fruits

« Mes enfants, venez avec nous ; nous allons faire le **marché** ; toi, Pierre, tu porteras le **panier.** »

Mme Legrand emmène Mme Vincent et les enfants dans une vieille rue, longue et étroite. Sur le **trottoir,** devant leurs **étalages** (m.), les **marchands** (m.) crient : « Par ici, Mesdames ! Jetez un coup d'œil : ça ne coûte rien, un coup d'œil ! »

Nos amis entrent dans une **épicerie.** La boutique est pleine de **clients** (m.). « Donnez-moi un kilo de **pâtes** (f.), une livre de café, du **sel,** et du **poivre** », dit Mme Vincent. L'épicier pèse les **marchandises** (f.), il les **enveloppe** et les met dans le panier. « Combien vous dois-je ? » L'épicier fait l'addition. Mme Vincent paie à **la caisse** et sort.

Dans la rue, les enfants voient **d'amusantes** petites **voitures**. Mme Legrand leur explique : « Ce sont des **marchandes des quatre-saisons**. Elles vendent les légumes et les fruits des quatre saisons de l'année. » — « Combien ces **carottes** (f) ? — Trente centimes le kilo, petite dame, répond une grosse marchande. Ce n'est pas cher. J'ai aussi de beaux **oignons**, de beaux **choux**, des **tomates** (f) bien mûres, des haricots verts. Voyez mes belles **pêches** et mes **prunes** (f). En voulez-vous ? »

Mme Vincent en achète aussi et le panier de Pierre est bientôt plein de légumes et de fruits jaunes, verts, rouges ou dorés.

☆ *PRONONCIATION*

Elle emmène	J'achète	Nous achetons	J'appelle	Nous appelons
[ɛl ãmɛn]	[ʒaʃɛt]	[nuzaʃtõ]	[ʒapɛl]	[nuzaplõ]

► *EXERCICES* ◄

I) **Conjuguez** *au* présent, *au* futur, *au* passé composé *et à l'*impératif : *acheter des légumes jeter un fruit ; peser les pâtes.*

II) **Quels verbes** *de la lecture sont à la* 3e *personne du singulier du présent? Mettez-les à la* 1re *personne du pluriel.*

III) **Mettez** *les verbes de l'exercice II :* a) *au* passé composé *(3e personne du singulier);* b) *au* futur *(3e personne du singulier).*

IV) **Mettez** *au* présent, *au* futur, *au* passé composé, *les phrases suivantes : Nous (emmener) Mme Vincent au marché. Vous (peser) les marchandises. Tu (acheter) des tomates et des pêches. Vous (appeler) les clients. Je me (lever) de bonne heure. Tu (jeter) une pêche trop mûre. Nous (voir) les amusantes petites charrettes. Ils (mettre) les marchandises dans le panier.*

V) **Complétez** *les phrases suivantes avec en : (Ex. : je veux du pain … j'en veux). Nous voulons du gâteau ; nous … - Il boit du café ; il … - La marchande a des pêches ; elle … - Le client demande des tomates; il … - Voulez-vous des légumes ? … voulez-vous ? - Vous prenez des haricots verts ; vous … - Voit-il des carottes ? … voit-il? - Oui, il …*

VI) **Répondez** *avec en aux questions suivantes : (Ex.: a-t-il du café? - Oui, il en a). A-t-il du sucre? Avez-vous du sel ? As-tu du travail ? Avons-nous des clients ? L'épicier vend-il des pâtes ? Faites-vous des dictées ? Mangez-vous des légumes? M. Vincent boit-il du thé? Mme Vincent achète-t-elle des tomates ?*

VII) **Analysez** *le mot* les : il pèse les *marchandises, il* les *enveloppe, il* les *met dans le panier.*

⟫→ Dans les verbes *mener, jeter,* etc., l'**e** du radical est **accentué** et **ouvert** (è, ell, ett) s'il est devant une syllabe finale avec e muet : il mèn e . *J'emmène* Paul *là-bas* ≠ *il amène* Jean *ici.*

— *Faire le marché* : acheter les aliments pour le repas — *jeter un coup d'œil* : regarder rapidement. ça = cela (familier). — Je mets les *pièces* dans mon *porte-monnaie*, et les *billets* dans mon *portefeuille*.

GRAMMAIRE

Le féminin des noms

Féminin = masculin + **e** (adj. *petit* — *petite*)	un client — une client**e** un marchand — une marchand**e**

Noms en ER : Féminin : **ère** [e] [ɛ:r] (adj. *premier* — *premi**ère***).	un boucher — une bouch**ère** un épicier — une épici**ère** un ouvrier — une ouvri**ère**.
Noms en E : Féminin = masculin (adj. *rouge* — *rouge*).	un concierg**e** — une concierg**e**

Mais : un instituteur, une institu**trice** (p. 34).

La boucherie, la charcuterie la poissonnerie

A l'**étalage** de la boucherie, un demi-bœuf est accroché. Voici, sur des plats, des biftecks (m.) et des **côtelettes** (f.) avec des fleurs de papier rouge. Dans la boutique, le **boucher,** en **tablier** blanc, coupe la viande de **veau,** de bœuf et de **mouton;** puis il la pèse sur une grande **balance.**

«Dix francs 50 pour madame!» crie-t-il. A la **caisse,** la ‖bouchère‖ **reçoit*** l'argent des ‖clientes.‖

Dans la **charcuterie,** Mme Legrand et Mme Vincent achètent du jambon, du **pâté de porc** et des **saucisses** (f.).

Enfin, elles entrent avec les enfants chez le marchand de **volaille** (f.) et de poisson. Voici des **poulets** (m.), des **canards** (m.), des **lapins** (m.). Voilà des **crabes** (m.), des **homards** (m.) et des **huîtres** (f.). « Et cela, qu'est-ce que c'est ? demande Pierre. — Ce sont des **escargots,** lui dit Mme Legrand; les Parisiens les aiment beaucoup. »

---

*Verbe *recevoir.*

Présent : Je reçois, tu reçois, il reçoit, nous recevons, vous recevez, ils reçoivent.
Futur : Je recevrai.
Passé composé : J'ai reçu.

☆ *PRONONCIATION*

	Le boucher [lə buʃe]	La bouchère [la buʃɛ:r]	La viande de veau [la vjɑ̃·d də vo]

La balance [la balɑ̃:s]

La charcuterie [la ʃarkytri]

Le pâté de porc [lə pɑte dpɔ:r]

Les saucisses [le sosis]

La volaille [la vɔlɑ:j]

Des homards [de ɔma:r]

Des huîtres [dezɥitr]

Les escargots [lezɛskargo]

CONVERSATION

A) **1.** Qu'est-ce qu'on voit à l'étalage de la boucherie ? — **2.** Que fait le boucher ? — **3.** Comment pèse-t-il la viande ? — **4.** Que dit-il ? — **5.** Qui est à la caisse ? — **6.** Que fait la bouchère ? — **7.** Quelles marchandises y a-t-il dans une charcuterie ? — **8.** Où Mme Vincent entre-t-elle enfin ? — **9.** Que voit-on chez le marchand de volaille et de poisson ? — **10.** Aimez-vous les escargots ?

B) Décrivons ensemble la 1re image; la 2e.

► EXERCICES ◄

I) **Mettez** *au féminin :* grand - un boucher - petit - le client - un camarade - l'épicier - lourd - l'élève - rouge - un concierge - dernier - un charcutier - léger - un maître - premier.

II) **Faites une phrase** *avec chaque nom* féminin de l'exercice (Ex. : cette cliente achète des saucisses).

III) *Vous avez déjà vu des noms comme :* un ami, une amie (féminin = masculin + **e**). **Écrivez-les.**

IV) *Vous avez déjà vu des noms comme :* épicier, épicière. **Mettez**-les dans de courtes **phrases.**

V) **Mettez** *au* futur, au passé composé et à l'impératif : Vous pesez une livre de pâté. Nous emmenons les enfants au marché. Vous achetez des côtelettes. Nous faisons une promenade avec cette amie. Tu achètes des saucisses à la charcuterie. Nous appelons un taxi. Vous voyez de beaux étalages. Nous jetons les fruits trop mûrs.

VI) **Cherchez** *dans la lecture et* **écrivez** ; a) les pronoms personnels sujets ; b) les pronoms objets directs ; c) les pronoms objets indirects.

VII) **Complétez** *chaque phrase avec un* pronom personnel (la, les, lui, leur, en) : J'ai conduit les enfants au marché ; je ... ai montré les étalages. Oh ! les beaux lapins ! Hélène ... admire. Voici le garçon boucher ; Mme Vincent ... demande des côtelettes. Avez-vous mangé du pâté de porc ? Nous ... avons mangé hier. Le boucher coupe la viande ; il ... pèse sur la balance.

VIII) **Conjuguez** *au présent de l'indicatif :* Je reçois de l'argent de mes clientes. J'entre dans le magasin avec mes enfants. Je vends du poisson.

⟶ PRONONCEZ : Le] [**h**omard, l'huître; les] [**h**omards, les huîtres.

GRAMMAIRE

I) **La conjugaison** des verbes en CER, GER

Commencer		**Manger**	
Je commence	Nous commen**ç**ons	Je mange	Nous man**ge**ons
Tu commences	Vous commencez	Tu manges	Vous mangez
Il commence	Ils commencent	Il mange	Ils mangent

On écrit le son [s] : $\begin{cases} \text{C devant e} \\ \text{Ç devant o} \end{cases}$ On écrit le son [ʒ] : $\begin{cases} \text{G devant e} \\ \text{GE devant o} \end{cases}$

II) **Le féminin des noms** (suite)

Noms en $\begin{cases} \text{ON [õ] : féminin : } \textbf{onne} \text{ [ɔn] : un pat}\textbf{on}\text{, une pat}\textbf{ronne} \\ \text{IEN [jɛ̃] : féminin : } \textbf{ienne} \text{ [jɛn] : un ch}\textbf{ien}\text{, une ch}\textbf{ienne} \end{cases}$

(adjectifs : *bon, bonne — ancien, ancienne*).

La boulangerie, la crémerie

Mme Legrand et ses amis canadiens entrent maintenant dans la boulangerie. Plusieurs clients, hommes et femmes, **font la queue.**

« Donnez-moi une livre de **farine** (f.), demande une cliente à la **boulangère.**

— Un kilo de gros pain, s'il vous plaît », dit une petite fille.

Mme Vincent ⌐interroge⌐ la ⌐patronne⌐ : « Avez-vous des **baguettes** [ɪ] bien **cuites ?** »

Ce boulanger fait aussi de la **pâtisserie.** Pierre et Hélène regardent les gâteaux. Comme ils semblent bons! Ils mettent l'eau à la bouche.

« ⌐Mangeons⌐ », dit Mme Legrand. Hélène **choisit** une petite **tarte** [2] **aux pommes** (f.). Pierre, lui, prend le plus gros gâteau : un chou à la **crème** [3], et il ⌐commence⌐ aussitôt à le ⌐manger⌐. Nous savons qu'il est gourmand.

Nos amis vont ensuite à la crémerie. Mme Vincent achète un **camembert** [4] de Normandie. Mme Legrand demande des **petits suisses** [5] et du **gruyère** [6].

«Donnez-moi aussi une **douzaine** d'œufs [7], un litre de lait [8] et une livre de beurre [9]. »

Et la **crémière** donne un **paquet** de beurre d'une livre (= d'un demi-kilo).

« Ce sera tout pour aujourd'hui ?

— Oui, madame, merci. »

Aussitôt — bientôt   Toujours ≠ jamais   Souvent ≠ rarement   Autrefois ≠ maintenant.

☆ *PRONONCIATION*

Les clients font la queue
[le kliɑ̃ fɔ̃ la kø]

Une baguette bien cuite
[yn bagɛt bjɛ̃ kɥit]

Un chou à la crème
[œ̃ ʃu a la krɛm]

Le camembert
[lə kamɑ̃bɛ:r]

Le gruyère
[lə gryjɛ:r]

Le petit suisse
[lə pti sɥis]

CONVERSATION

A) **1.** Où Mme Legrand entre-t-elle avec ses amis ? — **2.** Y a-t-il beaucoup de clients dans la boulangerie ? — **3.** Combien de farine une cliente demande-t-elle ? — **4.** Que dit une fillette ? — **5.** A qui Mme Vincent parle-t-elle ? — **6.** Qu'est-ce qu'elle dit ? — **7.** Que regardent Pierre et Hélène ? — **8.** Est-ce qu'Hélène choisit un gâteau ? — **9.** Quel gâteau choisit-elle ? — **10.** Comment est le gâteau de Pierre ? — **11.** Pierre est-il gourmand ? — **12.** Où nos amis vont-ils ensuite ? — **13.** Qu'achètent-ils ? — **14.** Dans votre pays, le boulanger fait-il des gâteaux ? — **15.** Y a-t-il plusieurs sortes de fromages dans votre pays ?

B) Un jeu : à la crémerie; vous êtes le crémier (ou la crémière). Vos camarades sont les clients.

▶ *EXERCICES* ◀

I) **Conjuguez** *au présent, au* futur *et au* passé composé : *commencer la dictée, manger du gâteau, interroger ses camarades.*

II) **Mettez** *les verbes au* pluriel : *Je place un livre sur la table. Tu commences un devoir. Il prend une tarte. Tu interroges la patronne. Je commence à lire. Le pâtissier fait les gâteaux. La crémière vend du fromage. Je mange un fruit. Je vois de nombreux clients.*

III) **Écrivez** : *donnez-moi une livre de farine. Puis, remplacez « moi » : a) par un pronom de la* 1ʳᵉ *personne du pluriel ; b) par un pronom de la* 3ᵉ *personne du singulier ; c) par un pronom de la* 3ᵉ *personne du pluriel.*

IV) **Mettez** *au futur, puis au* passé composé, *les phrases suivantes :*
Mme Legrand et ses amis entrent dans la boulangerie. Plusieurs clients font la queue. Les gâteaux leur mettent l'eau à la bouche. Pierre prend le plus gros gâteau. Hélène choisit une tarte aux pommes. La crémière pèse le beurre. J'achète une douzaine d'œufs.

V) **Cherchez** *dans la lecture tous les* noms de personnes ; *donnez-en le* masculin *ou le* féminin.

VI) **Mettez** *au féminin les expressions : Un bon patron. Ton ancien élève. Mon vieux chien. Votre premier client. Le nouveau maître d'école. Faites* une phrase *avec chaque expression.*

VII) **Cherchez** *dans la lecture des noms en -* eau *et en -* ou. *Faites une phrase avec chaque nom ; mettez ensuite ces noms au* pluriel.

⟹ Ç s'appelle C cédille.   Je n'ai plus d'argent, *prête*-moi cent francs, veux-tu ?
Faire la queue : attendre, les uns derrière les autres. — *Mettre l'eau à la bouche* : être très appétissant. Pierre *a envie* d'un gâteau. — Le boulanger fait le pain avec la *farine*.

— GRAMMAIRE —

I) *La conjugaison* des verbes en -AYER -OYER -UYER

Balayer [baleje]	**Nettoyer** [nɛtwaje]	**Essuyer** [esɥije]
Je balaie [balɛ·]	Je nettoie [nɛtwa·]	J'essuie [esɥi·]
Tu balaies	Tu nettoies	Tu essuies
Il balaie	Il nettoie	Il essuie
Nous balayons [balejõ]	Nous nettoyons [nɛtwajõ]	Nous essuyons [esɥijõ]
Vous balayez	Vous nettoyez	Vous essuyez
Ils balaient	Ils nettoient	Ils essuient
Impératif : Balaie !	Nettoie !	Essuie !
Futur : Je balaierai...	Je nettoierai...	J'essuierai...

Attention !   *Futur* de envoyer : J'enve**rrai**, tu enve**rras**, etc.

II) *Le féminin des noms* (*fin*)

Noms en EUR : féminin : **euse** : un vend**eur**, une vend**euse**

(adjectifs : *menteur, menteuse.*)

Attention !   L'homme, *la femme;* le garçon, *la fille;* le père, *la mère;* l'oncle, *la tante.*

Les marchands du quartier (*fin*)

« Nous n'irons pas chez le marchand de vins, dit Mme Vincent. Je n'ai pas **besoin** de vin aujourd'hui. Allons au lave-au-poids : j'ai donné deux draps à laver et à **repasser**. »

Mme Vincent paie et Pierre prend le **paquet** de draps. Ils entrent ensuite chez la **teinturière.** Mme Legrand lui a envoyé un veston à nettoyer la semaine dernière.

Puis, ils s'arrêtent chez la **mercière :** Mme Legrand a besoin de **fil** (m.) [1], d'**aiguilles** (f.) [2], d'**épingles** (f.) [3] et de **boutons** (m.) [4].

Voici maintenant la boutique du **marchand de couleurs.** Mme Vincent demande à la vendeuse un **balai** [5], une **boîte de**

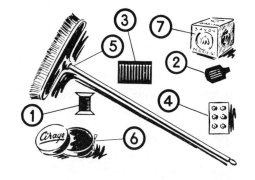

cirage (m.) [6] pour les chaussures, un peu d'**essence** (f.) et du savon [7] de Marseille.

Nos amis rentrent à la maison. Hélène marche la première ; elle porte la baguette, aussi grande qu'elle.

Demain, Mme Vincent fera ses achats au Supermarché, dans un autre quartier.

☆ *PRONONCIATION*

Avoir besoin [avwaˑr bəzwɛ̃]	Le lave-au-poids [la lavopwa]	La teinturière [la tɛ̃tyrjɛːr]	
Une aiguille [yn egɥij]	Une épingle [yn epɛ̃ːgl]	L'essence [lesɑ̃ːs]	Du savon de Marseille [dy savõ dmarsɛj]

CONVERSATION

A) **1.** Pourquoi Mme Vincent n'ira-t-elle pas chez le marchand de vins? (parce que...). — **2.** Pourquoi veut-elle passer au lave-au-poids? (parce que...). — **3.** Qui porte le paquet de draps? — **4.** Maintenant où vont nos amis? — **5.** Qu'est-ce que Mme Legrand a envoyé à la teinturière? — **6.** Qu'achète-t-elle chez la mercière? — **7.** Que vend le marchand de couleurs? — **8.** Que porte Hélène? — **9.** Le pain est-il grand?

B) Interrogez vos camarades : sur la 1re image, sur la 2e image.

▶ *EXERCICES* ◀

I) **Conjuguez** *au présent, au* futur *et au* passé composé :
Balayer la maison ; nettoyer un veston ; envoyer une lettre ; essuyer la table.

II) **Mettez** *dans les phrases suivantes les* verbes : *essuyer, envoyer, payer, acheter, nettoyer balayer.*
Hier Mme Vincent ... des fleurs à Mme Legrand. La semaine prochaine elle lui en ... encore. Les ouvriers ont chaud, ils s' ... le front. Pierre et Hélène, vous passerez chez le marchand de couleurs, vous ... un balai et vous le .... Puis vous irez au salon, vous ... le parquet et vous ... les meubles. Quand vous faites votre toilette, vous vous ... avec une serviette.

III) **Conjuguez** *le* présent, *le* futur *et le* passé composé *des* verbes : s'arrêter, sortir, rentrer (*ATTENTION à l'auxiliaire* être *du* passé composé !).

IV) **Mettez** *au* futur, *puis au* passé composé, *les phrases :*
Il fait très chaud. J'ai besoin de vin. Ils entrent chez la teinturière. Nous achetons un balai. Tu balaies la pièce. La teinturière nettoie les vêtements.

V) **Écrivez** *les phrases de l'exercice IV à la forme* interrogative :
1) Est-ce que? 2) Inversion (p. 77, V).

VI) **Cherchez** *dans la lecture tous les* noms *de* personnes. *Écrivez* leur *masculin et* leur *féminin.*

VII) *Si vous connaissez des* noms *comme : ve*ndeur, vendeuse **mettez-les** *dans des phrases.*

VIII) **Mettez** *les* noms *comme :* le père, la mère, l'oncle, la tante, *dans de petites phrases.*

IX) **Faites** *quatre* phrases: *deux* phrases avec me, *objet direct* deux *phrases avec* me, *objet indirect.*

⇛ J'*enlève la poussière* des meubles, je les *frotte*, je *bats* les tapis : je *fais le ménage*. (*Battre,* comme *mettre,* mais : *j'ai battu*). — Quand je *nettoie, j'emploie* un *chiffon,* un *balai.*
Le *fil* sert à *coudre;* la *ficelle* et la *corde* servent à *attacher.*

Revision et variétés. Leçons 40 à 43

□ *VOCABULAIRE, PRONONCIATION* □

○ LEÇON 40 ──────────────────────────────────

NOMS		VERBES	ADJECTIFS	PRONOM
le cli**ent**	la mar**chan**de	*acheter*	amusant-e	en
le mar**chand**	la mar**chan**dise	*jeter*	mûr-mûre	
le **chou**	la boutique	*peser*		
le **coup d'œil**	la caisse	*emmener*	**EXPRESSIONS**	
l'étalage	la carotte	coûter	c'est tout	
l'épicier	la charrette	envelopper	*et avec cela ?*	
le franc	l'épicerie	expliquer	faire le marché	
le marché	les pâtes		jeter un coup d'œil	
l'oignon	la pêche			
le panier	la rue			
le poivre	la tomate			
le sel				
le trottoir				

Verbe *acheter* : J'ach**è**te, nous achetons ; j'ach**è**terai ; j'ai acheté.
Verbe *jeter* : Je je**tt**e, nous jetons ; je je**tt**erai ; j'ai jeté.
Verbe *peser* : Je p**è**se, nous pesons ; je p**è**serai ; j'ai pesé.
Verbe *emmener* : J'emm**è**ne, nous emmenons ; j'emm**è**nerai ; j'ai emmené.

○ LEÇON 41 ──────────────────────────────────

NOMS		VERBES	EXPRESSION
le bou**cher**	la bou**chère**	*recevoir*	un demi-bœuf
l'ar**gent**	la bou**cherie**	couper	
le concier**ge**	l'épici**ère**		
l'étala**ge**	la balance		
le bœuf	la charcuterie		
le canard	la cliente		
le crabe	la côtelette		
l'escargot	l'huître		
le homard	la poissonnerie		
le lapin	la saucisse		
le mouton	la volaille		
le pâté de porc			
le poulet		Verbe *recevoir* : Je re**ç**ois, nous re**cev**ons,	
le tablier		ils re**ç**oivent ; je re**cev**rai ;	
le veau		j'ai *reçu*.	

○ LEÇON 42

NOMS		VERBES	MOTS INVARIABLES
le boulanger	la boulangère	choisir (2ᵉ groupe)	aussitôt
le **ch**ou à la crème	la boulangerie	interroger	bientôt
le gruy**ère**	la crémi**ère**		jamais
le camemb**ert**	la baguette	**EXPRESSIONS**	quelquefois
le gros pain	la cliente	bien cuit (cuite)	souvent
le morceau	la crème	faire la queue	toujours
le patron	la crémerie	montrer du doigt	
le petit suisse	la douzaine	une tarte aux pommes	
	la farine		
	la Normandie		
	la pâtisserie		
	la patronne		
	la pomme		
	la vitrine		

○ LEÇON 43

NOMS		VERBES	EXPRESSION
le mar**ch**and de couleurs	l'épingle	*balayer*	avoir besoin de
le mar**ch**and de vins	la **tein**turière	*nettoyer*	
le **tein**turier	l'aigu**ill**e	*essuyer*	
le balai	la b**oît**e de cirage	*envoyer*	
le bouton	la mercière	repasser	
le cirage	la vendeuse		
le fil	l'essence		
le paquet			
un savon de Marseille			

Verbe *balayer* : Je bala*i*e, nous balayons ; je bala*i*erai ; j'ai balayé.
(on peut écrire aussi : je balaye, je paye. Voir p. 80).

Verbe *nettoyer* : Je netto*i*e, nous nettoyons ; je netto*i*erai ; j'ai nettoyé.

Verbe *essuyer* : J'essu*i*e, nous essuyons ; j'essu*i*erai ; j'ai essuyé.

Verbe *envoyer* : J'envo*i*e, nous envoyons ; j'*enver*rai ; j'ai envoyé.

□ *EXERCICE* □

Refaites *de* **mémoire** *le texte des lectures à l'aide du* **vocabulaire.**

□ *DICTÉES* □

1) Nous allons faire le marché dans une vieille rue. Nous marchons lentement sur le trottoir plein d'étalages. Une grosse marchande de fruits nous appelle. Ne touchons pas les pêches, ni les prunes ! Achetons, mais ne touchons rien !

Entrons dans l'épicerie. Les clientes font la queue : elles achèteront un kilo de pâtes ou une livre de café. L'épicier ne peut pas les servir toutes ensemble. Nous achetons du sucre, du sel et du poivre et nous sortons de la boutique.

2) Il y a toujours beaucoup de clients à midi dans la boulangerie. Les Parisiens achètent du gros pain ou des pains longs et minces, bien dorés ; ils les appellent des baguettes. Ils aiment aussi les gâteaux. Il y en a chez tous les boulangers. Mais les meilleurs gâteaux sont chez les pâtissiers. Arrêtez-vous, regardez les tartes, les choux à la crème ; ils vous mettent l'eau à la bouche... Allons, entrez !

3) Entrons chez le marchand de couleurs. Nous lui demanderons du cirage, de l'essence et du savon. Il en a. Nous passerons ensuite chez la teinturière, et puis nous rentrerons à la maison.

□ *DIALOGUES* □

1. Chez l'épicier

(Les clients font la queue.)

    « A qui le tour, s'il vous plaît ?... A vous, madame, que désirez-vous ?
    — Un kilo de sucre, un paquet de thé, une boîte de sardines, un pot de confiture de prunes.
    — *Voilà, madame. Voulez-vous autre chose ?*
    — Donnez-moi aussi une demi-livre de chocolat. Avez-vous du beurre ?
    — *Non, madame. Il faut aller chez le crémier. Est-ce tout ?*
    — Oui, merci.
    — *Voici votre petite fiche pour la caisse. Merci, madame. A qui le tour maintenant ? »*

(La caissière lit la fiche.)

    « 12 francs 84.
    —. Voici, madame.
    — *Oh! un billet de cinquante francs : vous n'avez pas de monnaie?*
    — Attendez... J'ai 20 francs.
    — *Merci, madame. Depuis ce matin tous les clients donnent de gros billets. Voici 7 francs 16. »*

(La caissière rend 16 centimes, deux pièces d'un franc et une de cinq francs.)

2. Chez le boucher

« Bonjour, monsieur, je désire un gigot de mouton.
— J'ai justement du mouton de première qualité. Voici un gigot « extra ». Il pèse trois livres et demie.
— *Avez-vous des côtelettes de porc?*
— Non, il faut aller chez le charcutier à côté d'ici. Mais nous avons de belles côtes de veau.
— *Non, merci. Je prendrai seulement le gigot.*
— Voilà votre paquet... 50 francs 60 pour madame. »

3. Chez la marchande de journaux

« Un journal, s'il vous plaît.
— Quel journal, mademoiselle?
— *Je suis à Paris depuis deux jours seulement et je ne connais pas les noms des journaux.*
— Nous avons des quotidiens (des journaux qui paraissent tous les jours). Par exemple :
« L'Humanité », « Combat », « Le Figaro ». Il y a aussi des journaux du soir : « L'Information »
« France-Soir », « Le Monde », « La Croix ».
— *Merci madame. Je prends ce journal. Combien est-ce?*
— 80 centimes, mademoiselle.
— *Les quotidiens paraissent-ils le dimanche?*
— Non. Mais je vends ce jour-là des journaux hebdomadaires, comme « France-Dimanche »;
j'ai aussi des journaux littéraires, scientifiques, des revues mensuelles.
— *Vous avez des journaux de modes, n'est-ce pas?*
— Oui, mademoiselle, et des albums de tricot.
— *Alors, je reviendrai. Au revoir, madame. »*

□ EXERCICES □.

I) **Faites** *cinq* questions *et cinq* réponses *avec EN* (Ex. : *Voulez-vous du pain? — J'en veux.*)

II) **Faites** *des* phrases *avec les mots : marché, étalage, marchand, client, épicerie, charrette, marchandise, caisse, tomate, panier.*

III) **Mettez** *un* article *et un* adjectif qualificatif *devant les noms d'animaux suivants : chat, chien, veau, bœuf, mouton, porc, poulet, canard, lapin, homard, huître, escargot.*

IV) **Répondez** *aux questions :*
a) Que vend le boucher? le crémier? le marchand de volaille? la marchande des quatre-saisons? le pâtissier?
b) Qu'achetez-vous chez l'épicier? chez le marchand de couleurs? chez le boulanger? chez la mercière? chez le marchand de vins?
c) Que fait la teinturière?

V) **Ecrivez** *avec des* articles ; *trois noms de fruits ; trois noms de légumes; deux noms de gâteaux; trois noms de fromages ; trois sortes de viande ; trois noms de magasins ; trois noms de marchands.*

VI) **Donnez** *le pluriel des mots : journal, chien, veau, bœuf, boucher, chou à la crème, genou, bal, gâteau, fil.*

VII) **Donnez** le féminin de : oncle, père, journaliste, neveu, teinturier, épicier, Canadien, homme, marchand

VIII) **Donnez** le masculin de : *fille, concierge, cliente, maîtresse, boulangère, vendeuse, patronne, Parisienne, grand-mère.*

GRAMMAIRE

L'imparfait de l'indicatif (la durée)

2 2 *heures* ——— *imparfait* ———➤ 2 3 *heures*

le téléphone a sonné

Hier soir, **je dormais...** Soudain, le téléphone *a sonné.*

Pour faire l'imparfait :

1) Prenez la 1re personne du pluriel du présent : Je dors, nous **dorm**ons.

2) Supprimez ONS et mettez : AIS, AIS, AIT, IONS, IEZ, AIENT :

Je dorm**ais**	Nous dorm**ions**
Tu dorm**ais**	Vous dorm**iez**
Il dorm**ait**	Ils dorm**aient**

Ainsi : J'ai, nous **av**ons, j'**avais** — J'écris, nous **écriv**ons, j'**écrivais**
Je jette, nous **jet**ons, je **jetais** — Je paie, nous **pay**ons, je **payais**

Attention !   Verbe être : *J'étais, tu étais, il était, nous étions, vous étiez, ils étaient.*

La poste

Scène I. — Il est 10 heures : Mme Vincent vient de rentrer à la maison. « Où est votre père ? » demande-t-elle. — A la **poste**, répond Hélène. A 9 heures, il ⸢était⸣ assis à son bureau et il ⸢écrivait⸣ ; soudain, le **facteur** a sonné... — Non, dit Pierre, c'était un petit **télégraphiste**. Il ⸢apportait⸣ un **télégramme.** Papa l'a lu ; il ⸢voulait⸣ téléphoner, mais il n'a pas eu la **communication ;** son **téléphone** ne ⸢marchait⸣ pas ; alors il est allé à la poste. Pouvons-nous aller le chercher ? — Oui, mais attention aux voitures ! »

Scène II. — Les enfants arrivent au bureau de poste. Quelques personnes écrivent sur des **pupitres** (m.) ; il y a des stylos-bille et des **annuaires** (m.) de téléphone **attachés** avec des chaînes (f.) : c'est très amusant. On lit sur des **écriteaux :**

DÉFENSE DE FUMER ou *L'ENTRÉE DES CHIENS EST INTERDITE*

Des gens font la queue devant les **guichets** (m.) : ici les **mandats** (m.), là, les **timbres** (m.), la **poste restante,** les **pneumatiques** (m.), les **lettres recommandées.**

Enfin, voici M. Vincent. Il sort d'une **cabine** téléphonique. Il est content : il a eu sa communication.

CONVERSATION

A) **1.** Que demande Mme Vincent ? — **2.** Que répond Hélène ? — **3.** Que font les facteurs ? — **4.** Qui porte les télégrammes ? — **5.** Que faisait M. Vincent quand on a sonné ? — **6.** Est-ce qu'il a pu téléphoner ? — **7.** Où est-il allé ? — **8.** Qu'est-ce que les enfants demandent à leur mère ? — **9.** Peut-on entrer dans un bureau de poste avec un chien ? — **10.** Avec quoi sont attachés les annuaires ? — **11.** D'où sort M. Vincent ? — **12.** Que dit-il à sa femme quand il rentre à la maison ?

B) Un jeu : au bureau de poste (voir conversation, leçon 42).

C) Décrivez la 1re image, la 2e image.

► **EXERCICES** ◄

I) **Mettez** *les phrases suivantes : à l'*imparfait *aux trois formes* (affirmative, négative, interrogative) : *Je suis en retard. Tu es content. Nous sommes dans le bureau de poste. L'entrée des chiens est interdite. Le stylo-bille est sur le pupitre. Le facteur apporte une lettre.*

II) **Donnez** *la première personne du singulier de l'*imparfait *des verbes : fermer, aller, faire, lire, finir, prendre, mettre, recevoir, avoir, être, payer, jeter.*

III) **Mettez** *les phrases suivantes à la forme* interrogative : *Il y a des encriers. Vous avez eu la communication. Les Vincent auront le téléphone. Le petit télégraphiste apporte deux télégrammes.*

IV) **Complétez** *les phrases suivantes. Mettez le premier verbe au* passé composé ; *le deuxième verbe à l'*imparfait : *Quand Mme Vincent (rentrer), les enfants (jouer) dans le couloir. Quand le facteur (venir), tu (travailler) dans ton bureau. Quand je (rentrer), mon mari ne (être) pas là. Quand nous (arriver), vous ne (être) pas là. Pierre, quand je te (appeler), qu'est-ce que tu (faire) ? Quand notre père (téléphoner), nous le (attendre) devant la cabine téléphonique. Quand il (sortir), nous (regarder) les écriteaux. Quand le téléphone (sonner), elle (lire).*

V) *Dans la scène II,* **donnez le pluriel** *des noms singuliers* (**mettez** *un article*) **et le singulier des noms pluriels** (**mettez** *un article*) : Ex. : *Les enfants, l'enfant, etc.*

VI) **Faites** *des phrases avec : facteur, télégramme, téléphone, guichet, écriteau, timbre annuaire, cabine téléphonique.*

VII) **Mettez** *les phrases de l'exercice VI à la forme interrogative.*

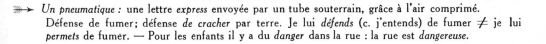

⟫→ *Un pneumatique :* une lettre *express* envoyée par un tube souterrain, grâce à l'air comprimé.
Défense de fumer; défense *de cracher* par terre. Je lui *défends* (c. j'entends) de fumer ≠ je lui *permets* de fumer. — Pour les enfants il y a du *danger* dans la rue : la rue est *dangereuse*.

GRAMMAIRE

L'imparfait de l'indicatif (la répétition)

14 heures   ⟶ *imparfait* ⟶   17 heures

Hier, Mme Vincent s'est promenée : elle **s'arrêtait** souvent devant les magasins

---

Attention aux verbes en CER, GER ! (*voir leçon 42*)

Je commen**ç**ais	Nous commencions	Je man**ge**ais	Nous mangions
Tu commen**ç**ais	Vous commenciez	Tu man**ge**ais	Vous mangiez
Il commen**ç**ait	Ils commen**ç**aient	Il man**ge**ait	Ils man**ge**aient

Écrivez le son [s] $\begin{cases} \text{C } devant \text{ e, i} \\ \text{Ç } devant \text{ o, a} \end{cases}$ Écrivez le son [ʒ] $\begin{cases} \text{G } devant \text{ e, i} \\ \text{GE } devant \text{ o, a} \end{cases}$

Dans les grands magasins

Cet après-midi, Mme Vincent est allée dans un grand magasin et elle a emmené Hélène. Quand elles sont entrées, il y avait déjà **beaucoup de monde**.

« La **parfumerie,** s'il vous plaît ?

— Au rez-de-chaussée à droite », a répondu un **vendeur.**

Elles ont traversé le **rayon** (m.) de **lingerie** (f.) puis le rayon des chapeaux. Mme Vincent ⎡s'arrêtait⎤ partout. Mais Hélène ⎡tirait⎤ sa mère par la **manche :** « Maman, allons voir les **poupées.** »

Alors, elles sont montées au rayon des jouets par **l'escalier mécanique.** Hélène ne voyait ni les **trains électriques** ni les **soldats** de **plomb** (m.). Elle voulait une poupée et toutes étaient si belles, si bien habillées!

Mme Vincent ⎡interrogeait⎤ Hélène : « Allons ! quelle poupée veux-tu ? Ce gros bébé ? ou cette jolie Alsacienne ?... Enfin, Hélène a choisi une poupée bretonne : elle ⎡fermait⎤ les yeux, puis elle les ⎡ouvrait⎤. Quand on ⎡appuyait⎤ sur son ventre, elle ⎡faisait⎤ : « Ouin, Ouin.» Hélène était **ravie :** « Ma poupée dit « *Maman!* » Et la petite fille ⎡berçait⎤ la poupée dans ses bras.

☆ PRONONCIATION

La parfumerie
[la parfymri]

L'escalier mécanique
[leskalje mekanik]

Le train électrique
[lə trɛ̃ elɛktrik]

Le soldat de plomb
[lə sɔlda dplɔ̃]

Une Alsacienne
[yn alzasjɛn]

Elle faisait
[ɛl fəzɛ]

CONVERSATION

1. Où Mme Vincent est-elle allée avec Hélène ? — **2.** Est-ce qu'il y avait beaucoup de monde ? — **3.** Qu'est-ce que Mme Vincent a demandé d'abord ? — **4.** Qu'est-ce qu'un vendeur a répondu ? — **5.** Devant quels rayons est-elle passée ? — **6.** Où s'arrêtait-elle ? — **7.** Comment Mme Vincent et sa fille sont-elles montées au rayon des jouets ? — **8.** Y avait-il de beaux jouets ? — **9.** Comment est la poupée d'Hélène ?

► EXERCICES ◄

I) **Combien** y a-t-il de verbes à l'imparfait dans la lecture? Écrivez l'infinitif de chaque verbe.

II) **Donnez** l'imparfait (aux trois personnes du singulier) des 4 premiers verbes; l'imparfait (aux trois personnes du pluriel) des autres verbes.

III) Quelques verbes de la lecture **ne sont pas** à l'imparfait. **Mettez-les** à l'infinitif, puis à la première personne du singulier de l'imparfait.

IV) **Mettez** les verbes suivants :
a) à la première personne du pluriel du présent ; b) à la troisième personne du pluriel de l'imparfait :
dire, sortir, tenir, boire, monter, descendre, se lever, se coucher, manger, commencer.

V) **Mettez** au présent la lecture depuis : Elles ont traversé ... jusqu'à... allons voir les poupées.

VI) **Mettez** à l'imparfait les verbes entre parenthèses :
Hier matin, Hélène a joué avec sa poupée dans sa chambre. Elle la (prendre) dans ses bras ; elle la (bercer); puis elle la (mettre) dans son lit; elle la (couvrir) avec le drap; elle la (prendre) encore ; elle la (asseoir) sur une petite chaise; elle lui (donner) à manger ; elle la (déshabiller) ; elle la (coucher). C' (être) bien amusant.

VII) **Mettez** les pronoms personnels dans les phrases suivantes :
Quand je visite les grands magasins, tu es toujours avec moi.
Quand ... visitons les grands magasins, elle est toujours avec ... .
Quand ... visitent les grands magasins, ... sont toujours avec ... .
Quand elles visitent les grands magasins ... êtes toujours avec ... .
Quand ... visitez les grands magasins, je suis toujours avec ... .
Quand ils visitent les grands magasins, ... êtes toujours avec ... .

VIII) **Trouvez** dans la lecture 4 adjectifs a) donnez leur masculin et leur féminin, au singulier et au pluriel; b) donnez leur comparatif et leur superlatif.

IX) **Trouvez** les objets directs et les objets indirects dans les phrases suivantes :
Tu lui as acheté une poupée. Hélène regarde les poupées. Leur papa leur donne un train mécanique. Le petit garçon aime les soldats de plomb. Donne-moi un timbre.

≫→ PRONONCEZ : elle faisait (fai comme fe). — Ici ≠ là-bas. — Partout ≠ nulle part.
Madame Vincent dépense de l'argent; le marchand gagne de l'argent.

GRAMMAIRE

L'adverbe

de *manière* :	de *lieu* :

de *manière* :

Il parle... { **bien** (≠ **mal**)
comment ? { **vite** (≠ **lentement**)

Remarquez :

|Lent-*lente* — lent**ement**
     = d'une manière lent**e**

|Vif-*vive*   — viv**ement**
     = d'une manière viv**e**

de *lieu* :

Ici (≠ **Là**)

y (toujours *devant le verbe*)
    = DANS *cet endroit*

Est-il
dans le magasin ? } Oui, il **y** est.

en (toujours *devant* le verbe)
    = DE *cet endroit*

Vient-il
de ce magasin ? } Oui, il **en** vient.

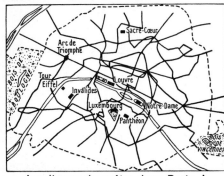

Les lignes du métro dans Paris. I

Le métro ; l'autobus

Mme Vincent. — Ah, mon chéri, comme ce métro est **fatigant** ! Je l'ai pris vers 18 heures, à la **station** « PASTEUR ». **Que de monde !** Les gens marchaient rapidement ou **couraient*** dans les longs couloirs. Quand un train arrivait, une **foule** de voyageurs en descendait, une autre foule y montait. Quelle chaleur ! Et j'ai **changé** deux fois, à « ITALIE » et à « BASTILLE » !

M. Vincent. — Oui, les **stations de correspondance** sont très nombreuses et le métro parisien est le plus **commode** de tous. Mais les wagons de Londres sont plus confortables ; les trains de New York sont plus **rapides**. Mon beau-frère Sanchez dit que les stations sont plus coquettes à Buenos Aires et à Moscou. Et puis, on ne peut pas fumer dans le métro à Paris ; Moi, j'aime mieux l'autobus : on y est bien et on voit Paris.

Pierre. — Et les **tramways** (m.) ? Il n'y en a pas à Paris ?
M. Vincent. — Non, il n'y en a plus depuis 1937.

---

* Verbe *courir*. — **Présent :** Je cours, tu cours, il court ; nous courons, vous courez, ils courent.
     Futur : Je courrai.   **Passé composé :** J'ai couru.   **Imparfait :** Je courais.

☆ *PRONONCIATION*

Comme ce métro est fatigant !
[kɔm sə metro ɛ fatigɑ̃]

La station de correspondance
[la stɑsjɔ̃dkɔrɛspɔ̃dɑ̃:s]

Le tramway
[lə tramwɛ]

CONVERSATION

1. D'où vient Mme Vincent ? — **2.** Où a-t-elle pris le métro ? — **3.** A quelle heure ? — **4.** Que faisaient les gens dans les couloirs ? — **5.** Est-ce que beaucoup de voyageurs descendaient des wagons ? — **6.** Combien de fois Mme Vincent a-t-elle changé de métro? — **7.** Pourquoi M. Vincent préfère-t-il l'autobus au métro? — **8.** Y a-t-il des tramways à Paris?

► *EXERCICES* ◄

I) **Trouvez** *dans la lecture 3* adverbes de manière. *Faites une phrase avec chaque adverbe.*

II) **Faites** *des adverbes en -MENT avec les adjectifs suivants :*
lourd, léger, rapide, coquet, propre, lent, long, facile.

III) **Mettez** *les adverbes de l'exercice II dans les* phrases suivantes :
Hélène est légère; elle ne marche pas ...; elle marche ... . — Les voyageurs marchent ... dans les couloirs. — Ne mangez pas vite, mangez ... . — Ne sois pas sale; écris ... . — La semaine prochaine, je vous raconterai mes promenades à Paris, je vous écrirai ... . — Ce devoir n'est pas difficile, vous le ferez ... . La petite fille est habillée ... .

IV) **Finissez** *les phrases suivantes, mettez l'adverbe Y :*
Ex. : *Vas-tu à la gare? — Oui, j'y vais.*
Les Vincent sont-ils dans leur appartement? Ils ... sont. — Habites-tu Paris ? Oui, ... — Es-tu allé au théâtre hier? J' ... ... — Êtes-vous montés à la tour Eiffel ? Nous ... ... — M. Vincent travaille-t-il dans son bureau ? Oui, il ... . — Vous promenez-vous souvent dans le jardin des Tuileries ? Oui, nous nous ... ... souvent. — Étiez-vous au Canada l'année dernière? Oui, nous ... ...

V) **Remplacez** *les mots en caractères droits par* en *ou* y.
Ex. : *Je sors du* bureau *— j'en sors.*
Avez-vous pris le métro *? Nous sortons* du métro *; nous avons passé une heure* dans le métro*. — Je connais bien* Paris*; j'ai habité deux ans* à Paris *; je suis revenu* de Paris *l'été dernier. — Nous sommes allés au théâtre cet après-midi; nous venons* du théâtre *; nous avons vu* au théâtre *une très belle pièce. — Quand je suis arrivé devant l'autobus, plusieurs personnes descendaient de* l'autobus *; d'autres montaient dans l'autobus.*

VI) **Conjuguez :** *courir vite, au présent, au futur et au passé composé (3e personne du singulier et du pluriel); a) à la forme affirmative ; b) à la forme négative ; c) à la forme interrogative.*

J'ai perdu dix francs (perdre comme entendre) ≠ *j'ai trouvé dix francs.*

GRAMMAIRE

Les pronoms relatifs (pour les **personnes** et pour les **choses**)

Regardez ce couteau; *il* brille	Voici un livre; je *le* prends
Regardez ce couteau **QUI** brille	Voici un livre **QUE** je prends
Regardez cette cuiller; *elle* brille	Voici une plume; je *la* prends
Regardez cette cuiller **QUI** brille	Voici une plume **QUE** je prends
Regardez ces couteaux; *ils* brillent	Voici des livres; *je les* prends
Regardez ces couteaux **QUI** brillent	Voici des livres **QUE** je prends
Regardez ces cuillers; *elles* brillent	Voici des plumes; je *les* prends
Regardez ces cuillers **QUI** brillent	Voici des plumes **QUE** je prends

QUI = *sujet* ⎰ masculin ou féminin   **QUE** = ⎰ masculin ou féminin
             ⎱ singulier ou pluriel   *objet direct* ⎱ singulier ou pluriel

*Le pronom relatif représente le nom placé avant lui. Ce nom est l'***antécédent.**

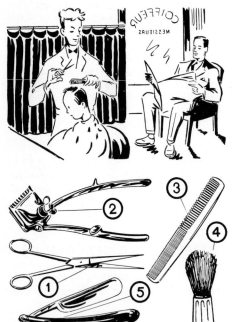

Chez le coiffeur

Ce visage |que| vous voyez dans la **glace,** cette tête |qui| sort d'un **peignoir,** c'est Pierre. Le coiffeur **tourne** autour de lui, les **ciseaux** (m.) [1] à la main. Tac, tac, tac... il coupe **adroitement** les cheveux noirs |qui| tombent sur le peignoir blanc. M. Vincent attend son **tour,** assis sur une chaise. Il lit un journal |que| le coiffeur lui a donné.

« La **tondeuse** [2], maintenant ! » Et c'est fini.

Le coiffeur prend un **miroir** et, dans la glace, il montre à Pierre son cou bien rose, bien propre. C'est un beau travail, |que| M. Vincent **admire.**

« **Voulez-vous** un **shampooing,** monsieur ? Une **friction** à l'**eau de Cologne ?**

— Non merci ; donnez-moi un coup de peigne [3] seulement. »

Pierre est libre enfin ; il va pouvoir remuer les bras et les jambes.

M. Vincent s'assied à son tour dans le fauteuil. Il veut se faire raser et il **tend*** son menton au **blaireau** [4] et au **rasoir** [5]. Puis il attendra Mme Vincent |qui| est là, dans le salon des dames, et |qui| **disparaît*** sous le **casque** de l'**indéfrisable** (f.).

*On conjugue le verbe *tendre* comme *entendre* (leçon 9)
et les verbes *paraître* et *disparaître* comme *connaître* (leçon 25).
Présent : je parais, tu parais, il paraît, nous paraissons, etc.
Futur : je paraîtrai.   **Passé composé** : j'ai paru.   **Imparfait** : je paraissais.
Il *paraît* content = il *semble* content.

☆ **PRONONCIATION**

Le coiffeur coupe les cheveux avec les ciseaux
  [lə kwafœ:r kup le ʃvø avɛk le sizo]

Le peignoir blanc   La tondeuse
  [lə pɛɲwa.r blɑ̃]   [la tɔ̃dø:z]

Un shampooing   Une friction
  [œ̃ ʃɑ̃pwɛ̃]   [yn friksjɔ̃]

Un blaireau   Le casque de l'indéfrisable
  [œ̃ blɛro]   [lə kaskə də lɛ̃defrizabl]

CONVERSATION

1. Quel visage voyez-vous dans la glace ? — **2.** Qui tourne autour de Pierre ? — **3.** Qu'est-ce que le coiffeur tient à la main ? — **4.** Que fait-il ? — **5.** De quelle couleur sont les cheveux de Pierre ? — **6.** Où est M. Vincent ? — **7.** Que lit-il ? — **8.** Quel instrument le coiffeur prend-il après les ciseaux ? — **9.** Est-ce que le coiffeur est adroit ? — **10.** Pourquoi M. Vincent admire-t-il son travail ? — **11.** Pourquoi Pierre est-il content ? — **12.** Pourquoi M. Vincent s'assied-il à son tour dans le fauteuil ? — **13.** Où est Mme Vincent ? — **14.** Que fait-elle ?

► **EXERCICES** ◄

I)   a) **Trouvez** *dans la lecture les* pronoms relatifs sujets ; *puis les* pronoms relatifs compléments.
     b) **Écrivez** *les* antécédents. c) **Remplacez** *les pronoms relatifs par les* antécédents.
     (Ex. : *J'entends M. Vincent qui parle :* a) qui ; b) M. Vincent ; c) M. Vincent *parle*.)

II) *Dans les phrases suivantes,* **remplacez** *un mot par le pronom* relatif sujet.
     (Ex. : *Donnez-moi le journal; il est sur la table. Donnez-moi le journal qui est sur la table.*)
     Je vois le coiffeur; le coiffeur tourne autour de son client. — J'entends l'autobus; l'autobus roule dans la rue. — J'ai un rasoir; il rase bien. — Voyez-vous ma fille? elle attend dans le salon des dames. — Écoutez cette cliente, elle parle avec la coiffeuse. — Admire le robinet de cuivre; il brille. — Prenez la chaise; elle est là.

III) *Dans les phrases suivantes,* **remplacez** *un mot par un pronom* relatif objet direct :
     (Ex.: *J'ai un peignoir blanc; je le lave souvent. J'ai un peignoir blanc que je lave souvent.*)
     Sur la table il y a un livre; j'ai lu le livre. — Prenez ce parfum; j'aime bien ce parfum. — Où va l'autobus? Je l'entends. — Allez chez la coiffeuse; je la connais. — Vous serez content de la friction; je vais vous la faire. — Appelez votre fille; je la vois là-bas.

IV) **Faites** *des phrases avec les mots :* raser, coiffeur, peigne, blaireau, ciseaux, tondeuse, miroir.

V)   **Complétez** *les phrases suivantes par des* adverbes de manière *en -* MENT.
     (Ex. : *mon pas est léger ; je marche légèrement.*)
     Le coiffeur est adroit; il travaille ... . — Il est vif, il coupe ... les cheveux de Pierre. — M. Vincent est calme et tranquille; il attend son tour ... et .... — Pierre est enfin libre; il va pouvoir remuer ... les bras et les jambes.

VI) **Mettez** à l'imparfait *le premier paragraphe de la lecture : Ce visage ... sur une chaise.*

VII) **Mettez** *au* présent, *au* futur, *au* passé composé, à *l'*imparfait *(singulier et pluriel) : l'étoile* (disparaître).

GRAMMAIRE

Les pronoms relatifs (suite)

Voici mon ami.	Voyez cette maison.
Le père *de mon ami* est journaliste	J'habite *dans cette maison*
Voici mon ami; *son* père est journaliste	Voyez cette maison; *j'y* habite
Voici mon ami **dont** le père est journaliste	Voyez cette maison **où** j'habite

DONT { masculin ou féminin singulier ou pluriel

OÙ { masculin ou féminin singulier ou pluriel

Attention ! *Interrogatif :* **Où** habitez-vous? — J'habite dans cette maison. *Relatif*   : Voyez cette maison **où** j'habite.

A la préfecture de Police

Vous êtes **étranger** ; vous voulez rester quelques mois à Paris : alors vous aurez besoin d'une **carte de séjour**. Allez à la **préfecture de Police** dont les **bureaux** sont dans la Cité. Là, vous trouverez toute la famille Vincent, qui attend devant un **guichet**...

Enfin, c'est le tour de M. Vincent.

« Avez-vous votre passeport ? dit l'employé. Vos **photographies ?** »

M. Vincent donne ses papiers et l'employé écrit : *VINCENT* François, né* le 10 août 1925...

Il lève la tête et demande :

« **Où** êtes-vous né ?

— A Montréal, Canada. »

Et l'employé écrit :

Nationalité : *Canadienne*.
Profession : *journaliste*.
Domicile : 17, *quai de Conti*.

« C'est bien. Présentez-vous à la caisse. »

Maintenant, c'est le tour de Mme Vincent. « Et les enfants ?

— Non, dit l'employé, les enfants de moins de 16 ans n'ont pas besoin de cartes de séjour.

Ouf! c'est fini! Les Vincent emportent leurs cartes et quittent la salle où une foule nombreuse va et vient. Ils traversent la cour carrée, dont la porte donne sur le Marché aux Fleurs. C'est une petite place où l'on vend des fleurs pendant la semaine, et des oiseaux le dimanche.

---

* Verbe *naître*. — *Présent :* Je nais, tu nais, il naît, nous naissons, vous naissez, ils naissent.
    Futur   : Je naîtrai. *Passé composé :* Je **suis** né. *Imparfait :* Je naissais.

☆ *PRONONCIATION*

Vous êtes étranger	Une carte de séjour	La préfecture de Police
[vuzɛtzetrãʒe]	[yn kartə dəseʒuːr]	[la prefɛktyˑr də pɔlis]
La nationalité	La profession	Le Marché aux Fleurs
[la nɑsjɔnalite]	[la prɔfɛsjõ]	[lə marʃe o flœːr]

CONVERSATION

A) **1.** Voulez-vous rester quelques mois à Paris ? — **2.** De quoi avez-vous besoin ? — **3.** Où irez-vous demander une carte de séjour ? — **4.** Qui attend en ce moment devant un guichet ? — **5.** Qu'est-ce que l'employé demande à M. Vincent ? — **6.** Qu'est-ce qu'il écrit ? — **7.** Est-ce que les enfants ont besoin d'une carte de séjour ?

— **8.** Quelle cour les Vincent traversent-ils pour sortir ? — **9.** Qu'est-ce qu'on peut acheter au Marché aux Fleurs ? — **10.** Quand y vend-on des oiseaux ?

B) Interrogez vos camarades sur la 1ʳᵉ image; sur la 2ᵉ image.

▶ *EXERCICES* ◀

I) **Mettez** *dans chaque phrase le* pronom relatif dont :
(Ex. : *Regardez ce chat; ses moustaches sont très longues = Regardez ce chat* dont *les moustaches sont très longues.*)
Je parle à un employé; sa figure est aimable. — Je regarde cette maison; ses murs sont très blancs. — J'admire Paris; ses magasins ont de belles vitrines. — J'habite dans une vieille maison; sa porte donne sur le quai de Conti. — Dans cette rue il y a beaucoup d'autos; leur bruit me réveille la nuit. — Regardez ces arbres; leurs fruits sont mûrs.

II) **Mettez** *dans chaque phrase le pronom relatif dont :*
(Ex. : *Voici mon ami; le nom de mon ami est Legrand = Voici mon ami* dont *le nom est Legrand.*)
Voici M. Vincent; les enfants de M. Vincent sont aimables. — Voici Pierre; les cheveux de Pierre sont noirs. — Voici Mme Vincent; la voix de Mme Vincent est très douce. — Voici Hélène; le visage d'Hélène est très beau. — Quelle est cette rue? Je ne connais pas le nom de cette rue. — A Paris il y a de beaux magasins; je regarde les vitrines de ces magasins. — Voici ma bibliothèque; je connais tous les livres de ma bibliothèque.

III) **Mettez** *dans chaque phrase le relatif où :*
(Ex. : *Va chercher ton père au bureau; il y travaille = Va chercher ton père au bureau* où *il y travaille.*)
Ces étrangers aiment Paris; ils y viennent depuis longtemps. — J'achète tous les jours un journal; j'y lis les nouvelles intéressantes. — Entrez dans cette pâtisserie; vous y trouverez de bons gâteaux. — Ne prends pas le fauteuil; le chat y dort tranquillement. — Allons à la préfecture de Police, nous y recevrons nos cartes de séjour. — Nos amis Vincent pensent au Canada; ils y reviendront un jour.

IV) **Faites** *cinq phrases avec où interrogatif.* (Ex. : *Où êtes-vous ?*)
» *cinq* » *où relatif.* (Ex. : *Voici la maison où j'habite.*)

V) **Écrivez** *les phrases suivantes à l'imparfait en commençant ainsi :* Quand je suis rentré tout le monde m'attendait... « *Quand je rentre à la maison tout le monde* m'attend *; ma femme va et vient de la cuisine à la salle à manger; le repas est prêt; les enfants jouent dans leur chambre et ils commencent à avoir faim.* »

« Voilà la photo de Jean. — Oh ! elle ne lui *ressemble* pas ». — La *ressemblance* ≠ la *différence*. — *Semblable* (ou *pareil* — f. *pareille*) ≠ différent.

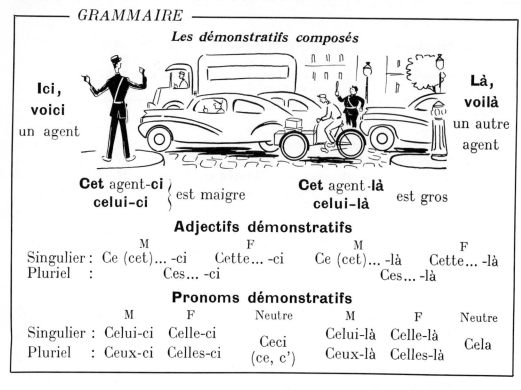

GRAMMAIRE

Les démonstratifs composés

Ici,
voici
un agent

Là,
voilà
un autre
agent

Cet agent**-ci** } est maigre   **Cet** agent**-là**   est gros
celui-ci   **celui-là**

Adjectifs démonstratifs

	M	F	M	F
Singulier :	Ce (cet)... -ci	Cette... -ci	Ce (cet)... -là	Cette... -là
Pluriel :	Ces... -ci		Ces... -là	

Pronoms démonstratifs

	M	F	Neutre	M	F	Neutre
Singulier :	Celui-ci	Celle-ci	Ceci (ce, c')	Celui-là	Celle-là	Cela
Pluriel :	Ceux-ci	Celles-ci		Ceux-là	Celles-là	

Au sommet de la tour Eiffel.

Au pied de la tour Eiffel.

Paris vu de la Tour Eiffel

M. Vincent a conduit ses enfants **au sommet de** la tour Eiffel. Par l'ascenseur, ils sont montés en cinq minutes au troisième étage.

De là, Pierre et Hélène voient, **au pied de** la Tour, le Champ-de-Mars, où les gens paraissent petits comme des mouches (f.). De l'autre côté, c'est la Seine, dont les eaux ont la couleur du ciel. Elle coule lentement sous les trente ponts de Paris.

« Papa, dit Pierre, ce toit-ci , rond et doré, tout près de nous, qu'est-ce que c'est ? — Et celui-là plus loin, à droite ? ajoute Hélène. — Ce sont des **dômes**. Celui-ci , couvert d'or, c'est le dôme des Invalides; celui-là , sur des **colonnes** (f.) là-bas, c'est le dôme du Panthéon. — Et ceux-là , très loin, qui sont si blancs ? — Ce sont les dômes du Sacré-Cœur de Montmartre.

Là-bas, au milieu de la Seine, dans l'île de la Cité, tu vois les deux tours carrées de Notre-Dame. — Et ⎮ceci⎮ tout près, sur la rive droite ? — C'est l'arc de triomphe de l'Étoile. Tu ne le reconnais pas ? — Et ces jardins, **partout** ? — Le jardin des Tuileries, le jardin du Luxembourg, le bois de Boulogne. — Papa, demande Hélène, est-ce que la tour Eiffel est le plus haut **monument** du monde ? — Non, dit M. Vincent. Elle a 321 mètres et un **gratte-ciel** de New ` Mais quelle belle **vue** l'on a d'ici, n'est-ce pas ? »

☆ *PRONONCIATION*

Le Champ-de-Mars [lə ʃɑ̃dmars]	Une mouche [yn muʃ]	Le pont [lə põ]	La colonne [la kɔlɔn]
Le Sacré-Cœur [lə sakrekœːr]	Le dôme du Panthéon [lə doːm dy pɑ̃teõ]	Les Invalides [lezɛ̃valid]	Le jardin du Luxembourg [lə ʒardɛ̃ dy lyksübuːr]
	Le bois de Boulogne [lə bwa dbulɔɲ]		

► EXERCICES ◄

I)   **Sur cet exemple :** Cette église-ci est plus grande que celle-là, *faites des phrases avec: train, rapide — jardin, vert — dôme, blanc — rue, étroite — place, vaste — livre, gros.*

II) **Écrivez** *les phrases de l'exercice I, mais mettez les noms au* pluriel. (Ex. : Ces églises-ci sont plus hautes que celles-là.)

III) **Écrivez** *les phrases de l'exercice I, mais remplacez le* comparatif plus ... *par le* comparatif moins .... (Ex. : *Cette église-ci est moins grande que celle-là.)*

IV) *Avec les mots de l'exercice I,* **faites** *des phrases sur cet exemple :* Je vois deux églises ; celle-ci est plus grande que celle-là.

V)   **Mettez** *dans des phrases le* pronom démonstratif ceci *ou* cela *avec les verbes: donner, montrer, écouter, dire, répondre, manger, faire.*

VI) **Mettez :** *a) au futur ; b) à l'imparfait, le premier paragraphe de la lecture jusqu'à : mouches.*

VII) **Mettez** *le pronom relatif dont dans les phrases suivantes :*
(Ex. : *Je vois la Seine; ses eaux brillent au soleil.* — Je vois la Seine *dont les eaux brillent*). — *Voici la tour Eiffel ; ses ascenseurs montent à la 3e plate-forme. — Regardez le Champ-de-Mars ; ses jardins paraissent petits. — Là-bas, très loin, on aperçoit Notre-Dame; ses deux tours sont carrées. — Montre-moi les Invalides; leur dôme est couvert d'or. — Connaissez-vous un gratte-ciel ? Sa hauteur est de 458 mètres.*

VIII) **Trouvez** *les sujets et les objets directs des deux 1ers paragraphes : M. Vincent ... de Paris.*

Le Panthéon.   Les Invalides.   Le Sacré-Cœur.   Notre-Dame.   l'Arc de Triomphe.

⟫→ CELUI (CELLE, CEUX, CELLES) est toujours suivi du *pronom relatif* ou de la préposition *de: celui qui vient;* (le livre de Pierre) *celui de* Pierre. — CE, pronom neutre, est toujours suivi du *relatif* ou du verbe *être: ce que* je vois; *c'est* mon livre, *ce sont* mes livres.

Revision et variétés. Leçons 44 à 49

□ *VOCABULAIRE, PRONONCIATION* □

○ LEÇON 44 ─────────────────────────────

NOMS		VERBE	ADJECTIFS
le bureau [o] de poste [ɔ]	la poste restante [ɔ]	apporter	interdit-interdite
le télégraphiste	la communication [ɔ]		téléphonique (m. f.)
le téléphone	la cabine téléphonique		
le guichet			
le pupitre	la chaîne		
	l'entrée		
l'annuaire	la lettre recommandée		
l'écriteau	la personne		
le facteur			
le mandat			EXPRESSIONS
le pneumatique			attention !
le télégramme		MOT INVARIABLE	défense de fumer
le timbre		soudain	entrée interdite

○ LEÇON 45 ─────────────────────────────

NOMS		VERBES	ADJECTIFS
le joujou	la foule	*promettre*	élégant-élégante
le jouet	la lingerie	appuyer	joli-jolie
l'achat	la manche	bercer	ravi-ravie
		interroger	
le plomb	l'Alsacienne	tirer	mécanique (m. f.)
le rayon	la Bretonne		
le soldat (de plomb)	la parfumerie		
le train mécanique			

Verbe *promettre* : Je prome*t*s, nous prome*t*ton*s ; je pro-mettrai ; j'ai *promis*.

○ LEÇON 46 ─────────────────────────────

NOMS		VERBES	ADJECTIFS
le monde	la station [sjœ̃]	*courir*	commode (m. f.)
les gens	la correspondance	*repartir*	fatigant-fatigante
le métro [o]	la foule	parcourir	rapide (m. f.)
l'autobus [ys]		changer	
	la terre	crier	
le tramway			EXPRESSIONS
			que de monde !

ADVERBES		
gaiement	bien	
tristement	mal	
lentement	là	Verbe *courir* : Je cour*s*, nous cour*on*s ; je courrai ;
rapidement	y	j'ai *couru*.
vivement	en	Verbe *repartir* : Je repar*s*, nous repar*ton*s ; je repartirai ;
vite		je suis *reparti*.

○ LEÇON 47 ───────────────────────

NOMS		VERBES	EXPRESSIONS
le miroir	la friction [ksjɔ̃]	*disparaître*	à son tour
le peignoir	────────────	*paraître*	se faire raser
le shampooing [pwɛ̃]	l'eau de Cologne	*tendre*	
le blaireau	la glace	admirer	
le casque	l'indéfrisable	tourner	PRONOMS RELATIFS
les ciseaux	la tondeuse		qui (sujet)
le coiffeur		ADVERBE	que (ob. direct)
le tour		adroitement	

Verbe *disparaître* : Je disparais, nous *disparaiss*ons ; je disparaîtrai ; j'ai *disparu*.

○ LEÇON 48 ───────────────────────

NOMS		VERBES	EXPRESSIONS
le domicile	l'identité	*naître*	ouf!
────────────	la carte d'identité	emporter	le Marché aux Fleurs
le boulevard	la nationalité		
l'etranger	la police		PRONOMS RELATIFS
	la photographie		dont
	────────────		où
	la préfecture		
	la profession		

Verbe *naître* : Je nais, nous *naiss*ons ; je naîtrai ; je suis *né*.

○ LEÇON 49 ───────────────────────

NOMS		VERBES	
le clocher [ɔ]	la colonne [ɔ]	couler	
le côté [o]	l'île		
le dôme [o]	la rive		
────────────	────────────	PRONOMS DÉMONSTRATIFS	EXPRESSIONS
le bois	la mouche	M. S. Celui-ci, celui-là	au sommet de.....
le gratte-ciel	la vue	F. S. Celle-ci, celle-là	au milieu de.....
les Invalides		M. Pl. Ceux-ci, ceux-là	au pied de......
le sommet		F. Pl. Celles-ci, celles-là	de l'autre côté de.....
		Neutre Ce, c', ceci, cela	en cinq minutes

□ *EXERCICES* □

I) **Dites** le contraire *des* adverbes :
Petitement, rapidement, mal, lourdement, difficilement, chaudement, légèrement.

II) **Mettez** *les phrases suivantes a)* à l'imparfait ; *b) au* futur ; *c)* au passé composé :
Le professeur interroge les étudiants. — Vous essuyez le tableau avec un chiffon. — La classe commencè à neuf heures. — Les petits enfants mangent du pain et du beurre à 4 heures. — Nous payons le boulanger à la fin de la semaine. — Tu jettes les vieux papiers. — J'achète mon journal le matin.

☐ *DICTÉES* ☐

1) La semaine dernière, j'allais téléphoner au bureau de poste de mon quartier tous les matins. Parfois j'attendais longtemps la communication. Alors, je regardais la foule qui allait et venait. Beaucoup de personnes écrivaient, debout devant des pupitres. D'autres faisaient la queue pour les mandats ou les timbres. Chacun attendait patiemment.

2) Quand nous voulons prendre le métro, nous descendons l'escalier de la station. Nous achetons un carnet de billets de deuxième classe ou de première classe. Nous suivons un long couloir. Nous donnons un billet à l'employé et nous passons sur le quai. Le métro de Paris est très commode et assez rapide, mais les voitures sont souvent trop pleines.

3) Quand un étranger désire rester longtemps à Paris, il a besoin d'une carte d'identité. Il doit aller à la préfecture de Police avec son passeport et des photographies. Il montre ses papiers à un employé assis derrière un guichet. L'employé écrit sur une carte rose le nom, les prénoms, l'âge, la profession, le domicile de l'étranger, et ensuite il lui donne la carte d'identité.

4) Dimanche dernier, je suis allé visiter la tour Eiffel avec un ami. Nous avons pris l'ascenseur et nous sommes montés au troisième étage. De là, nous avons regardé Paris. Les gens, en bas, nous paraissaient petits comme des mouches. Il faisait très beau et nous pouvions voir des jardins, des dômes dorés, des tours. La capitale de la France est une très belle ville.

☐ *DIALOGUES* ☐

1. La poste

« *Pardon, madame, je désire envoyer un télégramme.*
— Ce n'est pas ici, mademoiselle. Allez un peu plus loin, au guichet 9.
— *Monsieur, je veux envoyer un télégramme.*
— Voici une formule, remplissez-la.
— *Je n'ai plus d'encre dans mon stylo.*
— Il y a un stylo-bille sur le pupitre derrière vous.
— *Voici mon télégramme.*
— Cela fait 6 francs 70.
— *Où peut-on acheter des timbres?*
— Adressez-vous au guichet 3. (*Elle va au guichet 3*).
— *Monsieur, je désire un timbre à cinquante centimes.*
— Voici.
— *Merci, je désire aussi envoyer un paquet rescommandé.*
— Allez au guichet 5. Vous remplirez une fiche et on pèsera votre paquet.
— *Donnez-moi aussi un jeton pour le téléphone, je vous prie.* »

2. Au téléphone

Dznn ! Dznn ! Dznn !
« *Allô ! Allô ! C'est bien OPÉRA 76-98 ?*
— Oui, l'hôtel du Palais-Royal.
— *Je désire parler à M. Vincent.*
— Ne quittez pas, je vous prie. Je vais vous donner la communication.
... Allô ! Allô ! qui est à l'appareil ?
— *Ici Legrand. C'est vous, Vincent ? Comment allez-vous ?*
— Très bien, merci. Et vous-même ?
— *Je vais bien, cher ami : voulez-vous venir passer la soirée demain à la maison, avec Madame Vincent ? Nous aurons quelques amis.*
— Nous acceptons avec plaisir. Nous arriverons vers neuf heures, n'est-ce pas ?
— *Venez plus tôt si vous pouvez.*
— Entendu ! A demain. Mon bon souvenir aux vôtres. »

3. Le métro

« *Pardon, monsieur l'agent. La place de la Concorde, s'il vous plaît ?*
— Prenez le métro. Vous avez une station à 100 mètres d'ici, droit devant vous : *« Cité »*.
— *Merci, monsieur. »*
(A la station)
— *Madame, un billet pour aller à la Concorde, je vous prie.*
— C'est le même prix pour toutes les stations. Voulez-vous une première ou une seconde?
— *Il n'y a pas de troisième classe dans le métro ?*
— Non, vous pouvez acheter un billet simple ou un carnet de dix billets.
— *Donnez-moi un carnet de secondes. »*
(Sur le quai)
« *La Concorde, s'il vous plaît ?*
— Changez à « Châtelet ».
(A la station « Châtelet »)
« *La Concorde, je vous prie ?*
— Prenez le couloir de correspondance à gauche, direction « Neuilly ».

4. Chez le coiffeur

« *Bonjour, monsieur. Aujourd'hui je vous amène ma petite fille. Pouvez-vous lui couper les cheveux ?*
— Certainement, madame. Asseyez-vous dans ce fauteuil, mademoiselle. Mettez vos bras dans les manches de ce peignoir. Faut-il couper les cheveux très courts ?
— *Oh non. Découvrez seulement un peu les oreilles. Est-ce que la manucure est libre ?*
— Mais oui, madame. Janine, occupez-vous de Mme Martin. Mettez votre petite table près de nous. Comme cela, madame pourra causer avec sa fille. Ferons-nous une friction à mademoiselle?
— *C'est inutile.*
— Maman, pourquoi cette dame est-elle sous ce casque ?
— *On lui a lavé les cheveux et maintenant ils sèchent sous le séchoir électrique.*
— Voilà, c'est fini : regardez-vous dans la glace, mademoiselle. Comment trouvez-vous votre fille, madame ?
— *Très bien ; dis merci à monsieur, mon enfant. »*

— GRAMMAIRE —

Les adjectifs interrogatifs

Singulier : **Quel ? Quelle ?**   Pluriel : **Quels ? Quelles ?**
Quelle heure est-*il* ?   **Quels** livres avez-*vous* ?

Les pronoms interrogatifs

Pour une ⃞personne⃞ :

Sujet : **Qui ?**   ou   *(dans la langue parlée)* **Qui est-ce qui ?**
(Après le pronom interrogatif SUJET, *le verbe est toujours à la 3ᵉ personne du singulier)*

Qui tombe ? ⎱
Qui est-ce qui tombe ? ⎰ — Des enfants tombent.

Objet direct : **Qui ?** | *Objet indirect :* **(A) qui ?**
(avec inversion) | (avec inversion)

Qui regardes-*tu* ? ⎱ Je regarde | **A qui** parles-*tu*? Je parle à mon ami.
⎰ le professeur. | **De qui** parles-*tu*? Je parle de mon ami.

On dit aussi : qui est-ce QUE (sans inversion) | On dit aussi : à qui est-ce QUE (sans inversion).

Les rues, la circulation

⃞Quel⃞ est cet homme qui fait une promenade dans la rue de Rivoli ? C'est M. Vincent. Il marche lentement sur le trottoir. Parfois il s'arrête devant les boutiques. Autour de lui, les gens vont vite et le **dépassent.** D'autres le **croisent** et jettent un coup d'œil sur cet homme peu **pressé.**

Sur la **chaussée,** les autos, les **camions** (m.), les autobus, les **motocyclettes** (f.), les **bicyclettes** (f.) roulent, très nombreux. Aux **carrefours** (m.), les signaux rouges arrêtent la **circulation,** puis les signaux verts remettent tout **en marche.**

Mais soudain, notre ami veut **traverser** la rue et **changer** de trottoir (m.) : ⃞quelle⃞ est cette boutique rouge? C'est une grande librairie. Il s'avance sur la chaussée. Heureusement, les voitures se sont arrêtées ; M. Vincent passe lentement devant les camions et les autos, et il arrive au trottoir.

Hélas ! Il tombe sur un agent de police qui l'attend, un **carnet** à la main « Monsieur, vous deviez prendre le passage clouté, là-bas, à cinquante mètres... ⃞Quel⃞ est votre nom ?... Ah ! vous êtes étranger ? Bon. Mais attention! Une autre fois vous paierez une **amende...** »

☆ PRONONCIATION

La chaussée	Rue de Rivoli	Le camion	La bicyclette	La circulation	Le carrefour
[la ʃose]	[rydrivɔli]	[lə kamjõ]	[la bisiklɛt]	[la sirkylasjõ]	[lə karfu:r]

Les signaux rouges
[le siɲo ru:ʒ]

Vous paierez une amende
[vu perezyn amã:d]

CONVERSATION

1. Où M. Vincent se promène-t-il ce matin ? — **2.** Comment marche-t-il ? Que regarde-t-il ? — **3.** Est-il pressé ? — **4.** Que font les passants ? — **5.** Que voit-on sur la chaussée ? — **6.** Que voit-on aux carrefours ? — **7.** Que fait soudain M. Vincent ? — **8.** Qu'a-t-il vu ? — **9.** Qui l'attend sur l'autre trottoir ? — **10.** Que dit l'agent à M. Vincent ?

► EXERCICES ◄

I) **Complétez avec :** quel, quelle, *etc... les phrases suivantes :*
De ... couleur est le ciel ? — A ... heure partirons-nous ? — A ... moment pourrai-je vous voir ? — ... est ce livre ? — Avec ... amis allez-vous au théâtre ? — En ... saison sommes-nous ? — ... temps fait-il aujourd'hui ?

II) **Faites** *des questions avec :* quel, quelle, *etc., et les noms suivants :* rue, maison, âge, villes, livres, autobus, camion, trottoir.

III) **Remplacez** *les noms de personnes sujets par* qui? *ou* qui est-ce qui? *Vous aurez ainsi des questions ;* **répondez** *à ces questions :*
(Ex. : *M. Vincent se promène à Paris* = *Qui se promène à Paris ? ou Qui est-ce qui se promène à Paris ? M. Vincent ...*)
M. Vincent marche lentement sur le trottoir. — Notre ami veut traverser la rue. — Les gens croisent M. Vincent. — L'agent de police nous attend. — Vous paierez une amende. — L'épicière a beaucoup de clients. — Le boulanger vend du pain.

IV) **Remplacez** *les noms des personnes objets directs par* qui *ou* qui est-ce que? *Vous aurez ainsi des questions ;* **répondez** *à ces questions.* (Ex. : *Nous regardons Pierre. Qui regardons-nous ? Qui est-ce que nous regardons ? Nous regardons Pierre.*)
Nous regardons M. Vincent. — Tu écoutes le professeur. — Vous interrogez l'agent de police. — M. Vincent conduit ses enfants au haut de la tour Eiffel. — Mme Legrand reçoit Mme Vincent.

V) **Faites** *des questions :*
(Ex. : *Tu te promènes avec M. Vincent* = *Avec qui te promènes-tu ?*)
Tu téléphones à ton ami. – Vous parlez à la blanchisseuse. — Mme Vincent passe un après-midi avec Mme Legrand. — J'achète des fleurs à la marchande. — Il passe près d'un agent. — Ce livre est pour toi. — Nous parlerons de nos grands-parents.

VI) **Écrivez** *cinq questions avec :* A qui? De qui? Avec qui? Devant qui? Près de qui?

VII) **Complétez** *avec l'adjectif possessif ou le pronom possessif :*

J'ai ouvert ma porte; ils n'ont pas ouvert la leur.
Vous ....porte; je n' ....
Il ....porte; nous n' ....
Nous ....porte; tu n' ....
Tu ....porte; il n' ....
Ils ....porte; vous n' ....

Je *marche* ≠ Je *m'arrête*. — J'*avance* ≠ je *recule*. — Je n'*ose* pas traverser : j'*ai peur.*

GRAMMAIRE

Les pronoms interrogatifs *(suite)*

Pour une ⬚chose⬚ :

Sujet : **Qu'est-ce qui?** *(le verbe est toujours au singulier)*

Qu'est-ce qui tombe? — Les feuilles des arbres tombent.

Objet direct : **Que** ou **Qu'est-ce que?**	*Objet indirect :* **(A) quoi?**
Que regardons-*nous* ?	**A quoi** penses-*tu* ?
ou **qu'est-ce que** nous regardons ?	— Je pense à mon voyage.
— Nous regardons l'église Notre-Dame.	**De quoi** parles-*tu* ?
	— Je parle de ma maison.

Le café=tabac

La petite Hélène est entrée avec son père dans un bureau de tabac : « ⬚Que⬚ **désirez**-vou monsieur ? — Un paquet de cigarettes, un paquet de tabac, une boîte d'**allumettes** (f.) ; donnez-moi aussi deux timbres (m.), s'il vous plaît. »

Au mur, sur des **rayons** (m.), voici des boîtes de toutes les couleurs : cigarettes françaises, cigarettes étrangères, cigares (m.). « Papa, ⬚qu'est-ce qui⬚ brille, là? — Des **briquets**, ma fille. — ⬚A quoi⬚ **servent-ils ?** — Ils servent à **allumer** les cigarettes et les pipes. »

Mais déjà Hélène a tourné les yeux vers l'autre côté de la salle; elle s'approche du **comptoir** qu'une **serveuse** essuie avec son chiffon. Des clients boivent, debout. Des bouteilles sont **rangées** contre le mur : **apéritifs** (m.), **alcools** (m.), liqueurs (f.).

« ⬚Qu'est-ce que⬚ vous prendrez, Mademoiselle ? » dit la serveuse, qui sourit. « Rien, merci, répond M. Vincent, elle est encore trop petite. »

Qu'est=ce que vous prendrez ? = que voulez-vous boire?
Adverbes de quantité : *Peu, beaucoup, trop, assez.*

☆ *PRONONCIATION*

Le bureau de tabac
[lə byro dtaba]

Un paquet de cigarettes
[œ̃ pakɛ dsigarɛt]

Un paquet de tabac
[œ̃ pakɛ dtaba]

Une boîte d'allumettes
[yn bwa·t dalymɛt]

le briquet
[lə brikɛ]

Un cigare
[œ̃ siga:r]

Une serveuse sert les apéritifs, les alcools, les liqueurs
[yn sɛrvø:z sɛ:r lezaperitif lezalkɔl le likœ:r]

CONVERSATION

A) **1.** Pourquoi le père d'Hélène est-il entré dans un bureau de tabac ? — **2.** Qu'a-t-il demandé à la caissière ? — **3.** Qu'est-ce qu'Hélène voit sur des rayons ? — **4.** Qu'est-ce qui brille dans la vitrine ? — **5.** A quoi sert un briquet ? — **6.** Qu'y a-t-il de l'autre côté de la salle ? — **7.** Que fait la serveuse ? — **8.** Que font les clients ? — **9.** Qu'y a-t-il dans les bouteilles?

B) Décrivez la 1ʳᵉ image; la 2ᵉ image.

► *EXERCICES* ◄

I) *a)* **Remplacez** *les noms de choses* sujets *par* qu'est-ce qui? *Vous aurez ainsi des questions;*
b) **répondez** *à ces questions.*
(Ex. : *Les feuilles tombent sur le trottoir. — Qu'est-ce qui tombe sur le trottoir ? — Les feuilles.)*
Une fumée légère sort des cheminées. — Les magasins sont ouverts. — Des briquets brillent. — Des camions roulent sur la chaussée. — Des bouteilles sont rangées contre le mur.

II) *a)* **Remplacez** *les noms de choses objets directs par* que? *Vous aurez ainsi des questions;*
b) **répondez** *à ces questions.*
(Ex. : *Tu vois des feuilles sur le trottoir. — Que vois-tu sur le trottoir ? — Des feuilles.)*
Nous regardons le bureau de tabac. — Vous verrez des briquets. — M. Vincent demande un paquet de cigarettes. — La patronne essuie le comptoir. — Le client boit une liqueur.

III) *Faites les questions de l'exercice II avec* qu'est-ce que? *(sans inversion).*
(Ex. : *Qu'est-ce que tu vois sur le trottoir ?)*

IV) **Faites** *des questions avec les phrases suivantes :*
(Ex. : *On fait les cigarettes* avec du tabac. — *Avec quoi* fait-on les cigarettes ? *Avec du tabac.)* On fait les liqueurs *avec de l'alcool et du sucre. — Elle essuie le comptoir* avec un chiffon. — *Nous parlions* du métro de Paris. — *Vous avez souvent parlé* de votre voyage en France. — *Quand M. Vincent allume une cigarette, il se sert* d'un briquet. — *Le briquet de M. Vincent sert* à allumer les cigarettes. — *Le gaz sert* à faire la cuisine.

V) **Répondez** *par des phrases complètes aux questions suivantes :*
A quoi sert un couteau ? — A quoi sert une cuiller ? — A quoi sert une chaise ? — A quoi sert un lit ? — A quoi sert un stylo ? — De quoi se sert-on pour lire ? — De quoi se sert-on pour entendre ? — De quoi se sert-on pour manger ? — De quoi se sert-on pour courir ?

⟫→ PRONONCEZ : le *taba(c)* (comme *ba*). — *Attention !* 1) Je *me* sers d'un briquet. — 2) Le briquet *sert* à allumer la cigarette. — 3) La serveuse *sert* le client ; elle *sert* les apéritifs.

GRAMMAIRE

L'accord du participe passé

I)   Il ⎡est⎤ **sorti**   —   Elles ⎡sont⎤ **sortiES**

Le participe après le verbe **être** *s'accorde avec le* **SUJET**
(*comme un* adjectif qualificatif)

Appliquez, *dans ce livre*, la même règle pour les verbes pronominaux :
Il s'est couch**é** — elles se sont couch**ées**

II)   Il ⎡a⎤ **lu** une comédie   —   Elles ⎡ont⎤ **lu** des comédies

Le participe après le verbe **avoir NE S'ACCORDE PAS** *avec le sujet*

Mais si un OBJET DIRECT est **AVANT** *le verbe avoir,*
le participe **s'accorde** avec l'**OBJET DIRECT :**

Quelle comédie a-t-il **luE ?**   Voici les livres *que* j'ai **luS**   Je *les* ai **luS**

Au théâtre et au cinéma

Mme Vincent et Mme Legrand aiment beaucoup la **musique** et le **chant.** Souvent déjà, *elles* sont ⎡allées⎤ à l'Opéra et à l'Opéra-Comique. La première fois, M. Vincent *les* a ⎡accompagnées⎤. On jouait « FAUST ». La **scène** était ornée de beaux **décors.** Aux fauteuils d'**orchestre** (m.), au **balcon**, dans les **loges** (f.), les **spectateurs** (m.) **applaudissaient** après chaque **acte** (m.) et ils criaient **« bis ! »** Notre ami, lui, dormait un peu dans son fauteuil. Il se réveillait aux **entractes** (m.) et quand le **rideau** est tombé il a dit : « Enfin ! »

« M Vincent, vous aimez la **comédie** et même la **tragédie ;** vous savez **par cœur** le nom des **acteurs** et des **actrices.** Vous avez ⎡vu⎤ de belles **pièces** au Théâtre-Français et dans les théâtres des **boulevards** (m.). Vous aimez aussi les **concerts** (m.). Pourquoi donc dormez-vous à l'Opéra ? »

Et Pierre ? Et Hélène ? Ils aiment mieux le **cinéma.** Leur mère *les* y a ⎡conduits⎤ plusieurs fois. Une **ouvreuse** les attendait dans le noir avec sa petite lampe électrique et les menait à leurs places. Sur l'**écran** (m.), ils voyaient d'abord un **documentaire**, puis les **actualités** (f.), enfin le grand **film** avec des **vedettes** (f.), ou un **dessin animé**, en couleurs, « Mickey » ou « Blanche-Neige » par exemple.

☆ *PRONONCIATION*

La musique	L'Opéra-Comique	Le fauteuil d'orchestre	le spectateur	Le rideau
[la myzik]	[lɔpera kɔmik]	[lə fotœj dɔrkɛstr]	[lə spɛktatœːr]	[lə rido]

Le concert	Le cinéma	Une ouvreuse	Un écran	Les actualités
[lə kɔ̃sɛːr]	[lə sinema]	[yn uvrøːz]	[œ̃nekrã]	[lezaktɥalite]

Un documentaire	Une vedette	Un dessin animé
[œ̃ dɔkymɑ̃tɛːr]	[ynvədɛt]	[œ̃ desɛ̃ anime]

CONVERSATION

1. Mme Vincent et Mme Legrand aiment-elles l'Opéra ? — **2.** Est-ce qu'elles y vont souvent ? — **3.** Qui les a accompagnées la première fois ? — **4.** Que faisaient les spectateurs après chaque acte ? — **5.** Que jouait-on ? — **6.** M. Vincent écoutait-il ? — **7.** Dans quels théâtres va-t-il ? — **8.** Pierre et Hélène sont-ils allés à l'Opéra ? — **9.** Où leur mère les a-t-elle conduits plusieurs fois ? — **10.** Quels films ont-ils vus sur l'écran ?

► EXERCICES ◄

I) **Écrivez** *au passé composé les phrases suivantes (avec le verbe* être*) : Maman va à l'Opéra. — M. Vincent ira au Théâtre-Français. — Les Vincent arrivent au cinéma. — Les dames vont dans les magasins. — Nous irons visiter une église. — Pierre tombe sur le trottoir. — La neige tombe lentement. — Les fruits tombent de l'arbre. — La bonne de Mme Legrand n'arrive pas. — Nos amis arriveront à 7 heures. — Elle restera trois jours à Paris. — Hélène entre dans la salle à manger. — Vous sortirez par l'escalier de service.*

II) **Soulignez** *l'objet direct* dans les phrases suivantes : (Ex. : *Je vois* une maison — Quelle maison *vois-tu ?*)
Nous aimons la comédie. Quelle comédie aimez-vous ? Ils aiment les concerts. Quels concerts aiment-ils ? Nous voyons de beaux films. Quels films voyez-vous ? Admirez-vous ces vedettes ? Quelles vedettes admirez-vous ? Mme Vincent et son amie prennent les meilleures places. Quelles places prennent-elles ? Nous regardons les spectateurs. Quels spectateurs regardez-vous ? Quelle porte fermez-vous ? Je ferme la porte de la salle.

III) **Mettez** *au passé composé toutes les phrases dé l'exercice II.*
Ex. : *J'ai vu une maison. — Quelle maison as-tu vue ?*

IV) **Soulignez** *l'objet direct des phrases suivantes; puis* **mettez-les** *au passé composé :*
(Ex. : *Cette tragédie, il l'entend = cette tragédie, il l'a entendue.*) La comédie? Il l'aime. — Voici de beaux films; vous les verrez. — Cette tragédie? Je la trouve belle. — Voici de bonnes places; nous les prenons. — Attention à la porte, on la ferme. — Que de spectateurs! Je ne les compte pas. — Le soir, vous écoutez la musique.

V) **Écrivez** *le 2ᵉ paragraphe de la lecture; commencez ainsi : M. Vincent aime la comédie...; il ....*

VI) **Écrivez** *le 3ᵉ paragraphe, jusqu'à ... leurs places ; commencez ainsi : nous aimons mieux ....*

⟹→Savoir *par cœur :* savoir *très bien,* pouvoir *réciter exactement et de mémoire.* — Un *documentaire :* un film *scientifique* ou un film de *reportage.* — Les *actualités :* les *nouvelles* de la semaine. — Une *vedette :* un acteur ou une actrice *bien connus.* — Les acteurs *jouent* ou *représentent* une pièce.

GRAMMAIRE

L'analyse grammaticale

I) « **Quel est** ce mot ? »

A
- Un **nom ?** *(livre)*
- Un **article ?** (*le* livre)
- Un **adjectif ?**
  - qualificatif ? *(bon)*
  - démonstratif ? *(ce)*
  - possessif ? *(ma)*
  - interrogatif ? *(quel)*

  Masculin ?
  Féminin ?
- Un **pronom ?**
  - personnel ? *(je)*
  - démonstratif ? *(celui-ci)*
  - possessif ? *(le mien)*
  - interrogatif ? *(qui ?)*
  - relatif ? *(qui)*
  - indéfini ? *(on)*

  Singulier ?
  Pluriel ?
- Un **verbe ?** *(tu vas)*
  - Quelle **personne ?** — **Singulier ?** — **Pluriel ?**
  - Quel **temps ?** — Quel **groupe ?**

B Une **préposition ?** (*à*). Un **adverbe ?** (*bien*). Une **conjonction ?** (*quand*).

Un concert au Luxembourg

C'est aujourd'hui jeudi. Sous les arbres du jardin du Luxembourg, autour du **kiosque,** les chaises, bien rangées, paraissent attendre quelque chose. La musique de la **Garde républicaine** va donner un **concert.** M. Vincent, Mme Vincent et leurs enfants sont venus de **bonne heure** pour être aux premières places.

La **chaisière** va et vient, son carnet de billets à la main. Que de monde maintenant ! De vieux **messieurs** et de vieilles dames surtout. Les enfants aiment mieux le théâtre du **guignol** et le bassin où ils jouent avec leurs petits bateaux.

Enfin, voici la Garde. Les **musiciens** (m.) en **uniforme** (m.) montent les marches du kiosque ; les **instruments** (m.) : **tambours** (m.) [1] et **trompettes** (f.) [2] brillent au soleil. Il n'y a ni **violons** (m.) [3], ni **violoncelles** (m.) [4].

...Le **chef de musique** a donné le signal... Les musiciens jouent « LA MARCHE HONGROISE », de Berlioz, que le public écoute silencieux.

Rien. — Quelque chose. — Tout. — Personne. — Quelqu'un. — Tout le monde.

☆ *PRONONCIATION*

La chaisière	De vieux messieurs	Le guignol
[la ʃɛzjɛ:r]	[də vjø mesjø.]	[lə giɲɔl]

Les musiciens en uniforme montent les marches du kiosque
[le myzisjɛ̃ ɑ̃nynifɔrm mɔ̃:t le marʃə dy kjɔsk]

Les instruments
[lezɛ̃strymɑ̃]

Une trompette	Un violon	Un violoncelle	« La Marche hongroise » de Berlioz
[yntrɔ̃pɛt]	[œ̃ vjɔlɔ̃]	[œ̃ vjɔlɔ̃sɛl]	[la marʃəɔ̃grwɑ:z də bɛrljo:z]

CONVERSATION

A) **1.** Que voit-on autour du kiosque du Luxembourg ? — **2.** Quel jour est-ce ? — **3.** Pourquoi y a-t-il du monde ? (parce que...) — **4.** Pourquoi les Vincent sont-ils arrivés de bonne heure ? — **5.** Que fait la chaisière ? — **6.** Que tient-elle à la main ? — **7.** Est-ce qu'on voit beaucoup d'enfants près du kiosque ? — **8.** Où sont les enfants ? — **9.** Voici la garde; que font les musiciens ? — **10.** Quels sont leurs instruments ? — **11.** Qui donne le signal du concert ? — **12.** Qu'est-ce que les musiciens jouent ?

B) Décrivons ensemble : la 1re image; la 2e image; la 3e image.

► *EXERCICES* ◄

I) *Dans la lecture,* **trouvez** *les noms.* **Faites** *un tableau :*
   Masculin singulier — féminin singulier — masculin pluriel — féminin pluriel.

II) *Dans la lecture,* **analysez** *les pronoms.* **Faites** *une phrase avec chaque pronom.*

III) **Mettez** *au singulier : Voilà des chaises qu'on a bien placées. — Ils s'asseyent aux premières places. — Voilà de vieux messieurs et de vieilles dames. — Les instruments brillent. — Les enfants jouent avec leurs petits bateaux.*

IV) *Dans les phrases suivantes,* **remplacez** *par en les mots soulignés d'un trait et par dont les mots soulignés de deux traits.*
Vous venez du Luxembourg ? Oui, nous venons du Luxembourg. — C'est un beau jardin; ses arbres sont couverts de feuilles. — Regardez les musiciens; leurs instruments brillent au soleil. — Avez-vous des chaises ? Oui, nous avons des chaises. — Vous n'êtes pas au soleil; venez ici, il y a du soleil. — Y a-t-il de la place ? Non, il n'y a pas de place. — J'ai un camarade; son père est chef d'orchestre.

Le Guignol.

⟫→ ON DIT : *au* jardin, *au* cinéma, *au* théâtre, *au* concert, *au* bal.
le *chef de musique* (= militaire) — le *chef d'orchestre* (= civil).
Je suis *loin de* la musique, mais je l'entends *quand même.* — Ne chante pas si fort : tu n'es pas *seul* ici.

GRAMMAIRE

L'analyse grammaticale

II) « *A* quoi sert ce mot ? ou : *Quelle est sa* **fonction ? »**

A) Un NOM peut être :

Sujet : Qui vient ? *Ton frère* vient.

Objet direct : Tu regardes... QUI ?
Tu regardes *ton frère*.

Objet indirect : Tu penses... A QUI ?
Tu penses à *ton frère*.

Complément de nom :
Je vois les yeux... DE QUI ?
Je vois les yeux *de Pierre*.

Complément circonstanciel :
de temps : Tu pars... QUAND ? *lundi*.
de lieu : Tu vas... OÙ ? *à Paris*.
de cause : Il fait cela... POURQUOI ?
par bonté.
de manière : Tu travailles...COMMENT ?
avec lenteur.

B) Un PRONOM peut être :

Sujet : Qui vient? *Il* (ton ami) vient.

Objet direct : Tu regardes... QUI ?
Tu *le* regardes (ton ami).

Objet indirect : Tu parles... A QUI?
Tu *lui* parles (à ton ami), etc.

C) Un ARTICLE annonce un nom :
La pluie tombe.

Un ADJECTIF qualifie un nom :
Une pluie *fine* tombe.

D). Un ADVERBE est :
complément de temps *(demain)*,
de lieu *(ici)*,
de manière *(lentement)*, etc.

Les animaux du Zoo *(singulier : **animal**)*

Les jeunes Vincent visitent aujourd'hui le **Zoo** de Vincennes avec Cécile et Jean Legrand. Hélène aime la **girafe** [1], son cou long et élégant, sa marche légère. Pierre s'arrête devant les **chameaux** (m.) [2] et surtout devant les **éléphants** (m.) [3]. Avec leur **trompe** (f.), ils demandent des **bananes** (f.) et des **oranges** (f.). Voici maintenant les **fauves** (m.); ils ne sont pas dans les **cages** (f.); ils sont **dehors** parce qu'il fait très chaud. En hiver, on les **ramènera dedans**. Pierre regarde longtemps les **lions** (m.) [4], les **tigres** (m.) [5], les **ours** (m.) [6] et les **loups** (m.) [7].

« Voulez-vous aller voir les **singes** (m.) [8], demande Cécile, ou les **vautours** (m.) [9], les **autruches** (f.) [10] et les **pingouins** (m.) [11] ? » Les enfants veulent tout voir...

Le temps passe. « Avant le départ, dit Cécile, nous ferons une visite aux **phoques** (m.) [12] qui **nagent** là-bas dans le bassin. Ensuite nous irons voir les **serpents** (m.) [13] et les oiseaux de toutes les couleurs. »

☆ PRONONCIATION

Le Zoo de Vincennes	La trompe de l'éléphant	Les fauves	L'ours	Les ours
[lə zoodvɛ̃sen]	[la trõ·p də lelefɑ̃]	[le fo:v]	[lurs]	[lezurs]

Les loups	Les singes	Les autruches	Les pingouins	Les phoques	Les serpents
[le lu]	[le sɛ̃:ʒ]	[lezotryʃ]	[le pɛ̃gwɛ̃]	[le fɔk]	[le serpɑ̃]

CONVERSATION

1. Où sont aujourd'hui les petits Vincent ? — **2.** Qui est avec eux ? — **3.** Pourquoi Hélène aime-t-elle la girafe ? — **4.** Devant quels animaux Pierre s'arrête-t-il ? — **5.** Que font les éléphants ? — **6.** Nommez les fauves. — **7.** Pourquoi plaisent-ils à Pierre ? — **8.** Que demande Cécile ? — **9.** A qui les enfants feront-ils une visite avant le départ ? — **10.** Que font les phoques ?

► EXERCICES ◄

I) Posez la question qui? qui est-ce qui? *avant le verbe* (= quels sont les sujets?).
(Ex. : *Les lions rentreront dans les cages : Qui rentrera dans les cages ? les lions = sujet.*)
Cécile Legrand a conduit les enfants au Zoo. — Nos amis veulent se promener. — Les fauves sont dehors. — Vous voulez tout voir. — Elle aime les oiseaux. — Nous irons voir les singes.

II) Posez la question qui *ou* quoi *après le verbe* (= quels sont les objets directs?).
(Ex. : *J'aperçois là-bas les autruches : J'aperçois ... quoi ? les autruches = objet direct.*)
Cécile Legrand a conduit les petits Vincent au Zoo. — Hélène aime la girafe. — Pierre aime mieux les éléphants. — Ils demandent des bananes. — Regardez les singes. — Nous visitons le Zoo.

III) Posez la question qui? ou quoi? ou à qui? à quoi? (= quels sont les objets directs? les objets indirects?). (Ex. : *Nous lui avons donné un livre : Nous avons donné ... quoi? un livre = objet direct; à qui ? à lui = objet indirect.*)
Pierre parle à Hélène. — Il pense aux fauves. — Il donne du pain aux éléphants. — Pierre a demandé l'heure à Cécile. — Il lui a demandé l'heure. — Hélène nous montre les singes et les oiseaux. — L'éléphant mange une banane. — Avez-vous donné une orange au singe ?

IV) Posez la question : quand? où? pourquoi? comment? (= quels sont les compléments de temps, de lieu, de cause, de manière?).
(Ex. : *Je parlerai à Cécile ce soir, à la gare : Je parlerai... quand ? ce soir = complément de temps... où ? à la gare = complément de lieu.*)
Cécile Legrand conduit ses petits amis au Zoo de Vincennes. — Les fauves rentrent dans leurs cages en hiver. — Les phoques nagent dans le bassin. — Hélène rit de plaisir. — Tu marches lentement dans le jardin. — Pierre s'arrête devant les fauves.

V) Trouvez les compléments de nom. Posez la question : de qui? ou de quoi? après un nom :
(Ex. : *Voici le bureau de mon père. — Le bureau ... de qui ? ... de mon père. — Père = complément du nom bureau.*)
J'entends la voix d'Hélène. — On a ouvert la porte de l'ascenseur. — Nous irons voir les phoques du Zoo. — Je regarde le cou de la girafe. — La promenade des enfants a été amusante. — L'appareil photographique de mon père fait de belles photos. — Où sont les parents de Pierre ? — Regardez la cage des fauves.

⋙► *Dedans* ≠ *dehors.* — *Dessus* ≠ *dessous.* — *Devant* ≠ *derrière.*
« Comment *s'appelle* cet animal ? — Je ne me *rappelle* plus : j'ai oublié son nom.

Pierre écrit une lettre à ses grands=parents

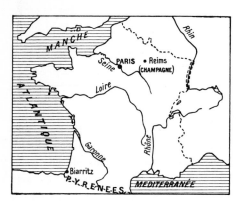

Monsieur et Madame Thomas Vincent,
rue Sainte-Catherine, à Montréal
(Canada).

Paris, le 28 août.

Mon cher grand-papa, ma chère grand-maman,
 Nous sommes à Paris **depuis** un mois.
Comme le temps a passé vite ! Nous habitons
dans un quartier très ancien. Notre appartement donne sur la Seine ; du salon, on
voit le Louvre, la Cité et les tours de Notre-
Dame.

Déjà nous sommes allés au marché plusieurs fois, avec maman. C'était bien
amusant. Nous avons fait aussi de belles promenades. Papa nous a conduits au
sommet de la tour Eiffel d'où l'on voit tout Paris. Et je suis allé une fois au
Théâtre-Français : on jouait une comédie de Molière.

Il y a beaucoup d'autos à Paris, mais cette ville est moins moderne que Montréal.
Les rues paraissent étroites. Mais les quais de la Seine et l'avenue des Champs-Elysées
sont très beaux. Et puis j'aime cette ville, où beaucoup de grands hommes sont nés,
ont vécu* et **sont morts***.

Nous allons quitter Paris pour Biarritz où nous passerons deux semaines. Ensuite,
nous irons en Champagne chez nos amis Legrand.

Cher grand-papa, chère grand-maman, je suis heureux de visiter la France, mais
je n'oublie pas notre cher Canada, et je **pense** souvent à vous. Je vous **embrasse**
de tout cœur.

Votre petit-fils,
Pierre.

P. S. — Hélène veut aussi écrire quelque chose !
 « J'envoie un gros **baiser** à Papy et à Mamy — *Hélène.* »

Verbe *vivre*. — **Présent** *:* Je vi**s**, tu vis, il vit, nous vivons, vous vivez, ils vivent.
     Futur *:* Je vivrai. **Passé composé** *:* J'ai vécu, tu as vécu. **Imparfait** *:* Je vivais.
Verbe *mourir*. — **Présent** *:* Je meur**s**, tu meurs, il meurt, nous mourons, vous mourez, ils meurent.
     Futur *:* Je mourrai. **Passé composé** *:* Je suis mort. **Imparfait** *:* Je mourais.

P. S. = ***Post=scriptum*** [pɔst skriptɔm] = *écrit après.*

J'écris une lettre, je la ***mets*** dans l'enveloppe, je ***colle*** un timbre, **j'envoie** la lettre.
Mon ami la ***reçoit***, il me ***répond.***

☆ PRONONCIATION

Rue Sainte-Catherine	Le Théâtre-Français	On jouait une comédie de Molière
[ry sɛ̃t katrin]	[lə tea·trfrɑ̃sɛ]	[ɔ̃ ʒwɛ yn kɔmedi dmɔljɛːr]

Ils sont nés	Ils ont vécu	Ils sont morts	Biarritz	La Champagne
[il sɔ̃ ne]	[ilzɔ̃ veky]	[il sɔ̃ mɔːr]	[bjarits]	[la ʃɑ̃paɲ]

CONVERSATION

1. A qui Pierre écrit-il ? — **2.** Pierre est-il à Paris depuis longtemps ? — **3.** Où est l'appartement des Vincent ? — **4.** Sur quoi donne le salon ? — **5.** Que voit-on du salon ? — **6.** Où Pierre et Hélène sont-ils allés avec leur mère ? — **7.** Quelle promenade ont-ils faite avec leur père ? — **8.** Quelle comédie Pierre a-t-il vue ? — **9.** Est-ce que Paris est aussi moderne que Montréal ? — **10.** Qu'est-ce que Pierre pense de l'avenue des Champs-Elysées ? — **11.** Pourquoi la famille Vincent va-t-elle bientôt quitter Paris ? — **12.** Où ira-t-elle quand elle reviendra de Biarritz ? — **13.** Qu'est-ce qu'Hélène écrit à ses grands-parents ?

► EXERCICES ◄

I) **Écrivez** *les phrases suivantes au* passé composé *(aux* trois *formes) :*
Les oiseaux meurent dans leur cage. — La girafe meurt de faim. — L'enfant de cette dame naîtra à Paris. — Mes grands-parents vivent à Montréal.

II) **Mettez** *au* pluriel :
Il a vécu — tu mourras — je vivrai — il meurt — je mourais — tu vis — il vivra — je mourrai — il est mort — elle a vécu — il vit — tu meurs — tu vivras — il vivait — elle est morte — tu mourais.

III) **Cherchez** *dans le texte et écrivez :*
a) les participes passés *conjugués avec* être ; *b) les* participes passés *conjugués avec* avoir.

IV) **Complétez** *les phrases suivantes :*
(Ex. : Quelles villes avez-vous (visiter) ? = Quelles villes avez-vous visitées ?)
Demandez à Mme Vincent où elle est (aller). — Quelles vitrines a-t-elle (admirer) ? — Quelles promenades M. Vincent a-t-il (faire) dans les vieux quartiers ? — Il pense aux vieilles maisons qu'il a (voir). — Quelles photos avez-vous (prendre)? — Avec qui Hélène est-elle (sortir)?

V) **Conjuguez** *à toutes les personnes :*
a) Quand j'étais en France, j'ai reçu une lettre de ma famille et je suis reparti pour mon pays.
b) Je visitais le palais du Louvre quand j'ai aperçu un de mes amis.

VI) *Sur les quatre premières phrases de la lecture : « Nous sommes à Paris ... Notre-Dame »,* **posez des questions** *avec : où? depuis quand? etc.*

VII) **Complétez** *les phrases suivantes avec des* pronoms relatifs : *(Ex. : J'aime la Seine ... les quais sont magnifiques = J'aime la Seine dont les quais sont magnifiques.)*
La ville ... j'aime le plus est Paris. — Le roi ... on voit la statue est Henri IV. — La pièce ... tu as vue à la Comédie-Française est « Tartuffe » de Molière. — Molière est celui ... a écrit « Tartuffe ». — Les grands-parents de Pierre ... habitent Montréal recevront une lettre de leur petit-fils.

⟫⟶ Nous sommes à Paris *depuis* un mois. — Nous resterons à Paris *pendant* un mois.

Revision et variétés. Leçons 50 à 55

□ *VOCABULAIRE, PRONONCIATION* □

○ LEÇON 50

NOMS		VERBES	ADJECTIF	EXPRESSIONS
le camion	la **ch**aussée	*remettre*	pressé-pressée	à pied
le carnet	la mar**ch**e	s'avancer		une autre fois
le carrefour	ia circula**tion**	changer	ADVERBES	remettre en marche
le fleuve	l'amende	croiser	parfois	
	la bicyclette	dépasser	peu	
	la librairie	traverser		
	la motocyclette			

ADJECTIFS INTERROGATIFS — quel-quelle? quels-quelles?

PRONOMS INTERROGATIFS — qui? que?

Verbe *remettre* : Je remets, nous *remett*ons ; je remettrai, j'ai *remis*.

○ LEÇON 51

NOMS		VERBES	ADVERBES
le comp**toir**	la **liqueur** [kœːr]	*s'en aller*	beaucoup
le **ta**ba**c**	l'allumette	*servir à*	peu
l'alcool [ɔ]	la caissière	*se servir de*	trop
l'apéritif	la serveuse	s'approcher de	
le briquet		allumer	
le bureau de tabac			
le paquet			

PRONOMS INTERROGATIFS — Qu'est-ce qui? Qu'est-ce que? Que? A quoi?

Verbe *s'en aller* : Je m'en vais, nous nous en *all*ons ; ils s'en vont ; je m'en irai ; je m'en suis *allé*.

Verbe *se servir* : Je me sers, nous nous *serv*ons ; je me servirai ; je me suis *servi*.

○ LEÇON 52

NOMS			VERBES	ADJECTIFS
le chant	l'acte	les actualités	accompagner	célèbre (m. f.)
l'écran	le cinéma	la **scène** [s]	applaudir (2ᵉ gr.)	comique (m. f.)
le docu**mentaire**	le concert	l'actrice		
le des**sin** animé	le décor	la comédie		
l'ac**teur**	l'entr**acte**	la loge	EXPRESSIONS	
le specta**teur**	le film	la musique	bis	
l'orchestre [k]	l'opéra	l'ouvreuse	par cœur	
le boulevard	l'opéra-comique	la pièce		
	le rideau	la tragédie		
	le théâtre	la vedette		

○ LEÇON 53 ─────────────────────────────────

NOMS		VERBE	ADJECTIFS
le guignol [ɔ]	la marche	*attendre*	énorme (m. f.)
le kiosque [ɔ]	la trompette		hongrois-hongroise
le violon	─────		républicain-républicaine
le violoncelle	la baguette		
le musicien [ɛ̃]	la chaisière		
─────	la garde		EXPRESSIONS
le chef de musique	la grosse caisse		quelque chose
l'instrument			de bonne heure
le Luxembourg			
le public			
le tambour			
l'uniforme			

Verbe *attendre* : J'attends, nous *attend*ons, j'attendrai ; j'ai *attendu*.

○ LEÇON 54 ─────────────────────────────────

NOMS			VERBES	ADVERBES
le fauve	l'animal	l'autruche	nager	dedans
le chameau	le lion	─────	ramener	dehors
le Zoo [o]	le loup	la banane	sauter	
le pingouin	l'ours	la cage		
l'éléphant	le serpent	la girafe		
le phoque	le singe	l'orange		
	le tigre	la trompe		
	le vautour			

○ LEÇON 55 ─────────────────────────────────

NOMS		VERBES	ADVERBES
le grand-papa	la grand-maman	*naître*	d'abord
─────		*vivre*	tendrement
le baiser		*mourir*	
le post-scriptum			

Verbe *naître* : Je nais, nous *naiss*ons ; je naîtrai ; je suis *né*.
Verbe *vivre*   : Je vis, nous *viv*ons ; je vivrai ; j'ai *vécu*.
Verbe *mourir* : Je meurs, nous *mour*ons ; je mourrai, je suis *mort*.

───────────────────────────────────

□ *EXERCICES* □

Refaites de *mémoire* le texte des lectures à l'aide du *vocabulaire*.

□ DICTÉES □

1) Dans les rues de Paris la circulation est grande. Vous croisez de nombreux passants. Les autos, les camions, les autobus roulent avec un grand bruit sur la chaussée. Lorsque vous quittez un trottoir pour prendre celui d'en face, ne traversez pas au milieu des voitures. Prenez le passage clouté. Sinon, vous paierez une amende à l'agent de police.

2) Allez à l'Opéra. Entrez dans la salle avant le lever du rideau. Asseyez-vous dans un fauteuil d'orchestre et regardez autour de vous. Les spectateurs arrivent ; le balcon et les loges se remplissent ; puis le rideau se lève, les acteurs jouent et chantent. Peut-être préférez-vous la comédie ou la tragédie ? Moi, j'aime mieux le cinéma. Une ouvreuse m'attend avec sa petite lampe et me conduit à ma place. Sur l'écran voici les actualités, puis un dessin animé, enfin le grand film.

3) J'ai été étudiant à Paris, pendant deux ans. Le jeudi, j'allais sous les arbres du Luxembourg, près du kiosque à musique. C'était le jour du concert militaire. Il y avait surtout de vieux messieurs et de vieilles dames. Les enfants aimaient mieux jouer avec leurs petits bateaux sur le bassin. Dans le kiosque, les musiciens en uniforme s'installaient ; les tambours et les trompettes brillaient au soleil.

4) Nous avons visité le Zoo de Vincennes. La girafe que nous avons vue avait une tête fine sur un cou long et élégant. A l'éléphant on donnait du pain, des bananes, des oranges. Ensuite nous sommes allés du côté des fauves que nous avons regardés un bon moment. Il y avait des lions, des tigres noirs et jaunes, des ours bruns et des ours blancs. Puis nous avons vu les singes, les autruches sur leurs longues pattes. Les aiguilles de ma montre tournaient vite. Quelles bonnes heures nous avons passées !

5) Pierre a écrit une lettre à ses grands-parents. Ainsi le grand-père et la grand-mère sauront que leurs petits-enfants sont heureux à Paris. Pierre et Hélène trouvent que le temps passe vite. Ils habitent un agréable appartement d'où on voit le Louvre et la statue du roi Henri IV. Ils font de belles promenades ; ils sont montés au sommet de la tour Eiffel. Les pièces qu'ils ont vues au Théâtre-Français leur ont beaucoup plu. Ils aiment bien Paris, mais les rues leur ont paru plus étroites que celles de Montréal.

□ DIALOGUES □

1. — Le café-tabac

« *Je dois aller à la poste*; *je désire acheter des timbres pour l'étranger.*

— N'allez pas si loin. Entrez donc dans ce bureau de tabac, là, devant vous.

— *Comment? On vend des timbres chez le marchand de tabac ?* — Mais oui, venez avec moi. » (*Dans le café-tabac*)

« Un timbre pour l'étranger, je vous prie.

— *Voilà, monsieur.*

— Merci, madame. Donnez-moi aussi un paquet de cigarettes.

— *Des gauloises? Des gitanes?*

— Des gauloises et une boîte d'allumettes.

— *Une grande ou une petite boîte ?*

— Une petite. Merci beaucoup. Maintenant, cher ami, nous allons prendre quelque chose au comptoir. Que voulez-vous boire ?

— *Un café peut-être ?*

— Si vous voulez, mais avant le déjeuner, prenez plutôt un apéritif.

— *Bien. Alors, un vin blanc cassis.*

— Pour moi aussi. Garçon !...
— Tout de suite, messieurs, je suis à vous.

. . . .

— A votre santé, cher ami.
— *A la vôtre.* »

2. — Le théâtre

« *Connaissez-vous cette petite revue : « Une Semaine de Paris »? Je l'ai achetée chez ma marchande de journaux. Il y a là chaque semaine un programme de tous les spectacles de Paris, l'adresse des salles, le nom des pièces, la date des concerts, etc.*
— Êtes-vous déjà allé au théâtre depuis votre arrivée en France ?
— *Non, pas encore. Nous voulions aller à l'Opéra avant-hier soir, mais je n'ai pas trouvé de places.*
— Pour l'Opéra, on doit louer les places une semaine d'avance. Il faut souvent faire la queue, surtout si l'on désire des places moins chères. Vous entendrez bien de partout. Mais vous verrez mieux, si vous avez un fauteuil d'orchestre ou de balcon, ou une loge de face. A l'Opéra, vous pourrez non seulement écouter de la musique, mais aussi voir des ballets.
— *Oui, on m'a parlé de l'École de ballets de l'Opéra. Je désire aussi aller à l'Opéra-Comique.*
— Si vous aimez les pièces de théâtre, je vous conseille d'aller d'abord au Théâtre-Français. On y joue des pièces classiques et modernes.
— N'oubliez pas qu'on donne toujours un pourboire à l'ouvreuse ; c'est la personne qui vous conduit à votre place dans la salle.
— *Je ne savais pas cela, merci. Dans quel théâtre puis-je conduire mes enfants ?*
— Au Châtelet. Il y a des représentations en « matinée » le jeudi et le dimanche après-midi.
— *Nous irons un après-midi, car les enfants se couchent tôt le soir.*
— Si vous le permettez, je les emmènerai dimanche au cirque avec ma fille.
— *Vous êtes très gentil et j'accepte pour eux.* »

3. — Au cinéma

(A la caisse)
« *Pardon, madame, à quelle heure commence le spectacle ce soir ?*
— A·21 heures, monsieur. Dans notre cinéma, le spectacle n'est pas permanent.
— *Je désire une place pour ce soir.*
— Orchestre 1ʳᵉ série, 2ᵉ série, ou fauteuil de balcon ?
— *Un balcon, s'il vous plaît... Merci. Quel est le programme ?*
— D'abord les actualités, ensuite un documentaire sur le métro de Paris et un dessin animé.
— *Ah ! très bien.*
— Après, il y aura un petit entracte Vous pourrez sortir pour fumer une cigarette ou bien rester à votre place. A ce moment-là l'ouvreuse passera dans la salle et vendra des bonbons, des glaces, etc.
— *Et ensuite ?*
— Vous verrez un très beau film français. Le titre est affiché devant la porte.
— *Présente-t-on parfois des films étrangers dans votre cinéma ?*
— Oui, mais ils sont souvent doublés en français.
— *Je vous remercie, madame, de votre obligeance.* »

GRAMMAIRE ————————

Le futur antérieur (de l'indicatif)

Demain, je déjeunerai à 8 h. — Demain, je travaillerai à 9 h.

Demain, *quand* **j'aurai déjeuné** (à 8 h.), je travaillerai (à 9 h.)

J'aurai déjeuné = *futur antérieur* de déjeuner

Le futur antérieur = une action *future*, **avant** une autre action *future*.

Futur antérieur = futur de AVOIR + PARTICIPE PASSÉ

J'	**aurai** déjeuné		Nous **aurons** déjeuné	
Tu	**auras** déjeuné		Vous **aurez** déjeuné	
Il	**aura** déjeuné		Ils **auront** déjeuné	
Elle	**aura** déjeuné		Elles **auront** déjeuné	

A Biarritz. La plage

M. Vincent sort de l'eau. Des **gouttes** (f.) brillent sur sa poitrine et sur ses jambes. Il se couche sur le **sable** près de Mme Vincent qui fait **sécher** son dos au soleil. « Mes enfants, dit-il à Pierre et à Hélène, dès que vous aurez pris votre **bain** (m.), nous irons déjeuner : j'ai faim. » Mais Hélène fait des **pâtés** (m.) avec son **seau** et sa **pelle**. « Je dois en faire encore dix, répond-elle ; quand j'aurai fini , j'irai me **baigner**. » Pierre, lui, joue au **ballon** (m.) avec des camarades. Alors M. Vincent se lève, il prend les enfants par la main et les conduit jusqu'à la mer. Hélène porte un **maillot** rouge, Pierre a un **slip** noir. Lui, il sait **nager**.

« Ne va pas trop loin, dit son père. Attention aux **vagues** (f.). Lorsque tu auras fait cinquante mètres, reviens. »

Et M. Vincent attend. Il regarde la **plage**. A droite, on voit un **phare** ; à gauche, des villas blanches sur des **collines** vertes ; au fond, très loin, la ligne bleue des Pyrénées.

A travers la foule des **baigneurs** et des **tentes** (f) les Vincent reviennent à l'hôtel. Quand ils auront passé deux semaines **au bord** de l'océan, ils feront un petit voyage dans la montagne.

☆ *PRONONCIATION*

Elle fait des pâtés avec son seau et sa pelle
[ɛl fɛ de pɑte avɛk sɔ̃ so e sa pɛl]

Il joue au ballon
[il ʒu o balɔ̃]

J'irai me baigner
[ʒirembeɲe]

Le phare	Les Pyrénées	Les baigneurs	La montagne	L'océan
[lə faːr]	[le pirene]	[le bɛɲœːr]	[la mɔ̃taɲ]	[lɔseã]

CONVERSATION

1. D'où sort M. Vincent ? — **2.** Que voit-on sur sa poitrine ? — **3.** Que fait sa femme ? — **4.** Pourquoi M. Vincent veut-il rentrer à l'hôtel ? — **5.** Que dit-il à ses enfants ? — **6.** Avec quoi Hélène fait-elle ses pâtés ? — **7.** Quand ira-t-elle se baigner ? — **8.** Que fait Pierre ? — **9.** Que fait M. Vincent ? — **10.** Comment Hélène et Pierre sont-ils habillés ? — **11.** Que dit M. Vincent à son fils ? — **12.** Pierre sait-il nager ? — **13.** Que regarde M. Vincent ? — **14.** Combien de temps les Vincent resteront-ils à Biarritz ? — **15.** Où iront-ils ensuite ?

► EXERCICES ◄

I) **Conjuguez** *au* futur antérieur : *dormir une heure — finir la dictée — voir un film.*

II) **Trouvez** *dans la lecture les phrases qui contiennent un* futur antérieur. *Refaites ces phrases en mettant le futur antérieur au* passé composé *et le futur au* présent *de l'indicatif :*
(Ex. : *quand nous aurons nagé, nous reviendrons sur la plage = quand nous avons nagé, nous revenons sur la plage.*)

III) **Refaites les phrases** *suivantes avec* quand *suivi du* passé composé :
(Ex. : *On sonne. Pierre va ouvrir la porte = Quand on a sonné, Pierre va ouvrir la porte.*)
Nous prenons notre bain ; nous sortons de l'eau. — Pierre joue au ballon ; il va se baigner. — Hélène fait dix pâtés ; elle part avec son père. — Je fais une promenade ; je rentre à l'hôtel. — Elle lit le journal ; elle le donne à son mari. — L'horloge sonne ; nous nous levons. — Les enfants finissent de déjeuner ; ils vont jouer sur la plage avec leurs camarades.

IV) **Reprenez** *vos phrases de l'exercice III ; changez les temps des verbes. Dans chaque phrase il y aura un* futur antérieur *et un* futur. (Ex. : *Quand on aura sonné, Pierre ira ouvrir la porte.*)

V) *Dans le 1ᵉʳ paragraphe de la lecture,* **trouvez** : *a) les noms et les pronoms* sujets ; *b) les noms et les pronoms* objets directs ; *c) les* compléments de lieu *(noms et adverbes).*

VI) **Faites** *des phrases avec les noms :* maillot, sable, plage, tente, baigneur, villa.

VII) **Mettez** *les verbes :* prendre, nager, porter, faire, *dans des phrases au* futur antérieur.

VIII) **Analysez** *les mots suivants (dernier paragraphe de la lecture) :*
la — foule — reviennent — hôtel — auront passé — bord — océan.

IX) **Complétez** : *... nages mieux que lui ; je nage mieux que ... (2ᵉ personne du singulier). — ... (féminin) nagent mieux que nous ; ... nageons mieux que ... (3ᵉ personne du masculin singulier). — ... nagez mieux que ... (1ʳᵉ personne pluriel). — il nage mieux qu' ... (3ᵉ personne masculin pluriel).*

⇒ *Des pâtés :* l'enfant remplit le seau avec du *sable,* il le retourne, il le soulève ; le sable a pris la forme du seau : c'est *un pâté.* — Avec sa *pelle,* l'enfant *creuse* des *trous ;* le trou est *creux.* — Le ballon et la *balle* sont en *caoutchouc* (m.). — Le ballon est *mou,* la balle est *molle.* — Le fer est *dur.*

GRAMMAIRE

Le futur antérieur *(suite)*

Quand **je me serai promené,** je rentrerai à la maison

Quand **je serai rentré,** je déjeunerai

Les verbes qui ont le *passé composé* avec *ÊTRE*
ont aussi le *futur antérieur* avec *ÊTRE*

Je	**serai**	rentré		Je	*me*	**serai**	promené
Tu	**seras**	rentré		Tu	*te*	**seras**	promené
Il	**sera**	rentré		Il	*se*	**sera**	promené
(Elle	**sera**	rentrée)		(Elle	*se*	**sera**	promenée)
Nous	**serons**	rentrés		Nous	*nous*	**serons**	promenés
Vous	**serez**	rentrés		Vous	*vous*	**serez**	promenés
Ils	**seront**	rentrés		Ils	*se*	**seront**	promenés
(Elles	**seront**	rentrées)		(Elles	*se*	**seront**	promenées)

Dans les Pyrénées

Ce matin, M. Vincent et sa famille ont pris le **car** qui les a emportés à travers le pays basque, jusqu'aux Pyrénées... Les **touristes** (m.) ont mis pied à terre et ils admirent le **paysage.** « Allons plus loin, dit M. Vincent. Lorsque nous serons arrivés là-bas, au bout de ce **sentier,** nous verrons le **lac** de Gaube. » Sa femme et ses enfants le suivent. Voici le lac bleu, entouré de hautes montagnes et de **glaciers.** Comme l'**air** est **pur** et **calme**! On entend les clochettes des **vaches** (f.) que l'on voit là-haut, au-delà des **forêts** (f.).

Dans trois mois, quand la neige aura couvert les sommets et les **vallées** (f.), quand les **torrents** (m.) se seront tus *, le paysage sera beau et triste; mais personne ne viendra l'admirer. Là, on ne fait pas de **ski** (m.) : ce n'est pas une station de **sports** (m.) **d'hiver.** « Allons, il faut* redescendre... »

Près de la **cascade** du pont d'Espagne, le car attend les touristes. Dès qu'ils seront revenus, il les emmènera, sur la route bordée de **précipices** (m.), vers la **plaine,** vers la **célèbre** ville de Lourdes.

---

*Verbe *se taire.* — **Présent :** Je me ta**is,** tu te tais, il se tait, nous nous taisons, vous vous taisez, ils se taisent. **Futur** : Je me tairai. **Passé composé :** Je me suis tu. **Imparfait :** Je me taisais.

*Verbe *falloir* (seulement à la 3ᵉ personne du singulier).
Présent : Il faut. **Futur :** Il faudra. **Passé composé :** Il a fallu. **Imparfait :** Il fallait.

☆ *PRONONCIATION*

Le pays	Le paysage	Au bout de ce sentier
[lə pei]	[lə pɛiza:ʒ]	[o bu dsə sãtje]

Le lac bleu entouré de hautes montagnes
[lə lak blø ãture də o·t mõtaɲ]
La forêt
[la fɔrɛ]

Le ski	La cascade	Le précipice	La plaine	Lourdes
[lə ski]	[la kaskad]	[lə presipis]	[la plɛn]	[lurd]

CONVERSATION

1. Comment la famille Vincent est-elle allée jusqu'aux Pyrénées ? — **2.** Quel pays a-t-elle traversé ? — **3.** Que font les touristes maintenant ? — **4.** Où M. Vincent conduit-il sa femme et ses enfants ? — **5.** Que voient-ils au bout du sentier ? — **6.** Qu'y a-t-il autour du lac ? — **7.** Comment est l'air ? — **8.** Quand le paysage sera-t-il beau et triste ? — **9.** Fait-on du ski près de ce lac en hiver ? — **10.** Où est le car ? — **11.** Où va-t-il emmener les voyageurs ?

► *EXERCICES* ◄

I) **Trouvez** *dans le texte tous les verbes au* présent *et au* futur de l'indicatif. Mettez-les *à la première personne du singulier du* passé composé. **Conjuguez**-*les.*

II) **Prenez** *dans l'exercice I tous les* passés composés *avec* avoir, *et formez les* futurs antérieurs. *Conjuguez le premier verbe.* (Ex. : J'ai chanté, j'aurai chanté.)

III) **Prenez** *dans l'exercice I tous les* passés composés *avec* être, *et formez les* futurs antérieurs. *Conjuguez le premier verbe.* (Ex. : Je suis parti, je serai parti.)

IV) **Ecrivez** *les phrases suivantes, mais* commencez-les *par* quand : (Ex. : *On l'appelle, il vient* = Quand on l'appelle, il vient.) Elle arrive sur la plage ; elle court vers la mer. — Notre ami est sorti de la gare ; il prend un taxi. — Mon père est rentré ; nous déjeunons. — Il entre dans la salle de théâtre ; le spectacle commence. — Nous sommes revenus à l'hôtel ; le car nous emmène. — Je vous interroge ; vous répondez. — J'arrive au bout du sentier ; je vois le lac.

V) *Dans chaque phrase de l'exercice IV,* **mettez** quand + le futur antérieur + le futur. (Ex.: *Quand on l'aura appelé, il viendra.)*

VI) *Dans les phrases suivantes,* **mettez** *un* pronom relatif *ou l'*adverbe relatif *où :* J'admire le lac ... de hautes montagnes entourent. — Ce sont les vaches ...j'ai entendu les clochettes. — Bientôt la neige couvrira la montagne ... personne ne viendra se promener. — Voici le car ... emmènera les touristes.

VII) **Faites des phrases** *avec les* prépositions *suivantes :* à travers, jusqu'à, derrière, au-delà de, dans, près de, devant, vers. (Ex. : *On voit le lac à travers les arbres.)*

VIII) **Mettez** *dans les phrases suivantes :* a) *le verbe* se taire *au* futur antérieur ; b) *le verbe parler au* futur : *Quand je ..., tu .... — Quand il ..., nous .... . — Quand nous ..., elle ... . — Quand vous ..., je ... . — Quand ils ..., vous ... . — Quand tu ..., ils ... .*

A la montagne, les *orages* (m.) sont *terribles :* les *éclairs* (m.) qu'on voit, le *tonnerre* qu'on entend *font peur* aux enfants.

GRAMMAIRE

Le plus=que=parfait (de l'indicatif)

Hier, j'ai déjeuné à 8 heures. — Hier, j'ai travaillé à 9 heures.

J'ai travaillé à 9 heures; — j'**avais déjeuné** à 8 heures.

Le plus-que-parfait = une action *passée*, **avant** une autre action *passée*

On dit aussi : *quand j'avais travaillé, je déjeunais* (**répétition**).

Plus-que-parfait=imparfait de AVOIR ou ÊTRE+PARTICIPE PASSÉ

J'**avais** déjeuné	J'**étais** venu	Je **m'étais** promené
Tu **avais** déjeuné	Tu **étais** venu	Tu **t'étais** promené
Il **avait** déjeuné	Il **était** venu	Il **s'était** promené
Nous **avions** déjeuné	Nous **étions** venus	Nous **nous étions** promené**s**
Vous **aviez** déjeuné	Vous **étiez** venus	Vous **vous étiez** promené**s**
Ils **avaient** déjeuné	Ils **étaient** venus	Ils **s'étaient** promené**s**

Attention ! 1º Passé composé avec : J'AI.......;   *plus-que-parfait* avec J'AVAIS...
           2º Passé composé avec : JE SUIS.....;   *plus-que-parfait* avec J'ÉTAIS...
           3º Passé composé avec : JE ME SUIS..; *plus-que-parfait* avec JE M'ÉTAIS...

A la campagne. — La chasse et la pêche

Avant de rentrer à Paris, les Vincent ont passé huit jours à **la campagne**, près de Reims, dans une maison de M. Legrand. C'était au mois de septembre. M. Vincent était allé à Reims où il avait acheté un bon **fusil**. Un matin, très tôt, les deux **chasseurs** sont partis, le fusil sur l'épaule, les **cartouches** (f.) à la **ceinture**. Pierre et Jean portaient les **gibecières** (f.) que M. Legrand leur avait prêtées . Dick, le chien de chasse, courait devant eux. Ils ont marché toute la matinée à travers champs. M. Legrand et M. Vincent **ont tué** beaucoup de **perdreaux** (m.), de **lapins** et de **lièvres**, car ils **tirent** bien. Vers midi, ils sont rentrés à la maison et les jeunes garçons **ont vidé** leur sac, plein de **gibier** (m.).

Une autre fois, M. Legrand a emmené son ami à la **pêche**. Ils sont allés en auto au bord d'une petite **rivière**, sous les arbres. Ils y ont jeté leurs **lignes** (f.). Le soir quand ils sont revenus, ils avaient pêché des **goujons** (m.), et un beau **brochet** (m.): Mme Legrand a mis le brochet au four et, pour les enfants, elle a fait une **friture** avec les goujons.

☆ *PRONONCIATION*

La chasse
[la ʃas]

La gibecière
[la ʒibsjɛːr]

Un fusil et des cartouches
[œ̃ fyzi e de kartuʃ]

Une rivière sous les arbres
[yn rivjɛːr su lezarbr]

A travers champs
a travɛ.r ʃɑ̃]

Le goujon   Le brochet
[lə guʒõ]   [lə brɔʃɛ]

CONVERSATION

A) **1.** Combien de temps les Vincent ont-ils passé à la campagne ? — **2.** Quand sont-ils allés en Champagne ? — **3.** Chez qui étaient-ils ? — **4.** Où M. Vincent était-il allé acheter son fusil ? — **5.** Quand nos amis sont-ils partis pour la chasse ? — **6.** Qu'avaient-ils sur l'épaule et à la ceinture? — **7.** Que portaient Pierre et Jean ? —

8. Qui courait devant eux? — **9.** Est-ce qu'ils ont fait une bonne chasse ? — **10.** Où sont-ils allés une autre fois ? — **11.** Quels poissons ont-ils pêchés? — **12.** Qu'est-ce que Mme Legrand a fait ?

B) Interrogez vos camarades sur les images.

▶ **EXERCICES** ◀

I) **Mettez** *tous les verbes de la lecture à la première personne du pluriel du* passé composé.

II) **Prenez** *dans l'exercice I tous les passés composés avec : AVOIR et ÊTRE et* **faites** *des* plus-que-parfaits. *Conjuguez les plus-que-parfaits.*

III) **Complétez les phrases** *suivantes.* **Mettez** *au* plus-que-parfait *les verbes entre parenthèses.* (Ex. : *Quand nous avons sonné, vous (finir) de déjeuner = Quand nous avons sonné, vous aviez fini de déjeuner.*)
Quand mon ami est arrivé, je (finir) mon travail depuis cinq minutes. — Quand tu m'as appelé, je (terminer) cette lettre. — Quand les Vincent sont arrivés en France, ils (quitter) le Canada depuis huit jours. — Quand le bateau est entré dans le port du Havre, il (faire) quatre mille kilomètres. — Quand elle est venue en France, elle (étudier déjà) le français.

IV) **Refaites les phrases** *suivantes, mais* **commencez**-*les par :* hier ; *vous* **mettrez** *le premier verbe au* passé composé *et le deuxième au* plus-que-parfait.
(Ex.: *Pierre achète un stylo; il a perdu le sien = Hier, Pierre a acheté un stylo; il avait perdu le sien.) Je vais chez les Legrand ; ils m'ont invité à dîner. — M. Vincent arrive en France ; son directeur l'a nommé correspondant du « Courrier de Montréal ». — Tu parles et je t'ai dit de te taire. — Les spectateurs sortent contents du théâtre; ils ont vu une belle comédie.*

V) **Complétez les phrases** *suivantes.* **Mettez** *au temps convenable les verbes entre parenthèses.* (Ex. : *Quand nous (finir) la dictée, nous fermions nos cahiers = Quand nous avions fini la dictée, nous fermions nos cahiers.)*
Quand nous (travailler), nous allions à la pêche. — Aussitôt que M. Legrand (siffler), Dick arrivait. — Lorsque nous (prendre) du poisson, nous le rapporterons à la maison. — Quand nous (faire) une belle promenade, nous étions heureux. — Aussitôt que le chef de gare (donner) le signal, le train partira. — Quand on (lever) le rideau, la pièce commençait. — Quand vous (déjeuner), vous sortirez.

VI) **Faites** des phrases avec : *chasser, pêcher, tirer, chasseur, fusil, chien de chasse, rivière.*

Le pêcheur prend le poisson avec un *filet* ou une *ligne.* — Le fusil est une *arme.* — Les soldats font la *guerre* avec leurs armes. La guerre ≠ la *paix.*

La moisson et les vendanges

La moisson.

M. Legrand a une grande **ferme** avec des **champs** (m.) et des **vignes** (f.). La **récolte** (f.) a été belle cette année ; mais lorsque les Vincent sont arrivés en Champagne (f.), déjà les **moisson-neurs** avaient fini leur travail. Ils avaient **fauché** le **blé** et ils avaient mis dans les **granges** (f.) les **gerbes** dorées.

Mais nos amis ont **assisté** aux **vendanges** (f.). Et c'était bien amusant.

L'après-midi, quand on avait déjeuné, on allait avec les **vendangeurs** dans les vignes. On **cueillait*** gaiement les **grappes** blanches et noires. On suivait le **chariot** plein de **raisin** jusqu'au **pressoir**. On buvait un peu de vin doux. On visitait les caves pleines de gros **tonneaux** (m.), et où les

Les vendanges.

bouteilles de Champagne **vieillissaient** lentement.

La cave.

Rien ≠ tout
personne ≠ tout le monde
un peu de ≠ beaucoup de —

* Verbe *cueillir*. — **Présent :** Je cueille, tu cueilles il cueille, nous cueillons, vous cueillez, ils cueillent. **Futur : Je cueillerai. — Passé composé :** J'ai cueilli. — **Imparfait :** Je cueillais.

☆ *PRONONCIATION*

Une ferme avec des champs et des vignes [yn fɛrm avɛk de ʃɑ̃ e de viɲ]	La moisson [la mwasɔ̃]	Faucher le blé [foʃelble]
Une gerbe dorée [yn ʒɛrbə dɔre]	Le pressoir [lə prɛswa : r]	On cueillait le raisin [ɔ̃ kœjɛ lrɛzɛ̃]	Les vendanges [le vɑ̃dɑ̃ : ʒ]

CONVERSATION

A) **1.** Qu'y a-t-il dans la ferme de M. Legrand ? — **2.** Pourquoi les Vincent n'ont-ils pas assisté à la moisson ? — **3.** Quel est le travail des moissonneurs ? — **4.** Où les moissonneurs mettent-ils le blé ? — **5.** A quel travail nos amis ont-ils assisté ? — **6.** Que faisait-on l'après-midi ? —

7. Que voyait-on dans les vignes ? — **8.** Dans quoi porte-t-on le raisin au pressoir ? — **9.** Qu'est-ce que les Vincent buvaient ? — **10.** Que visitaient-ils ? — **11.** Qu'y avait-il dans les caves ?

B) Décrivons ensemble les images.

▶ *EXERCICES* ◀

I) **Écrivez** *aux* trois formes : *a) du* passé composé ; *b) du* futur ; *c) de l'*imparfait : *Il cueille des fruits. — Tu possèdes une maison. — Ils meurent de faim. — Nous nous levons de bonne heure.*

II) **Faites** *des phrases à l'imparfait avec les noms:* champs, blé, vigne, ferme, vendanges, chariot, grappe.

III) **Mettez** *une conjonction de temps (quand, lorsque) au début de chaque phrase :*
(Ex.: *J'ai couru, je suis fatigué = Quand j'ai couru, je suis fatigué.*)
On a terminé la moisson, on fait les vendanges. — Les fermiers ont donné le signal, tous partent pour les champs. — Midi a sonné, il faut tout de suite se mettre à table. — On a rentré les gerbes, les champs paraissent vides. — J'ai bu du vin doux, je suis gai. — Il a regardé les pressoirs, il visite les caves.

IV) *Dans les phrases de l'exercice III,* **mettez** *des futurs et des futurs antérieurs.*
(Ex. : *Quand j'aurai couru, je serai fatigué.*)

V) *Dans les phrases de l'exercice III,* **mettez** *des imparfaits et des plus-que-parfaits.*
(Ex. : *Quand j'avais couru, j'étais fatigué.*)

VI) *Dans le 2e paragraphe de la lecture,* **analysez** *les mots :*
Nos (amis) — ont assisté — vendanges — c' — était.

VII) **Attention** *au mot ce; il peut* **être** *pronom ou adjectif. Analysez ce mot dans les phrases suivantes :*
Buvez ce vin. — Ce n'est pas du champagne, c'est du bordeaux. — Ce sont les enfants de M. Vincent. — Écoutez ce concert.

VIII) **Écrivez** *à la forme interrogative les phrases de la lecture qui commencent par :*
M. Legrand a ... . — La récolte ... . — Ils avaient fauché ... .

IX) **Écrivez** *les formes du comparatif et du superlatif de l'adjectif beau. Faites une phrase avec chaque forme (à propos de la moisson ou des vendanges).*

X) **Complétez** *avec le verbe cueillir : Demain vous ... des pommes; quand vous les ... ..., vous les porterez dans la cuisine. — Hier nous ... des pommes, quand la pluie a commencé à tomber. — J'ai rapporté à la maison des pommes que ... ...*

Le *cultivateur cultive* la terre. (La *culture.*) Il *laboure* la terre avec la *charrue;* puis il *sème* le *grain.*

En Champagne. — Les animaux de la ferme

Dans la ferme de M. Legrand, Hélène est allée dire bonjour aux animaux. Les **moutons** (m.) [1], n'étaient pas rentrés du **pâturage**. Mais dans les **étables** (f.), elle a vu des **bœufs**, des **vaches** (f.) [2] et des **veaux** (m.) [3] et aussi de gros **porcs** (m.) [4]. Dans la **cour**, un **coq** (m.) [5] se promenait **fièrement**, au milieu des **poules** (f.) [6] et des **poussins** (m.). Des **canards** (m.) [7] nageaient dans la **mare**. Des **dindons** (m.)[8] et des **oies** (f.) [9] allaient et venaient lentement. Sur le toit, les **pigeons** (m.) [10] dormaient, la tête sous l'aile. Dans une **cabane**, les **lapins** (m.) [11] montraient leur nez ; Hélène leur a donné des feuilles de choux.

Pierre, lui, était allé déjà vers le **hangar** des **machines** (f.) **agricoles**, il avait visité l'**écurie** (f.) et l'**abreuvoir** (m.) où un **âne** aux longues oreilles et deux chevaux étaient **en train de** boire ; un joli **poulain** courait autour de sa mère, une **jument** grise.

Et pendant ce temps, l'olka, le gros chien de **garde** (f.), **tirait** sur sa **chaîne** et **aboyait** pour appeler les enfants, avec qui il voulait jouer.

Un animal, ou une *bête*. La vache est une bête à *cornes* (f.). La chèvre aussi a des cornes *pointues*.

Le mouton (**bêle** v. bêler I). **bê !**	Le mouton, la **brebis**, l'agneau.
La vache **mugit** (v. mugir II). **meuh !**	Le taureau, le bœuf, la **vache**, le veau.
Le cheval **hennit** (v. hennir II).	Le cheval, la **jument**, le poulain.
Le pigeon **roucoule** (v. roucouler I).	L'âne, l'**ânesse**, l'ânon.
Le coq **chante** (v. chanter I). **cocorico !**	Le pigeon, la **pigeonne**.
Le porc (le *cochon*) **grogne** (v. grogner I).	Le coq, la **poule**, le poussin.
Le chien **aboie** (v. aboyer I). **oua ! oua !**	Le porc, la **truie**.
[Se conjugue comme *nettoyer*.] (l. 43).	Le chien, la **chienne**.
Le chat **miaule** (v. miauler I). **miaou !**	Le chat, la **chatte**.

☆ *PRONONCIATION*

Les moutons
[le mutõ]

Le bœuf, les bœufs
[le bœf, le bø]

Le porc, les porcs
[lə pɔːr le pɔːr]

Les canards nageaient dans la mare
[le kanaːr naʒɛ dã la maːr]

Des oies et des dindons
[dezwa e de dẽdõ]

Le pigeon
[lə piʒõ]

Le poulain
[lə pulẽ]

L'abreuvoir
[labrœvwaːr]

CONVERSATION

A) **1.** Qu'est-ce qu'Hélène est allée voir dans la ferme ? — **2.** Y avait-il des moutons ? — **3.** Que faisait le coq ? — **4.** Que faisaient les canards ? — **5.** Les dindons et les oies marchaient-ils rapidement ? — **6.** Est-ce qu'Hélène a donné quelque chose aux lapins ? — **7.** Où étaient les chevaux ? — **8.** Pourquoi le chien de garde aboyait-il ?

B) Interrogez vos camarades sur les images.

► *EXERCICES* ◄ I) **Conjuguez** *au* présent, *à l'*imparfait, *au* futur *et au* plus-que-parfait : *se promener lentement — boire de l'eau — visiter l'écurie.*

II) **Mettez** *les verbes de la lecture à la* **1**re *personne du* pluriel *du* passé composé. *Faites* **deux** *groupes* (avoir *et* être). (Ex. : *nous* avons *parlé;* nous *sommes* sortis.)

III) **Prenez** *dans l'exercice II tous les* passés composés *avec* être. *Faites des* plus-que-parfaits. (Ex. : *Nous sommes descendus, nous étions descendus.*)

IV) **Refaites les phrases** *suivantes. Mettez au* passé composé *les verbes qui sont au* présent, *et au* plus-que-parfait *les verbes qui sont au* passé composé. (Ex. : *Nous arrivons chez nos amis, ils sont sortis = nous sommes arrivés chez nos amis; ils étaient sortis*): J'arrive *chez M. Vincent, il est sorti. — Je demande M. Vincent, il n'est pas rentré. — Je ne trouve pas mes amis chez eux, ils sont allés au théâtre. — Vous regardez les beaux poussins, ils sont nés depuis quelques jours. — Je vois un poulain sans sa mère, elle est morte depuis peu de temps.*

V) **Complétez** *les phrases suivantes; mettez au* plus-que-parfait *les verbes entre parenthèses.* (Ex. : *Dès que nous* (monter) *dans nos chambres, nous nous couchions = Dès que nous étions montés dans nos chambres, nous nous couchions):* Tous les matins, quand les messieurs (aller) *à la chasse, Mme Vincent et Mme Legrand faisaient une promenade. — Dès que nous* (rentrer), *nous nous mettions à table. — Après qu'Hélène* (descendre) *de sa chambre, elle allait voir les poules et les poussins. — Quand les pêcheurs* (arriver) *près de la rivière, ils jetaient leurs lignes dans l'eau. — Après que la neige* (tomber), *les champs paraissaient blancs.*

VI) **Refaites les phrases** *de l'exercice V avec des* futurs antérieurs *et des* futurs. (Ex. : *Dès que nous serons montés dans nos chambres, nous nous coucherons.*)

VII) *Dans les phrases suivantes,* **changez** *le nombre* (singulier *ou* pluriel) *des noms et pronoms soulignés :* Dans une cabane, voici des lapins gris et des lapins noirs. — Hélène leur a donné des feuilles de choux. — Polka, le gros chien de garde, aboyait pour appeler les enfants. — Un poulain regardait sa mère, une belle jument grise, et courait autour d'elle.

VIII) **Analysez** *les mots de cette phrase :* Dans une cabane, les lapins montraient leur nez ; Hélène leur a donné des feuilles de choux.

En été, les vaches mangent l'*herbe* verte des *prairies* (f.). En hiver elles mangent le *foin* qui est *sec*. La mouche est un *insecte*. Le *moustique* aussi est un insecte; il *pique*. — Le chien *mord* (mordre, comme entendre).

Revision et variétés. Leçons 56 à 60

□ *VOCABULAIRE, PRONONCIATION* □

○ LEÇON 56 ─────────────────────────

	NOMS			VERBES	MOT INVARIABLE
le **mai**llot	la partie		la colline	se baigner	lorsque
le **pâ**té	la pla**ge** [ʒ]		la goutte	sécher	
le phare	la va**gue** [g]		la ligne		EXPRESSION
le sable	la mon**tagne** [aɲ]		la mer		au bord de.....
───────			la pelle		
le baigneur			les Pyrénées		
le ballon			la tente		
le slip					
le seau					

○ LEÇON 57 ─────────────────────────

	NOMS	VERBES	ADJECTIFS	EXPRESSIONS
le **cha**let	la clochette	*falloir*	basque (m. f.)	au-delà de.....
le **pay**sa**ge**	la vache	*redescendre*	calme (m. f.)	mettre pied à terre
───────	la ré**gi**on	*se taire*	célèbre (m. f.)	à travers.....
l'air			pur-pure	
le car	───────			
le **gla**cier	la cascade			
le lac	la forêt			
le paysage	la plaine			
le précipice	la vallée			
le sentier				
le ski				
le sport				
le torrent				
le touriste				

Verbe *falloir* : Il fau*t*, il faudra, il a *fallu*.

Verbe *redescendre* : Je redescends, nous *redes=cend*ons ; je redescendrai ; je suis *redescendu.*

Verbe *se taire* : Je me tai*s*, nous nous *tais*ons ; je me tairai ; je me suis *tu.*

○ LEÇON 58 ─────────────────────────

	NOMS		VERBES
le bro**ch**et	la fri**ture**	la chasse	pêcher
le **ch**amp	l'ouver**ture**	la campagne	prêter
le **ch**asseur	la pê**ch**e	la ligne	tirer
le **gi**bier	la **gi**becière	la rivière	tuer
le goujon	───────		vider
───────	la cartouche		
le fusil			EXPRESSION
le lapin			à travers champs
le lièvre			
le perdreau			

○ LEÇON 59 ──

NOMS		VERBES	ADJECTIF
le moissonn**eur**	la **m**oisson	*cueillir*	doux-douce
le vendang**eur**	────────	assister	
le press**oir**	la ferme	faucher	
────────	la gerbe	vieillir	
le blé	la grange		
le chariot	la grappe		
le raisin	la récolte		
le tonneau	les vendanges		
	la vigne		

Verbe   Je cueill*e*,
cueillir :   nous *cueill*ons ;
(comme je *marche)*
je cueill*e*rai ;
j'ai *cueilli*.

○ LEÇON 60 ──

	NOMS		VERBES	ADJECTIFS
le **b**œuf [bœf]	le coq	la ju**ment**	aboyer	agricole (m. f.)
les **b**œufs [bø:]	le hangar	l'**oie**	bêler	joli-jolie
le **d**ind**on**	le pâturage	────────	grogner	
l'**a**breuv**oir**	le porc	la brebis	hennir (2ᵉ gr.)	
le **pi**geon	le poulain	la chaîne	miauler	ADVERBE
le **ch**eval	le poussin	la vache	mugir (2ᵉ gr.)	fièrement
le **v**eau		la cabane	roucouler	
l'agneau		l'écurie	tirer	
────────		l'étable		EXPRESSION
l'âne		la garde		être en train de...
le canard		la machine		
		la mare		
		la poule		

──

□ *EXERCICES* □

I) *Qui est-ce qui hennit? — Qui est-ce qui grogne? — Qui est-ce qui bêle? — Qui est-ce qui mugit? — Qui est-ce qui roucoule? — Qui est-ce qui aboie? — Qui est-ce qui miaule? — Quels animaux chantent?*

II) *Dans les phrases suivantes* **changez** *le verbe, si c'est nécessaire : le bœuf mugit — le porc miaule — le mouton aboie — le cheval hennit — le pigeon grogne — le coq chante.*

III) **Donnez** *le masculin et le féminin de : la brebis, le chat, la vache, le chien, la jument, le porc, la pigeonne, le coq, le cheval, la poule, la truie, la chatte, le bœuf, la chienne, le mouton.*

IV) **Quel est le petit** *de la jument ? — de la poule ? — de la brebis ? — de la vache ? — de l'ânesse ?*

□ *DICTÉES* □

1) Il y a beaucoup de monde sur la plage. De nombreux baigneurs font sécher leur poitrine mouillée, leurs jambes et leur dos au soleil. Voici une petite fille dans son maillot rouge. Elle travaille, elle fait des pâtés de sable avec son seau et sa pelle. Elle se baignera quand elle aura fini. Des garçons font une partie de ballon. Au loin, on voit la mer bleue, à droite, un phare blanc, à gauche, des collines vertes.

2) Le car roule sur la route au bord des précipices. M. Vincent et sa famille viennent de voir un beau paysage. C'était un lac bleu, entouré de hautes montagnes. On respirait un air pur. On entendait les clochettes des vaches que l'on voyait là-haut. Les Vincent n'oublieront pas la belle promenade qu'ils ont faite.

3) A la campagne, où ils ont passé une partie du mois de septembre, les Vincent ont eu beaucoup de plaisir. Souvent, le matin, les hommes allaient à la chasse. Pierre portait la gibecière que M. Legrand lui avait confiée. Le chien de chasse courait devant eux, à travers champs. On rentrait vers midi ; il y avait du gibier dans le sac ; des perdreaux, des lapins et des lièvres. Souvent aussi, nos amis allaient à la pêche. Ils jetaient leur ligne dans une petite rivière, sous les arbres. Ils prenaient des goujons et des brochets.

4) A la campagne, on travaille beaucoup en été et en automne. D'abord les moissonneurs font la moisson. Ils fauchent le blé et ils portent les gerbes dorées dans les granges. Avec ce blé on fera le pain.

Ensuite, c'est la saison des vendanges. Les vendangeurs cueillent les grappes de raisin blanc ou noir et, dans des chariots, on les porte jusqu'au pressoir. Là on fait le vin. On le mettra dans des tonneaux, puis dans des bouteilles. Les vins de France sont excellents.

5) Entrons dans la grande cour de la ferme. Voici devant nous la maison des fermiers ; à gauche, l'écurie et l'étable ; plus loin les cabanes à lapins, et, tout au fond, le hangar des machines agricoles.

Regardez la mare où nagent les canards. Le coq, les poules, les poussins, les dindons et les oies vont et viennent. Près de l'abreuvoir, vous voyez deux chevaux, une jument et un poulain. Les bœufs sont aux champs ; les vaches et les moutons ne sont pas encore rentrés du pâturage. Dites bonjour en passant à ce bon chien de garde et venez admirer le jardin.

□ *DIALOGUES* □

1. — **La montagne**

« *Tiens ! vous voilà ? Vous êtes revenu de vacances ? Êtes-vous allé à la mer ?*
— Non, j'ai passé trois semaines à la montagne, dans les Pyrénées.
— *Où habitiez-vous ?*
— J'avais une chambre dans un petit hôtel très confortable. J'ai, enfin, bien dormi !
— *Oui, l'air de la montagne est très pur. Avez-vous fait des promenades ?*
— Oh ! oui, notamment à Gavarnie. Le paysage était magnifique. Quels splendides sommets !

— *Êtes-vous monté très haut ?*

— Nous avons pris un guide. Il connaissait bien les sentiers et nous a conduits jusqu'au sommet d'un pic. Nous avons traversé des forêts de sapins. Nous avons longé des précipices. La vue, là-haut, était de toute beauté.

— *Je vois que vous êtes content de votre séjour.*

— J'en suis enchanté. Je retournerai dans la montagne cet hiver. Elle doit être encore plus belle lorsque la neige la couvre. »

2. — Sur la plage

« *C'est la première fois que je vois une plage de France. Que de monde !*

— Le spectacle est curieux, n'est-ce-pas ?

— *A quoi servent ces petites maisons de bois ?*

— Ce sont des cabines. Les baigneurs s'y déshabillent et mettent leur costume de bain, leur maillot ou leur slip.

— *Il y a de bien jolies baigneuses.*

— Regardez ces enfants qui construisent une maison de sable et qui font des pâtés avec leurs pelles et leurs seaux.

— *Et ces fillettes qui ramassent des coquillages pour faire des bracelets et des colliers. Les petites filles sont aussi coquettes que leurs mamans.*

— Attention à ces jeunes garçons qui jouent au ballon. Les plages françaises sont très gaies. Vous vous amuserez bien ici.

— *Je pourrai aussi admirer la mer. J'aime les vagues bleues bordées d'écume; j'aime regarder les barques, les bateaux à voiles qui reviennent de la pêche.*

— Vous pourrez même faire de belles promenades sur l'eau. »

3. — La chasse et la pêche

« *Votre sac est lourd, mon ami. Je vois que la chasse a été bonne.*

— Oui, assez bonne. Je suis parti ce matin avec mon chien de chasse et je rentre seulement maintenant. Il va être sept heures.

— *Y avait-il beaucoup de gibier ?*

— Il y en avait moins que l'année dernière. J'ai marché toute la matinée à travers champs et au bord des haies sans voir un seul lapin.

— *Pourtant votre gibecière est pleine... Avez-vous acheté votre gibier chez le marchand ?...*

— Non : cet après-midi, j'ai tué les perdreaux et le lièvre que vous voyez dans mon sac.

— *Je sais que vous êtes un excellent tireur.*

— J'ai surtout un bon fusil. Vous aimez certainement les perdreaux, cher ami. Permettez-moi de vous en offrir un.

— *Oh ! merci. Ma femme prépare très bien les perdrix aux choux. Mais à mon tour laissez-moi vous donner ce brochet.*

— Il est magnifique. Vous êtes pêcheur ?

— *Oui : je n'aime pas courir la campagne comme les chasseurs, mais j'adore la pêche. Je prends ma bicyclette et je vais jusqu'à la petite rivière. Là, je m'assieds au bord de l'eau, à l'ombre des arbres, et je jette ma ligne. J'attends tranquillement. Quelquefois le poisson mord.*

— Avez-vous fait bonne pêche aujourd'hui ?

— *Assez bonne, j'ai pris deux brochets et une quantité de goujons. Mes enfants aiment beaucoup la friture. Ils vont se régaler. »*

GRAMMAIRE

Le participe présent	Le gérondif
Je vois un chien **courant** dans le jardin	Je suis tombé...
= *qui court* dans le jardin	
= *en train de courir* dans le jardin.	*comment ?*
Courant est le *participe présent* du verbe *courir*.	**...en courant**

Pour faire le participe présent d'un verbe,
cherchez la 1re *personne du pluriel du présent* de l'indicatif;
remplacez la terminaison ONS par la terminaison ANT

1er groupe	2e groupe	3e groupe
aim**ons**	finiss**ons**	voy**ons**
aim**ant**	finiss**ant**	voy**ant**

Pour faire
un gérondif,
mettez en
devant
le participe
présent :

Attention !   Le participe présent est généralement *invariable*.
Je vois des chiens *courant* dans le jardin.
Je vois des chiennes *courant* dans le jardin.

avoir : *ayant*   être : *étant*   savoir : *sachant*

en courant
en aimant
en finissant

Un mariage à la campagne

Hier, la fille du fermier, Madeleine Lefèvre a épousé un riche **paysan**, Jules Lambert. M. Legrand, qui est le **maire** du **village**, a mis son écharpe (f.) **tricolore** pour le mariage **civil.** Parlant aux **fiancés**, il a dit : « Monsieur Jules Lambert, voulez-vous prendre pour **épouse** Mademoiselle Madeleine Lefèvre ? — Oui ! — Mademoiselle Madeleine Lefèvre, voulez-vous prendre pour **époux** M. Jules Lambert ? — Oui ! — Au nom de la **loi,** vous êtes **unis** par le mariage ». Et M. le maire a fait un petit **discours.**

Puis, on est allé à l'église du village pour le mariage **religieux.** Les deux époux ont entendu la **messe.** M. le curé, l'abbé Dupré, a fait aussi un petit discours.

Enfin, vers midi, on est revenu à la ferme. On marchait à pied, derrière deux musiciens qui jouaient de vieilles **danses :** en tête venait la **mariée,** donnant le bras à son mari; puis M. Lefèvre donnant le bras à la belle-mère de sa fille, ensuite le père de Jules Lambert avec Mme Lefèvre, **les garçons d'honneur** avec les **demoiselles d'honneur**. Les autres **invités** suivaient en chantant . On est entré dans le hangar **décoré** de fleurs, où le **banquet** était servi. On a mangé beaucoup et longtemps. Puis on a **dansé** toute la nuit.

Tricolore : qui a *3 couleurs ;* le drapeau français, le drapeau italien sont tricolores.
Riche ≠ *pauvre*
Épouser. — *Naître* (l. 48). — *Mourir* (l. 55). — Le *mariage*, la *naissance*, la *mort* (f.).

► EXERCICES ◄

I) *Dans les* deux *premiers paragraphes de la lecture,* **cherchez** *tous les verbes au* mode indicatif. *Écrivez-les :* a) *à la* 1ʳᵉ *personne du pluriel du* présent de l'indicatif ; b) *au* participe présent.

II) **Remplacez** *les mots soulignés par le* participe présent :
(Ex. : Le photographe qui parlait *avec un client ne m'a pas reconnu* = Le photographe parlant *avec un client ne m'a pas reconnu.)*
J'aperçois le maire qui met *son écharpe tricolore. — Je vois les deux époux* qui sortent *de la mairie.* — *Sur la route, la foule regardait le cortège* qui revenait *à la ferme. — Deux musiciens,* qui jouaient *de vieilles danses, marchaient devant les mariés. — Nous avons une bonne* qui sait *le hongrois.*

III) **Refaites** *les phrases suivantes avec des* participes présents :
(Ex. : J'ai écouté le professeur en train d'expliquer *la leçon* = J'ai écouté le professeur expliquant *la leçon.)*
J'ai rencontré les mariés en train de revenir *à la ferme. — Mon père,* en train de lire *son journal, n'écoutait pas la musique. — Je ne parlais pas aux enfants* en train de jouer *dans la cour. — J'ai trouvé ma sœur* en train d'écrire *une lettre dans sa chambre.*

IV) **Refaites** *les phrases suivantes ;* **répondez** *par des* gérondifs *à la question* comment ?
(Ex. : Réveillez-moi demain matin ... comment ? ... Vous frapperez à ma porte = Réveillez-moi demain matin en frappant à *ma porte.)*
Il est arrivé ... comment ?... Il courait. — Nous sommes revenus à la ferme ... comment ?... Nous chantions — *Vous apprendrez le français ... comment ?...* Vous travaillerez beaucoup. — *Il me quitte ... comment ? ... Il sourit. — Tu es entré dans la salle à manger ... comment ? ...* Tu faisais beaucoup de bruit. — *Vous ferez plaisir à vos parents ... comment ? ...* Vous étudierez le français. — *Les musiciens marchaient devant les mariés ... comment ?...* Ils jouaient de vieilles danses.

V) **Refaites** *les phrases suivantes ;* **répondez** *par des* gérondifs *à la question* **quand** ?
(Ex. : Il a fait sa toilette ... quand ? ... quand il s'est levé == Il a fait sa toilette en se levant.)
J'ai trouvé mon ami chez moi ... quand ? ... quand je suis rentré. — *Dites-nous « au revoir »... quand ? ...* quand vous partirez. — *Ils iront à l'hôtel ... quand? ...* quand ils arriveront à la gare. — *Tu as fait ton travail ... quand ? ...* quand tu es revenu de ta promenade. — *Je pensais à cela ... quand ? ...* quand je sortais du théâtre. — *Les dames ont vu une belle robe ... quand ? ...* quand elles son passées devant un magasin. — *Réveille-moi demain matin ... quand ? ...* quand tu partiras. — *Je vous ferai une visite... quand?...* quand je reviendrai de Paris.

Elle fait un beau mariage : elle *a de la chance!* — je *deviens* **riche** ≠ Je *reste* **pauvre**.

La fête du village

La veille de leur retour à Paris, les Vincent ont assisté à la **fête** du village. Dès sept heures du matin, les **pompiers** sont venus réveiller M. le maire en jouant du tambour et du **clairon**; puis, sur la place de l'église, ils ont fait l'**exercice** avec les **pompes** (f.) à **incendie** (m.).

Pendant ce temps, M. Legrand donnait le départ de la « grande course de bicyclettes (f.) » : trente kilomètres !

Puis M. le curé a chanté la **grand-messe**.

L'après-midi, il y a eu un **concours** de **boules** (f.) sur la place de la Mairie, et les jeunes gens ont fait une course en **sacs** (m.). Hélène et Pierre riaient aux larmes. Sautant, tombant, les coureurs, dans leurs sacs, ressemblaient aux guignols du Luxembourg. Pendant ce temps, d'autres jeunes gens montaient au **mât de cocagne** pour **décrocher**

des jambons, des bouteilles de vin et des saucisses. Et les enfants **tournaient** sur les chevaux de bois ou montaient dans les **balançoires** (f.).

Le soir, M. Legrand a donné un beau **feu d'artifice**. Et les gens du village criaient « oh ! » et « ah ! » en voyant les **fusées** rouges ou bleues ou en entendant les **bombes** (f.).

☆ *PRONONCIATION*

Les pompiers font l'exercice avec les pompes à incendie
[le pɔ̃pje fɔ̃ legzɛrsis avɛk le pɔ̃·p a ɛ̃sɑ̃di]

Une course de trente kilomètres
[yn kurs də trɑ̃·t kilɔmɛtr]

La grand-messe
[la grɑ̃mɛs]

Un concours
[œ̃ kɔ̃ku:r]

Les chevaux de bois
[le ʃvodbwɑ]

Les balançoires
[le balɑ̃swa:r]

Le mât de cocagne
[lə mɑ dkɔkaŋ]

Le feu d'artifice
[lə fø dartifis]

CONVERSATION •

A) **1.** Quand les Vincent ont-ils assisté à la fête du village ? — **2.** Qui a réveillé M. Legrand ? — **3.** Comment l'a-t-on réveillé ? — **4.** Où les pompiers ont-ils défilé ? — **5.** Qu'ont-ils fait ensuite ? — **6.** Qui a donné le départ de la course de bicyclettes ?—**7.** Qui a chanté la grand-messe ?— **8.** Qu'est-ce qu'il y a eu devant la mairie, l'après-midi ? — **9.** Pourquoi Hélène et Pierre riaient-ils en regardant la course en sacs ? — **10.** Pourquoi les jeunes gens montaient-ils au mât de cocagne ? —**11.** Qui a donné un feu d'artifice ?—**12.** Que faisaient les spectateurs ?

B) Interrogez vos camarades sur les images.

► *EXERCICES* ◄

I) **Refaites** *les phrases suivantes en mettant au* participe *les verbes :* être, savoir, avoir *(leçon 61).*
(Ex. : *Mon père est fatigué, (il) restera au lit : Mon père étant fatigué, restera au lit.*)
Mon père était malade, (il) n'a pas assisté à la fête. — *J'ai une bicyclette, (je) suivrai la course cycliste.* — *M. Legrand sait jouer aux boules, (il) joue cet après-midi sur la place de la Mairie.* — *Les joueurs sont très nombreux, (ils) remplissent la place.* — *(Vous) ne savez pas monter au mât de cocagne, vous ne décrocherez pas le jambon.*

II) **Mettez** *au* gérondif *les mots entre parenthèses.* (Ex. : *Nous applaudissons (nous regardions) passer les coureurs : nous applaudissions en regardant passer les coureurs.*) — *Les pompiers ont joué du tambour et du clairon (et défilé) dans le village.* — *Les jeunes gens couraient (et faisaient) rire la foule.* — *Des garçons décrochaient des jambons (montaient) au mât de cocagne.* — *Les villageois regardaient le feu d'artifice (et criaient)* « *bravo !* ». — *(Quand il a entendu) la musique des pompiers, M. Legrand s'est réveillé.* — *Je suis tombé (je courais).* — *Je vois les joueurs de boules (quand j'arrive) sur la place.*

III) **Mettez** quand, *ou* dès que, *et un* futur antérieur :
(Ex. : *Mon père reviendra (et) nous déjeunerons : Dès que mon père sera revenu, nous déjeunerons.*)
Les pompiers réveilleront M. Legrand (puis) ils feront l'exercice sur la place. — *M. Legrand donnera le signal (et) les coureurs partiront sur leurs bicyclettes.* — *M. le curé chantera la grand-messe, (ensuite) tout le monde ira déjeuner.* — *Nous déjeunerons (puis) nous reviendrons sur la place.* — *Il montera au mât de cocagne (ensuite) il fera la course en sacs.* — *Je décrocherai un jambon (et) je te le donnerai.* — *Vous rentrerez à la maison (et) vous vous coucherez.*

IV) **Mettez** *le pronom relatif :* que - à qui - avec qui - devant qui.
C'est un étudiant ... ...j'ai prêté un livre . — *Connaissez-vous M. Vincent ... ...je me promène.* — *Voilà des fusées rouges ...je trouve belles.* — *Je suis près de M. Legrand ... ...les pompiers passent avec leurs pompes à incendie.*

⋙→ *Bombes :* ON DIT aussi *la bombe d'avion.* — *Rire aux larmes :* quand on pleure, on a *des larmes* (f.) dans les yeux — Mais, quand on *rit beaucoup,* on a aussi parfois des larmes dans les yeux
La veille ; le jour ; le lendemain.
Les pompiers ont des *pompes* et de longues *échelles ;* ils *éteignent* (v. p. 33) les incendies (m.).

--- GRAMMAIRE ---

Le présent du conditionnel

← Je n'ai pas d'argent : Je *suis* pauvre

Si j'*étais* riche... **j'achèterais** une auto

SI + **l'imparfait** *de l'indicatif*..., + *le présent du* **conditionnel.**

Pour faire le présent du conditionnel,
prenez le **futur** de l'indicatif ; **changez** les **terminaisons :**

(Futur)			(Conditionnel)	
Je chanter	**ai**		Je chanter	**ais**
Tu chanter	**as**		Tu chanter	**ais**
Il chanter	**a**		Il chanter	**ait**
Nous chanter	**ons**		Nous chanter	**ions**
Vous chanter	**ez**		Vous chanter	**iez**
Ils chanter	**ont**		Ils chanter	**aient**

Attention ! On dit, très souvent : *Si je* **suis** *riche* (un jour),
j'**achèterai** *une auto.*

Les sports (m.)

Les Vincent sont revenus à Paris. Les **vacances** (f.) vont bientôt finir. Mais la saison des sports (m.) a commencé : Pierre aime les spectacles **sportifs**, son père aussi. Si M. Vincent avait le temps, il irait avec son fils, tous les samedis et tous les dimanches, sur les **terrains** (m.) de sport. Mais il n'a pas le temps... Le dimanche, quand il est assis à son bureau, il pose parfois son stylo et il soupire : « Si j'étais libre, je serais assis maintenant · sur les bancs du **stade** de Colombes, au soleil ; j'assisterais au **match** de **rugby** (m.) France-Ecosse ; je verrais courir les **équipes** (f.) en maillots noirs ou rouges.» Si... si... Mais hélas ! il faut écrire cette page...

Et Pierre ? Il est déjà parti avec Jean Legrand : ils sont allés au **vélodrome** du Parc des Princes ou sur un **court** de **tennis**. Et la **boxe** ? « Je n'aime pas les **coups de poing** », dit M. Vincent. Mais, Pierre, lui, aimerait bien la boxe.

☆ *PRONONCIATION*

Les terrains de sport	Un match de rugby	Le vélodrome du Parc des Princes
[le tɛrɛ̃ də spɔ:r]	[œ̃ matʃ də rygbi]	[lə velodro·m dy park de prɛ̃:s]
Un court de tennis	La boxe	Les coups de poing
[œ̃ kur də tɛnis]	[la bɔks]	[le kudpwɛ̃]

CONVERSATION

1. Où sont maintenant nos amis Vincent ? — **2.** Pourquoi sont-ils revenus ? — **3.** Pierre aime-t-il les sports ? — **4.** Où irait M. Vincent s'il avait le temps ? — **5.** Pourquoi n'a-t-il pas le temps ? — **6.** Que fait-il parfois, le dimanche, quand il est assis à son bureau ? — **7.** Que dit-il ? — **8.** Où Pierre est-il allé ? — **9.** M. Vincent parle-t-il souvent de la boxe ? — **10.** Pourquoi ?

▶ *EXERCICES* ◀

I) **Écrivez** *au* futur *et au* conditionnel *les verbes : entrer - grandir - prendre - tenir.* Soulignez *les* terminaisons. Ex. : *venir : je viendr*ai *; je viendr*ais *; tu viendr*as *; tu viendr*ais...

II) **Cherchez** *tous les* verbes *de la lecture. Écrivez-les à la* 1ʳᵉ *et à la* 3ᵉ *personne du singulier, à la* 1ʳᵉ *personne du pluriel (du futur et du* conditionnel).
Ex. : *je serai, je serais; il sera, il serait; nous serons, nous serions.*

III) **Conjuguez** *à toutes les personnes : Si j'avais le temps, j'accompagnerais mon fils au cinéma. — Si j'ai le temps, un jour, j'accompagnerai mon fils au cinéma.*

IV) **Mettez** *les verbes entre parenthèses.* 1° *au* conditionnel. — 2° *au* futur, *en mettant le présent après si :*
S'il faisait beau, je (sortir). — S'il ne faisait pas beau, tu (rester) à la maison. — Si vous étiez libres, vous (aller) au stade de Colombes et vous (voir) un beau match de football. — S'ils ne sortaient pas, ils (finir) leur travail; ensuite il (pouvoir) écouter la musique à la radio. — Si tu restais à la maison, tu (prendre) un livre et tu (lire). — Si elle avait le temps, elle (venir) avec moi. — Si nous étions au Canada, nous (faire) de belles promenades.

V) **Commencez** *les phrases suivantes par le mot SI. Changez les temps et les modes des verbes (le* 1ᵉʳ *à l'imparfait de l'indicatif, le* 2ᵉ *au présent du conditionnel).*
(Ex. : *Tu parles trop vite, personne ne te comprend = Si tu parlais trop vite, personne ne te comprendrait.*)
Il va au théâtre, il s'amuse bien. — Vous écoutez, vous comprenez. — Tu sors, je vais avec toi. — Je sors, tu m'accompagnes. — Nous allons à la chasse, nous tuons des lièvres. — Je conduis les enfants au théâtre, ils sont contents. — Je monte au haut de la tour Eiffel, je vois tout Paris. — Tu cours trop vite, tu tombes.

VI) **Posez des questions** *avec :* Où? Quand? Avec qui? Avec quoi? A quoi? D'où? Contre qui? (Ex. : *Tu penses au prochain match de rugby = A quoi penses-tu ?*) *Les vacances vont bientôt finir. — Tu sors souvent avec ton fils. — Ils sont à Paris. — Nous sommes assis sur les gradins du stade. — Vous assistez à un match de football. — Tu as joué avec un gros ballon. — Les Français jouent aujourd'hui contre·les Écossais. — Ils reviennent du tennis.*

VII) **Faites** *des phrases avec les mots : courir - sport - stade - boxe - tennis.*

VIII) **Analysez :** les *(Vincent)* — sont revenus — Paris — *(les)* vacances — vont — son — père.

GRAMMAIRE

C'est... que

J'habite *à Paris*.	**C'est** *à Paris* **que** j'habite.
Je viens *du Canada*.	**C'est** *du Canada* **que** je viens.
Je suis sorti *avec mon père*.	**C'est** *avec mon père* **que** je suis sorti.

C'EST... QUE met *en vue*, fait *ressortir* un complément.

Un accident. L'hôpital

La semaine dernière, Hélène revenait du marché avec sa mère, quand un gros chien, courant sur le trottoir, l'a jetée à terre. Mme Vincent **a eu peur**, car la petite avait une **plaie** rouge au genou droit. C'est *dans une* **pharmacie** que Mme Vincent a d'abord conduit sa fille. Le **pharmacien** lui a fait un **pansement**, puis Mme Vincent a ramené Hélène à la maison. Pendant la nuit la fillette a mal dormi. Elle avait de la **fièvre**. Le **thermomètre** est monté à 39 degrés.

Le lendemain, un **médecin**, le docteur Meunier, est venu. Il a **examiné** Hélène : « Je ne vois pas de **fracture** (f.), a-t-il dit à M. Vincent, mais il faut **radiographier** la jambe. Conduisez votre fille à l'Hôtel-Dieu. C'est *là* qu'on fera la radio. Je ne fais pas d'**ordonnance** (f.); je ne donne aucun **médicament** pour aujourd'hui. »

A l'hôpital, Hélène a vu de grandes **salles** pleines de **malades** (m.), d'**infirmières** (f.) qui les **soignent** et de **chirurgiens** (m.) en blouses blanches. Enfin on l'a menée dans la salle de

radio, on l'a couchée sur un petit lit, sous une grosse machine.

Maintenant, le docteur Meunier est content : la radio ne montre aucune fracture et Hélène recommence à sauter et à courir. Elle est **guérie**.

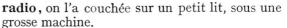

Tous les hommes ≠ aucun homme.
Tout le monde ≠ personne.
Aucun homme = personne.

☆ *PRONONCIATION*

Une plaie rouge	Le pharmacien a fait un pansement	La fracture	Radiographier la jambe
[yn plɛ· ruːʒ]	[lə farmasjɛ̃ a fɛ œ̃ pɑ̃smɑ̃]	[la fraktyːr]	[radjɔgrafje la ʒɑ̃ːb]
Faire une ordonnance	Donner un remède, un médicament	Une infirmière	Un chirurgien
[fɛːr yn ɔrdɔnɑ̃ːs]	[dɔne œ̃ rmɛd œ̃ medikamɑ̃]	[yn ɛ̃firmjɛːr]	[œ̃ ʃiryrʒjɛ̃]

CONVERSATION

A) **1.** D'où Hélène revenait-elle ? — **2.** Avec qui revenait-elle ? — **3.** Qu'est-ce qui est arrivé ? — **4.** Pourquoi Mme Vincent a-t-elle eu peur ? — **5.** Où a-t-elle conduit sa fille ? — **6.** Qu'a fait le pharmacien ? — **7.** Pourquoi Hélène a-t-elle mal dormi pendant la nuit ? — **8.** Qui est venu le lendemain ? — **9.** Qu'est-ce que le médecin a dit ? — **10.** Où a-t-on conduit la petite fille ? — **11.** Pourquoi ? — **12.** Qu'a-t-elle vu à l'hôpital ? — **13.** Comment va Hélène maintenant ?

B) Posez toutes les questions possibles sur la première phrase de la lecture, puis sur la deuxième phrase, etc.

► *EXERCICES* ◄

I) *Au commencement des phrases,* **mettez :** C'est ... que *avec les mots en caractères droits.* (Ex. : *Hélène a eu un accident* la semaine dernière. C'est la semaine dernière qu'*Hélène a eu...*) *Hélène revenait* du marché avec sa mère. — *Elle est tombée* sur le trottoir. — *Hélène avait une plaie au* genou droit. — *On l'a menée* chez le pharmacien. — *On l'a transportée* à l'Hôtel-Dieu *pour la radiographier.* — *On l'a étendue* sur un petit lit.

II) **Mettez :** C'est que *avec les expressions* en caractères droits :
(Ex. : *Je n'habite pas là; j'habite* ici. — *Je n'habite pas là,* c'est ici *que j'habite).*
Je ne suis pas allé voir nos amis hier. J'y suis allé avant-hier. — *Je ne partirai pas demain. Je partirai* après-demain. — *Nous n'avons pas passé nos vacances en Bretagne, nous les avons passées en* Champagne. — *Vous n'irez pas au cinéma. Vous irez* au théâtre. — *En ce moment Hélène ne joue pas avec Pierre. Elle joue* avec le chat. — *L'Obélisque n'est pas sur la place de l'Opéra. On le voit* sur la place de la Concorde.

III) **Refaites** *trois fois chacune de ces phrases. Mettez chaque fois :* c'est ... que *avec un complément différent :*
Ex. : *Il se promenait* hier soir à pied au bord de la Seine
1º *C'est hier soir qu'il se promenait à pied au bord de la Seine.*
2º *C'est à pied qu'il se promenait hier soir au bord de la Seine.*
3º *C'est au bord de la Seine qu'il se promenait hier soir à pied.*
Nous sommes allés hier au théâtre avec nos amis. — *Il travaille* tous les jours dans le bureau avec son père — *Elle est tombée* ce matin dans la rue en se promenant.

IV) **Écrivez** *le 1er paragraphe de la lecture au* présent, *en commençant ainsi : Hélène revient du marché ... .*

V) **Conjuguez** *à toutes les personnes : Si j'étais encore malade, j'appellerais le même médecin. — Si je (revenir) à Paris, je (descendre) avec ma famille dans le même hôtel. — Si je (pouvoir) quitter la France, je (retourner) dans mon pays.*

VI) **Faites** *des phrases avec les mots : hôpital - infirmières - soigner - pansement - examiner - radiographier - blessure - fièvre.*

La *fièvre.* La *température; prendre la température* du malade. — La *maladie.* Le remède ou le *médicament.* La plaie est rouge à cause du *sang* qui *coule.* — L'accident *oblige* Hélène à rester au lit : il l'*empêche* de sortir. — Le médecin lui *ordonne* de rester au lit : il lui *défend* de sortir.

GRAMMAIRE

C'est... qui,   c'est... que

Mon ami (sujet) a sonné.	**C'est** *mon ami* **qui** a sonné.
Mes amis (sujet) ont sonné.	**Ce sont** *mes amis* **qui** ont sonné.

Je choisis *ce gâteau* (objet).	**C'est** *ce gâteau* **que** je choisis.
Je choisis *ces gâteaux* (objet).	**Ce** sont *ces gâteaux* **que** je choisis.

Les expressions : { **C'est...** **qui** / **Ce sont...** **qui** } mettent en vue le *sujet*.

Les expressions : { **C'est...** **que** / **Ce sont...** **que** } mettent en vue l'*objet*.

La fin des vacances

1er Octobre...

A Buenos Aires, dans le pays des Sanchez, les classes recommencent au mois d'avril. Mais en France, c'est *le mois d'octobre* qui ouvre **l'année scolaire.** Les petits Vincent vont suivre les classes des écoles françaises. Hélène va entrer au **cours** Pasteur, où elle étudiera la grammaire française. Elle fera des dictées ; elle conjuguera des verbes, et encore des verbes... comme vous, mes chers amis ! Son frère, lui, entrera **en première** au **lycée** Saint-Louis. C'est *ce lycée* que M. Vincent a choisi : il n'est pas trop loin de la maison et Jean Legrand y fait aussi **ses études** (f.). Pierre y étudiera la **littérature** française, l'allemand, l'espagnol, les **mathématiques** (f,), la **physique,** la **chimie,** l'**histoire** (f.), la **géographie** (f.). Il **préparera** un **examen :** le **baccalauréat** ; il aura beaucoup de professeurs.

M. Vincent va partir pour la province, où il fera un grand voyage. Alors Mme Vincent **s'inscrira** à une école de français pour les étrangers, où elle entendra des **conférences** sur la langue, la littérature et les **arts.**

☆ *PRONONCIATION*

Le cours Pasteur	Le lycée Saint-Louis	Les mathématiques	L'histoire
[lə ku·rpastœ:r]	[lə lise sɛ̃ lwi]	[le matematik]	[listwa:r]

La géographie	L'examen	Une conférence de littérature
[la ʒeɔgrafi]	[lɛgzamɛ̃]	[yn kɔ̃ferɑ̃·s də literaty:r]

CONVERSATION

A) **1.** Quel jour est-ce ? — **2.** Quand commence l'année scolaire en Argentine? — **3.** Quand commence-t-elle en France ? Dans votre pays ? — **4.** Que vont faire les enfants de M. Vincent ? — **5.** Dans quelle école Hélène va-t-elle entrer ? Que fera-t-elle ? — **6.** Quel sera le lycée de Pierre ? — **7.** Quelles matières étudiera-t-il ? — **8.** Pourquoi M. Vincent va-t-il partir pour la province ? — **9.** A quelle école Mme Vincent s'inscrira-t-elle ?

B) Posez dix questions nouvelles

► *EXERCICES* ◄

I) **Mettez :** c'est ... qui *ou* ce sont ... qui *dans les phrases suivantes :*
(Ex. : *La fleuriste vend des fleurs = C'est la fleuriste qui vend des fleurs.*)
Les pâtissiers *font les gâteaux.* — Le charcutier *vend de la viande de porc, des saucisses et du pâté.* — Les bouchers *vendent du veau, du mouton et du bœuf.* — Un paquebot *transporte les voyageurs d'Amérique en Europe.* — Un garçon *conduit les voyageurs à leurs chambres d'hôtel.* — *En France*, le mois de juillet *termine l'année scolaire.*

II) **Mettez :** c'est ... que *ou* ce sont ... que *dans les phrases suivantes :*
(Ex. : *Je vois Notre-Dame = C'est Notre-Dame que je vois.*)
J'ai visité le Zoo de Vincennes. — *J'aime surtout les* tartes aux prunes. — *Mon fils apprendra* l'allemand ; *le tien apprendra* l'anglais. — *Tu connais* la Suisse. — *Tu vas connaître maintenant* la France. — *Ma femme préfère le* vin de Bordeaux.

III) **Mettez** *en vue les mots* en caractères droits *et terminez les phrases, si c'est nécessaire :*
(Ex. : *Qui porte les lettres? Le facteur ... . C'est le facteur qui porte les lettres.*)
Le facteur n'a pas sonné; le télégraphiste a sonné. — M. Vincent *viendra voir M. Legrand cet après-midi.* — *Qui va entrer au cours Pasteur?* Hélène ... . — *Qui entrera au lycée Saint-Louis?* Pierre ... . — *Tu n'apprends pas le français, tu apprends l'*arabe. — *Qui s'inscrira à l'école de français pour les étrangers ?* Mme Vincent ... . — *Ils ne visiteront pas les Invalides. Ils visiteront le* Panthéon. — *Qui fait la leçon?* le professeur.

IV) **Conjuguez** *à toutes les personnes :*
Si j'avais le temps, je ferais un beau voyage. — Quand j'aurai le temps, je ferai un beau voyage. — Quand j'avais le temps, je faisais de beaux voyages.

V) **Faites des phrases** *avec :* Quand, lorsque, après que, dès que, *et le* futur antérieur :
(Ex. : *Quand nous aurons fini* (futur antérieur) *notre repas, nous sortirons* (futur).)

VI) **Faites des phrases** *avec :* quand, lorsque, après que, *etc., et le* passé composé :
(Ex. : *Quand nous avons fini* (passé composé) *notre repas, nous sortons* (présent).)

VII) **Trouvez** *et mettez dans des phrases :*
a) 4 prépositions ; *b)* 3 adverbes de temps ; *c)* 3 adverbes de manière.

VIII) **Analysez** *les mots de la phrase : Dans une école de français pour les étrangers, elle écoutera des conférences.*

A l'école on apprend aussi le *dessin* (je *dessine*), le *chant* (je *chante*), la *couture* (je couds, tu couds, elle coud, nous cousons, vous cousez, elles cousent ; je coudrai ; j'ai cousu ; je cousais).

Revision et variétés. Leçons 61 à 65

□ *VOCABULAIRE, PRONONCIATION* □

○ LEÇON 61 ───────────────────────────

NOMS		VERBES	ADJECTIFS
le dis**cours**	l'**é**p**ou**se	danser	civil-civile
l'**é**p**oux**	la dem**oi**selle d'honneur	unir (2ᵉ gr.)	pauvre (m. f.)
le **pay**san [pɛizã]		se marier	religieux-religieuse
le mari**age**	la danse		riche (m. f.)
le vill**age**	la fiancée		
	la loi		
l'abbé	la mariée		EXPRESSION
le banquet	la messe		en tête
le curé			
le fermier			
le fiancé			
le garçon d'honneur			
l'invité			
le maire			

○ LEÇON 62 ───────────────────────────

NOMS		VERBES	
le con**cours**	la **b**oule	célébrer	
le c**ou**r**eur**	la **c**ourse	décrocher	
le ret**our**	la mair**ie**	réveiller	EXPRESSIONS
l'exer**cice**		sauter	faire l'exercice
le feu d'artif**ice**	la bombe	tourner	rire aux larmes
l'incend**ie**	la fête		
les **ch**evaux de **b**o**is**	la fusée		
	la grand-messe		
le clairon	la pompe à incendie		
le mât de cocagne	la veille		
le pompier			

○ LEÇON 63 ───────────────────────────

NOMS		VERBES	ADJECTIF
le terr**ain**	la province	laisser	sportif-sportive
le coup de p**oing**		soupirer	
le court	la boxe		
le match	l'équipe		EXPRESSION
le rugby	les vacances		avoir le temps
le stade			
le spectacle			
le tennis			
le vélodrome			

○ LEÇON 64 ──────────────────────────────

NOMS		VERBES	EXPRESSIONS
le chirurgien	la pl**aie**	examiner	avoir peur
le doc**teur**	la frac**ture**	guérir (2ᵉ gr.)	pour le moment
le **phar**macien	la **peur**	radiographier	
l'**acc**ident [ks]	la **phar**macie	ramener	
		recommencer	
le degré	la fièvre	soigner	
le cliché	l'infirmière		
l'hôpital	l'ordonnance		
le malade	la radio		
le médecin			
le pansement			
le médicament			
le remède			
le thermomètre			

○ LEÇON 65 ──────────────────────────────

NOMS		VERBES
l'examen [ɛ̃]	l'année scolaire	*s'inscrire*
le **ly**cée	la chimie	préparer
	la classe de première	
le baccalauréat	la conférence	
le cours	l'école	
l'espagnol	l'étude	
l'allemand	la géographie	
le français	l'histoire	
l'art	la littérature	
	les mathématiques	
	la physique	

Verbe *s'inscrire* : Je m'inscri**s**, nous nous *inscriv*ons ; je m'inscrirai ; je me suis *inscrit.*

───────────────────────────────

□ *EXERCICES* □

I) **Mettez** *les verbes entre parenthèses au gérondif :*
Je regardais mon frère qui revenait de l'école (porter) sa serviette de la main gauche et (tenir) notre petite sœur de la main droite. — (Pousser) la porte d'entrée, mon père a dit : « J'apporte une bonne nouvelle ». — C'est (étudier) que l'on apprend une langue. — Elle venait (courir) et (chanter). — (Revenir) de l'église, nous sommes entrés chez le pâtissier.

II) **Mettez** *les verbes entre parenthèses à l'imparfait ou au conditionnel :*
Si tu (étudier) le français une heure tous les jours, tu (savoir) vite cette langue. — Si vous (avoir) de l'argent, vous (acheter) une automobile. — Si nous (ne pas manger), nous (mourir) de faim. — S'il (faire) chaud, la moisson (être) belle. — Si elle (aimer) les sports, elle (aller) assister au match de rugby. — Si vous (avoir) des vacances, (aller)-vous à la montagne ou à la mer?

☐ *DICTÉES* ☐

1) En France, on célèbre d'abord le mariage civil. Les deux fiancés se rendent à la mairie où le maire leur dit : « Au nom de la loi, vous êtes unis par le mariage », et il leur fait un petit discours.

Après le mariage civil, c'est le mariage religieux. Les jeunes époux entendent la messe.

Ensuite, les mariés, leurs parents, les garçons d'honneur, les demoiselles d'honneur et les invités vont faire un bon repas.

2) A Paris, on peut assister à beaucoup de spectacles sportifs. Il y a de nombreux terrains de sport, des stades, des vélodromes. Les Français aiment beaucoup les courses de bicyclettes et les parties de football ou de rugby, mais la boxe est aussi un sport que les Français aiment bien.

3) La petite Hélène est malade. Elle a de la fièvre. Le thermomètre est monté à 39° et Mme Vincent a eu peur. Elle a téléphoné au docteur. Le médecin est venu tout de suite et il a examiné la petite fille. Il a dit : « Ce n'est rien, Hélène a pris froid. Je vais faire une ordonnance et votre mari ira chercher ces médicaments chez le pharmacien. Vous garderez l'enfant à la maison, il ne faut pas la transporter à l'hôpital. Dans quelques jours elle sera guérie et elle recommencera à jouer et à courir. »

4) L'année scolaire commence en France au mois d'octobre. Les petits enfants vont en classe à l'âge de six ans. Ils apprennent à lire, à écrire et à compter. Plus tard, ils entrent au collège, puis au lycée. Ils apprennent les langues étrangères, l'anglais ou l'allemand, ou l'espagnol, ou l'italien, ou le russe, les mathématiques, la physique, la chimie, l'histoire, la géographie, la littérature, etc. Ils préparent des examens. Ils ont de nombreux professeurs.

A Paris et dans les grandes villes, les étudiants peuvent suivre des conférences de littérature et d'art.

☐ *DIALOGUES* ☐

1. Chez le docteur

« *Bonjour, docteur. J'ai téléphoné hier de la part de mon amie, Mme Legrand, pour prendre rendez-vous. Je suis Mme Vincent et voici ma petite fille.*

— Bonjour, madame. De quoi s'agit-il ?

— *Ma fille doit entrer à l'école et j'ai besoin d'un certificat médical. Je désire faire examiner la petite. Je la trouve fatiguée, elle grandit beaucoup en ce moment et elle est un peu pâle.*

— Quel âge a-t-elle ?

— *Sept ans, monsieur.*

— Oui, elle est un peu maigre. Tousse-t-elle ?

— *Non, docteur.*

— Je vais l'ausculter. Déshabillez-vous, ma petite fille. Comment vous appelez-vous ? Hélène.
Eh bien, petite Hélène, couchez-vous sur ce divan. Je ne vous ferai pas de mal, n'ayez pas peur.
Madame, votre fillette a-t-elle eu des maladies contagieuses ?

— *Jamais, docteur.*

— Je vais prendre sa température... Elle est normale ; il n'y a pas de fièvre. Ce n'est rien
madame, un peu d'anémie seulement. Il lui faut des promenades, une bonne nourriture. A-t-elle
de l'appétit ?

— *Non, docteur, elle ne veut pas manger.*

— Bon, alors je vais rédiger une ordonnance. Voici un fortifiant. Vous lui en donnerez une
cuillerée dans un verre d'eau avant chaque repas. Dans quelques jours, elle aura repris ses
joues roses.

— *Merci, docteur. Et le certificat ?*

— Je le fais tout de suite.

— *Docteur, combien vous dois-je pour cette visite ?*

— Resterez-vous longtemps en France, madame?

— *Oh ! oui, deux ou trois ans.*

— Alors, si vous voulez bien, je ferai pour vous comme pour mes clients français. Je vous
enverrai la note de mes honoraires à la fin de l'année.

— *Au revoir, docteur ; merci. Hélène, remercie aussi le docteur.*

— Au revoir, madame. Au revoir, Hélène. »

2. Au lycée

« *Monsieur le Proviseur, je voudrais faire inscrire mon fils dans votre lycée. Nous habitons
dans le quartier.*

— Quel âge a votre fils, madame?

— *Il a seize ans. Mon mari vient d'être envoyé à Paris, comme journaliste. Nous arrivons du
Canada. Pierre sait très bien le français.*

— Il devra passer un examen d'entrée. Avez-vous un certificat du directeur de son école
au Canada?

— *Oui, voici, monsieur.*

— Ah! très bien !... Je vois que VINCENT Pierre est un bon élève, intelligent et travailleur.
J'espère qu'il continuera ici à faire de bonnes études. Il devra venir le premier octobre pour
l'examen d'entrée. J'ai besoin aussi de certaines pièces : un extrait de naissance, un certificat
médical.

— *Je pourrai les apporter dans quelques jours.*

— C'est cela, madame.

— *Quels sont les tarifs du lycée, je vous prie ?*

— Les cours sont gratuits. Mais, si vous le désirez, votre fils pourra déjeuner ici. Dans ce
cas, vous paierez le prix de la demi-pension. Nous avons aussi un internat.

— *Non, merci, monsieur le Proviseur; nous n'habitons pas loin du lycée et Pierre pourra
rentrer déjeuner à la maison.* »

Photo *P. V. A.*

PARIS. — La colline de Montmartre et le Sacré-Cœur.

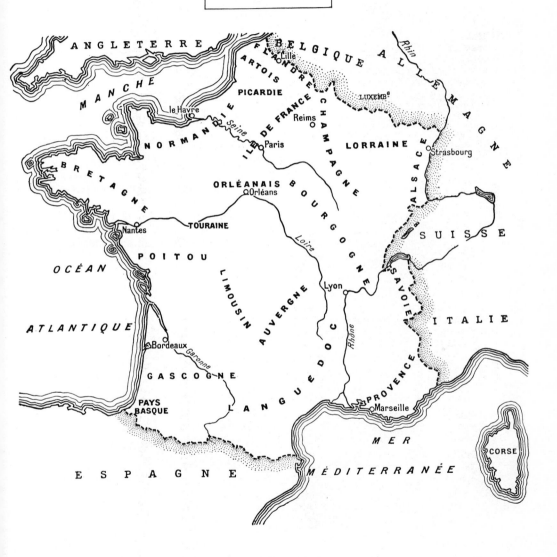

La France a pour *frontières* (f.) : au *nord*, la mer de la Manche et la Belgique; à l'*est*, l'Allemagne, la Suisse et l'Italie; au *sud*, la mer Méditerranée et l'Espagne; à l'*ouest*, l'Océan Atlantique.

DOCUMENTS ———————————————————— EN FRANCE

Photo P. Dubure (Rapho).
**Employé de chemin de fer
(Agent de la S. N. C. F.)**

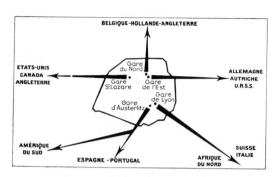

● Les grandes gares de Paris.

— Il y a **deux classes** dans les trains français.

Dans les wagons de première classe il y a six voyageurs par compartiment ; dans les wagons de deuxième classe il y a huit voyageurs par compartiment.

Les compartiments de deuxième classe ont des banquettes de **cuir** ou de **drap**. Les compartiments de première classe ont des fauteuils.

Photo Lucien Hervé.

Photo Hachette.

● Les Français se serrent la main quand ils se rencontrent et quand ils se quittent. On s'embrasse beaucoup sur le quai des gares françaises.

● Le **Théâtre-Français,** où l'on joue les grandes pièces classiques. Il est construit entre le Palais-Royal et l'avenue de l'Opéra.

Leçons 26 à 31 ——————————————— *DOCUMENTS*

Photo Hachette.
L'église de la Madeleine.

Photo R. Doisneau.
Le taxi.

— Les **hôtels** sont très nombreux à Paris. Les hôtels de grand luxe se trouvent surtout place Vendôme, place de la Concorde, avenue des Champs-Élysées.

Les **pensions de famille** sont moins chères que les hôtels. La vie y est plus calme, comme en famille.

Au prix des chambres il faut ajouter 12 % ou 15 % pour **le service.**

● La tour Eiffel : 321 mètres. (Construction : 1887-1889)

— En France on donne toujours **un pourboire** aux chauffeurs de taxi (15 %), aux garçons de café (12 %), aux serveuses de restaurant (10 à 15 %), aux ouvreuses de théâtre et de cinéma (10 %).
— Le compteur du taxi porte parfois un petit drapeau. Quand le drapeau est levé, le taxi est libre ; quand il est baissé, le taxi est occupé.

La place de la Concorde.

Photo René-Jacques.

DICTONS : « *Partir, c'est mourir un peu.* »
« *Les voyages forment la jeunesse.* »   « *Loin des yeux, près du cœur.* »

Photo Hachette.

● A Paris, dans les cafés, on sert tous les jours le « café-crème » (= café au lait) avec des croissants : « Garçon, un crème et deux croissants ! » Le client mange rapidement, debout, au comptoir.

Photo P. V. A.

● Le Louvre, un des plus grands palais du monde (construction : de 1200 à 1857). C'est aujourd'hui le plus important musée de France.

● En France les repas sont : **le petit déjeuner** (vers 8 h.), **le déjeuner** (vers midi), **le goûter** (vers 4 heures), **le dîner** (vers 7 h. 1|2 ou 8 h.), **le souper** (quelquefois), après le théâtre ou le cinéma.

La famille Vincent fait un petit déjeuner copieux. Mais de très nombreux Français prennent seulement du café au lait et du pain.

● **Menu** d'un grand déjeuner ou d'un grand dîner :

> Hors-d'œuvre variés,
> ou huîtres, ou potage.
> Poisson
> *Vin de Bordeaux blanc*
> *ou d'Anjou blanc, ou d'Alsace.*
> Entrées
> (viandes en sauce, grillades).
> *Vin de Bordeaux rouge.*
> Rôti
> *Vin de Bourgogne rouge.*
> Légumes, salade.
> Fromages
> *Vin de Bordeaux rouge*
> *ou vin d'Alsace blanc.*
> Dessert
> (fruits, gateaux, glace).
> *Champagne*
> Café
> Liqueurs.

Les Français servent sur des assiettes différentes les hors-d'œuvre, le poisson, la viande, le dessert.

● On dit : **l'addition** au restaurant et la **note** à l'hôtel.

● A l'arrivée, on dit : « **Bonjour,** monsieur » (le soir : « **Bonsoir,** monsieur »). Au départ, on dit : « **Au revoir,** monsieur » (le soir : « **Au revoir,** monsieur » ou « **Bonne nuit,** cher ami »). Généralement, tous les membres d'une même famille se disent : « **tu** ».

Leçons 32 à 35 ———————————————————— **DOCUMENTS**

Photo Hachette.

● L'Arc de Triomphe du Carrousel (1808).

Photo Hachette.

● Les galeries du Palais-Royal.

Photo Greff.

● L'Arc de Triomphe de l'Étoile (1810-1836), hauteur : 50 mètres. Commencé sous Napoléon Ier, terminé sous Louis-Philippe. Il abrite la tombe du Soldat Inconnu.

Photo Hachette.

● Le tombeau du Soldat Inconnu (mort pour la France, pendant la guerre de 1914-1918. Une flamme y brûle sans cesse.

DICTONS : « *L'appétit vient en mangeant.* » « *Qui dort dîne.* » « *Un repas sans fromage est une jolie fille qui n'a qu'un œil.* » « *Un cordon bleu* » *(=une parfaite cuisinière).*

Photo Hachette.

Le Louvre.   La Cité.   Le Pont-Neuf.

● Ce qu'on voit du salon des Vincent.

Photo Hachette.

● Le Pont-Neuf est aujourd'hui le plus vieux pont de Paris (1578-1604).

Photo Hachette.

Le Palais de l'Institut où siège l'Académie française (quai Conti).

Photo R. Doisneau.
Concierges parisiens.

● Les appartements **meublés :** le locataire se sert des **meubles** du propriétaire. Il paie le loyer chaque semaine ou chaque mois.

Les appartements **non meublés :** le locataire apporte ses meubles. Le Français aime « être dans ses meubles ». Il paie alors le loyer tous les mois ou tous les trois mois (15 janvier, 15 avril, 15 juillet, 15 octobre). Le jour du paiement s'appelle **le terme.** C'est à la concierge qu'on remet l'argent du terme. La concierge monte aussi le courrier (les lettres) aux locataires ; elle surveille l'entrée de la maison : dans certaines maisons anciennes, quand les locataires rentrent après 10 heures du soir, ils doivent lui crier leur nom.

Depuis la guerre, les appartements libres sont rares. Il y a une **« crise du logement »,** comme dans beaucoup de pays.

● Un vieux quartier de Paris. Au fond, Notre-Dame. Les vieilles rues pittoresques sont recherchées par les peintres.

Photo Hachette.

● De sa fenêtre, M. Vincent aperçoit les boîtes des bouquinistes. Les bouquinistes sont des marchands de vieux livres, de *livres d'occasion.* Leurs boîtes garnissent les parapets des quais de la Seine.

DICTONS : « D'ici là il passera de l'eau sous les ponts » (= Il y aura bien des changements). *« Les murs ont des oreilles »* (Parlons bas !).

● La Cité est le cœur de Paris : C'est une île (autrefois appelée *Lutèce*) où s'élèvent Notre-Dame, le Palais de Justice, la Sainte-Chapelle.

Photo Rowe Rods.

Photo Hachette.

● Le quartier Latin est le quartier des Facultés et des Grandes Écoles. Voici une photographie prise du boulevard St-Michel. On y voit le Panthéon, sur la Montagne Ste-Geneviève. Dans le Panthéon sont enterrés les Grands Hommes.

Photo Hachette.

Photo R. Doisneau.
Le marché de la rue Mouffetard
au quartier Latin.

Photo Boyer.

● Les Français mangent souvent des escargots au commencement des repas. On les prépare avec du beurre et de l'ail et on les cuit au four. Les Français aiment aussi beaucoup les moules. Mais leur passion pour les grenouilles est une légende !...

● Le boucher parisien met à son étalage des morceaux de viande ficelés; parfois ils sont ornés de fleurs en papier.

Photo R. Doisneau.

● A Paris, il y a des **marchés de quartier,** même le dimanche matin. Les marchandises y sont moins chères que dans les boutiques. Les marchés peuvent occuper toute la longueur de la rue. Il y a aussi des supermarchés (libre-service).

Photo R. Doisneau.
Les marchands des quatre-saisons.

Photo R. Doisneau.
Le marchand de gibier.

DICTONS : *« Le temps c'est de l'argent. » « Cela coûte les yeux de la tête »* (=très cher). *« La parole est d'argent, le silence est d'or. »*

Photo Hachette.

Photo Hachette.

● A Paris, le pain a souvent la forme d'un bâton long et mince (ficelles, baguettes). Les étrangers disent : « Les Français achètent le pain au mètre. » Mais certains Parisiens achètent aussi du gros pain, coupé et pesé.

Les clients vont eux-mêmes chercher leur pain et leur lait. On ne livre pas à domicile (= dans les maisons), sauf à la campagne. — Certains marchands de beurre coupent encore le beurre avec un fil de fer.

— Si quelqu'un n'est pas intelligent, on dit : « Il n'a pas inventé le fil à couper le beurre. »

● Les Français font souvent laver et repasser leur linge dans des usines, mais beaucoup de Françaises lavent et repassent elles-mêmes leur linge chez elles.

● Le marchand de couleurs vend presque tous les articles de ménage (même les casseroles, les outils, etc.).

● Les étrangers remarquent les nombreux chats dans les boutiques de Paris. Ils dorment derrière les vitrines, au soleil.

Photo Hachette.

Une poissonnerie.

Photo Ciccione (Rapho).

Une voiture de livraison.

DOCUMENTS ———————————————— EN FRANCE

Photo R. Doisneau.
Un aveugle au coin d'une rue.

Photo R. Doisneau.
Le marchand de journaux.

Photo Hachette.
Le facteur.

● On téléphone de chez soi, de la poste, du café, ou d'une station de métro.

Dans les cafés, le téléphone est souvent **au sous-sol.** Les étrangers disent « dans la cave ! »

● L'Administration française attache parfois les crayons à bille avec des ficelles, et les annuaires du téléphone avec des chaînes.

Les « pneumatiques » sont des lettres envoyées par des tubes souterrains, au moyen de l'air comprimé. Ils parviennent au destinataire en une ou deux heures.

● Voici les grands magasins de Paris les plus connus :

Sur la rive droite de la Seine : **La Samaritaine, Le Louvre, Le Bazar de l'Hôtel-de-Ville, Les Trois Quartiers, Les Galeries Lafayette, Le Printemps.**

Sur la rive gauche de la Seine : **Le Bon Marché.**

Souvent les Grands Magasins livrent les articles à domicile. On donne un pourboire (encore !) au livreur.

● **Le métro :** chaque « rame » comprend 4 wagons de 2e classe, et un de 1re classe.

Photo Rapho.
Une station de métro.

Le métro descend parfois à 65 mètres sous terre ; il y a 250 kilomètres de voies ferrées et 300 stations. Avec les noms des stations on peut apprendre presque toute l'histoire mondiale !

Le métro transporte 4 millions de voyageurs par jour. La température y est fraîche en été, douce en hiver. Les couloirs que parcourt une foule de voyageurs, sont un asile pour les mendiants, les joueurs d'accordéon, les marchandes de fleurs.

Photo Yvon.

Photo G. Viollon.

● La basilique du Sacré-Cœur de Montmartre est une église moderne (1876-1900). Du haut de son dôme, la vue s'étend sur 50 kilomètres.

● **Les autobus :** Les invalides et les mères qui portent un bébé ont la « priorité ». — En général, les autobus n'ont pas d'impériale (d'étage supérieur), comme les « BUS » de Londres.

Photo Guy.

Photo Hachette.

● Les Invalides ont été construits par Louis XIV pour abriter les anciens soldats blessés. Aujourd'hui, les Invalides sont occupés par des Administrations militaires. — Dans la Chapelle, on visite le tombeau de Napoléon Ier.

● Le Marché aux Fleurs est un coin très pittoresque de la Cité. Le dimanche, il devient un marché d'oiseaux.

DOCUMENTS ——————————————— EN FRANCE

Photo R. Doisneau.

● Que de cafés à Paris ! Les clients y parlent de leurs affaires, lisent le journal, jouent aux cartes... ou rêvent en fumant.

Photo Hachette.

● Les grands cafés ont de longues **terrasses** sur le trottoir, surtout le long des Grands Boulevards. Les Grands Boulevards ont été tracés à la place d'anciens remparts de Paris.

Photo Hachette.

● De l'avis de tous les étrangers, l'agent de police français est aimable. Mais il fait beaucoup de gestes, il siffle et agite sans cesse son bâton blanc.

Photo Hachette.

● A Paris les autos sont rapides, et très nombreuses surtout à midi et vers 6 heures de l'après-midi. Traverser une rue est difficile, mais les chauffeurs sont adroits... et les piétons aussi.

DICTON : « *Casser sa pipe* » (=mourir — expression très familière).

● Les petits cafés de quartier sont très nombreux. Le « patron » d'un café-tabac connaît tous les gens du quartier, qui est une sorte de « village ».

— Un Français sur trois fait ses cigarettes à la main et les **« roule »** lui-même.

● Les spectacles commencent tard : les Français dînent plus tard que d'autres peuples. Le théâtre commence vers 9 heures (21 heures), le cinéma vers 8 h. 30, quand le spectacle n'est pas permanent.

L'Opéra est un des plus somptueux théâtres du monde et l'un des plus grands. Il date de 1875. Sa construction a duré 15 ans (1860-1875).

Photo R. Doisneau.

A la **Comédie-Française** (ou **Théâtre-Français**) l'on voit jouer la célèbre troupe des **Comédiens Français,** fondée à la mort de Molière.

L'Opéra, l'Opéra-Comique, le Théâtre-Français et l'Odéon sont des théâtres nationaux. — Les théâtres des Boulevards jouent surtout des pièces modernes.

● Dans les jardins publics de Paris les bancs sont gratuits, les chaises sont payantes.

Il est défendu de marcher ou de se coucher sur le gazon, même dans les parcs « à l'anglaise ».

Photo Hachette.
Le bassin du Luxembourg.

Photo Rowe Rods.
Les grilles du Luxembourg.

● Il y a à Paris trois jardins zoologiques : Le **Jardin des Plantes,** le plus ancien (au XVIIIe siècle, Buffon y a habité) ; le **Jardin d'acclimatation,** au bois de Boulogne ; le **Zoo de Vincennes** (1931).

Photo. Wayaffe.
Au Zoo.

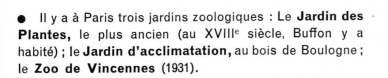

DOCUMENTS ————————————————— EN FRANCE

Photo Roubier.

● Le Cirque de Gavarnie, dans les Pyrénées.

Danse de paysans basques.

● Les Basques sont une très vieille race. Ils parlent une langue dont la grammaire ne ressemble à aucune autre. — C'est au pays basque que l'on pratique le jeu fameux de la « pelote ». Ils portent un costume simple et gracieux, rouge, noir et blanc.

Photo Roubier.
Basques dansant au cours d'une fête.

Photo Roubier.
La pelote basque.

DICTONS : « *Qui va à la chasse perd sa place.* » « *Le soleil brille pour tout le monde.* » « *Rien de nouveau sous le soleil.* » « *Après la pluie, le beau temps.* » « *Faire la pluie et le beau temps* » (= être tout-puissant).

Photo Roubier.
Les caves de champagne.

Photo Roubier.
Une procession à Lourdes.

● Le **blé** est cultivé partout en France, mais il pousse surtout entre la Seine et la Loire, et au Nord de la Seine. — On fait la moisson en août.

La **vigne** est cultivée surtout en Champagne, en Bourgogne, dans la vallée de la Loire, dans la vallée du Rhône, dans la vallée de la Garonne et en Languedoc. — On fait la vendange en septembre.

La France est un pays de **petits et de moyens fermiers.** Les grandes **fermes** sont assez rares.

● Une foule de **pèlerins** et de malades accourt chaque année à Lourdes. — Les deux grands centres de pèlerinage, en France, sont **Lourdes** au pied des Pyrénées, et **Lisieux** en Normandie.

Photo R. Doisneau.

● Dans certains villages et petites villes, le tambour de ville annonce les nouvelles.

● Pour chasser et pour pêcher il faut un permis. Les gardes champêtres et les gendarmes dressent des contraventions aux braconniers qui chassent sans permis. Et les juges sont sévères !

Souvent le garde champêtre est aussi tambour de ville et fossoyeur (= il creuse les tombes au cimetière).

Photo Ergy Landau.

● Les cabines de bains sont encore en usage sur beaucoup de plages françaises.

● Dans les villes, le **mariage civil** a lieu généralement la veille du **mariage religieux.**

La mariée entre à l'église au bras de son père. Le mari donne le bras à sa mère. A la sortie, les deux époux se donnent le bras.

Photo R. Doisneau.

Le mariage civil.

Photo R. Doisneau.

La noce au village.

A la campagne, dans les fêtes de famille, **mariages, baptêmes,** etc.), les repas sont très copieux. Après les **enterrements,** aussi, il y a parfois de grands repas.

Les fiançailles peuvent être longues (3 ou 4 ans). Mais en général, elles ne dépassent guère un an.

Photo P. Belzeaux.

Le mariage religieux.

● Les Français aiment beaucoup les courses de bicyclettes. Aucune fête de village n'a lieu sans courses de bicyclettes.

D'autres jeux, tels que **courses en sacs** et **mâts de cocagne,** disparaissent peu à peu, mais ont encore du succès.

La course de bicyclettes la plus fameuse est le **Tour de France,** épreuve internationale qui a lieu chaque année en juillet.

Photo R. Doisneau.

La fanfare du village.

DICTONS : « *Avec des SI on mettrait Paris dans une bouteille.* » « *Aux grands maux les grands remèdes.* »

Photo Geiger.
Le mât de cocagne.

Photo Savitry.
Le manège.

● Les principales fêtes publiques en France sont : le **14 Juillet,**fête nationale, anniversaire de la prise de la Bastille (14 juillet 1789), la **Fête de l'Armistice** du 11 novembre (armistice de la guerre 1914-1918), la fête de **Jeanne d'Arc** (8 mai).

Les fêtes religieuses donnent lieu aussi à des vacances : **Pâques** (mars ou avril) — la **Pentecôte** (mai ou juin) — l'**Assomption** (15 août) — la **Toussaint** (1er novembre) — **Noël** — et aussi le 1er janvier ou **Jour de l'An.**

● Le plus ancien hôpital de Paris est l'**Hôtel-Dieu,** dans la Cité (660). L'hôpital **Saint-Louis** date du 17e siècle.

● Il y a trois degrés dans l'enseignement en France :

1) l'Enseignement du **Premier Degré** (jusqu'à 14 ans), donné dans les écoles primaires ;

2) l'Enseignement du **Second Degré** (jusqu'à 16 ou 17 ans), donné dans les lycées, les collèges et les écoles professionnelles (ou techniques). Il mène aux divers baccalauréats ;

Photo Hachette.
La Sorbonne.

3) l'**Enseignement Supérieur** (après le baccalauréat), donné dans les **Facultés** des Lettres, des Sciences, de Droit, de Médecine et de Pharmacie, et dans les **Grandes Écoles** : École Normale Supérieure, École Polytechnique, Institut d'Études politiques, etc.

Les vacances ont lieu : à Noël (15 jours) — à Pâques (15 jours) — en été (2 à 3 mois). Les enfants ont classe de 8 h. 30 environ à 11 h. 30, de 13 h 30 à 16 h. 30 et ils ont congé le mercredi et généralement le samedi après-midi.

CHANSONS

SAVEZ-VOUS PLANTER LES CHOUX ?

1) Savez-vous planter les choux,
   A la mode, à la mode,
   Savez-vous planter les choux,
   A la mode de chez nous?

2) On les plante avec la main,
   A la mode, à la mode,
   On les plante avec la main,
   A la mode de chez nous.

Puis : 3) On les plante avec le pied..., 4) avec le doigt..., 5) avec la jambe..., 6) avec le bras..., 7) avec le genou..., 8) avec le coude..., 9) avec la tête..., 10) avec les yeux..., 11) avec le nez..., 12) avec la joue..., 13) avec l'oreille..., 14) avec le cou...

GENTILLE ALOUETTE *(chanson franco-canadienne)*

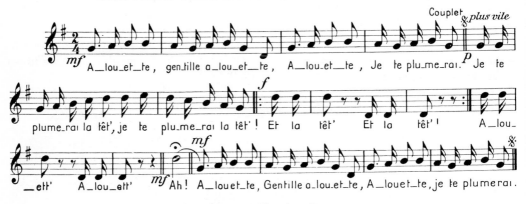

Alouette, gentille alouette *(bis)*
Alouette, je te plumerai.

2) Je te plumerai la tête *(bis)* Je te plumerai le bec *(bis)* — et le bec, et la tête, alouette alouette. Ah! alouette, gentille alouette, alouette, je te plumerai.

3) Je te plumerai la tête *(bis)* Je te plumerai le bec *(bis)* Je te plumerai les yeux *(bis)* — et les yeux, et le bec, et la tête, alouette, etc... Ah! alouette...

4) Je te plumerai la tête *(bis)*... le bec *(bis)*... les yeux *(bis)*... le cou *(bis)*, etc...

5) Je te plumerai la tête *(bis)*... le bec *(bis)*... les yeux *(bis)*... le cou *(bis)*... le dos *(bis)*, etc...

Puis : 6) le ventre..., 7) les ailes..., 8) la queue..., 9) les pattes.

Chants des Quatre Coins de France. Bourrelier, édit.

JOLI TAMBOUR

Jo_li tam_bour_ s'en re_venait de guerre , Jo_li tambour_ s'en revenaitdeguerre,Et ran et

entre les C^ts 2 *pour finir* *ff*

ran,ran pa ta plan! S'en re_ve.nait de guer___re li___es! Ran plan, plan!

Joli tambour s'en revenait de guerre *(bis)*
Et ran et ran, ranpataplan!
S'en revenait de guerre.

La fill(e) du roi était à sa fenêtre *(bis)*
Et ran et ran, ranpataplan!
Était à sa fenêtre.

Joli tambour, donnez-moi votre rose *(bis)*
Et ran et ran, ranpataplan!
Donnez-moi votre rose.

Sire le roi, donnez-moi votre fille *(bis)*
Et ran et ran, ranpataplan!
Donnez-moi votre fille.

Joli tambour, tu n'es pas assez riche *(bis)*
Et ran et ran, ranpataplan!
Tu n'es pas assez riche.

J'ai trois vaisseaux dessus[1] la mer jolie *(bis)*
Et ran et ran, ranpataplan!
Dessus la mer jolie.

L'un chargé d'or, l'autre d'argenterie *(bis)*
Et ran et ran, ranpataplan!
L'autre d'argenterie.

Et le troisièm(e) pour promener ma mie[2] *(bis)*
Et ran et ran, ranpataplan!
Pour promener ma mie.

Joli tambour, tu auras donc ma fille *(bis)*
Et ran et ran, ranpataplan!
Tu auras donc ma fille.

Sire le roi, je vous en remercie *(bis)*
Et ran et ran, ranpataplan!
Je vous en remercie.

Dans mon pays y en a[3] de plus jolies *(bis)*
Et ran et ran, ranpataplan!
Y en a de plus jolies!
Ran, plan, plan!

Cent Chansons célèbres. Salabert, édit.

●

1) Sur.
2) Mon amie.
3) Expression familière : il y en a.

POÉSIES

■

RÉVEIL

C'est le matin..... Un rayon rose
Glisse de la persienne close
    Jusqu'au lit blanc,
Un rayon rose qui se joue
Dans les cheveux et sur la joue
    Du petit Jean.

L'enfant entrouvre une paupière
Puis il laisse entrer la lumière
    Dans ses yeux bleus,
Il regarde et se met à rire,
Car le rayon semble lui dire :
    Soyons joyeux!

Mme E. DE PRESSENSÉ. *La Journée du Petit Jean*. Fischbacher, édit.

●

PETITE MÈRE, RACONTEZ...

Puisque nous avons été sages,
Et que nous avons bien chanté,
Racontez-nous ce qui se mange.
Petite mère, racontez !

Ce qui est plus blanc que le linge
Et qui sent la ferme et les champs,
Et les hameaux et les villages,
Racontez-nous le lait, maman.

Ce qui est si beau, si fragile,
Ni rond, ni carré, ni pointu,
Et que l'on trouve sous les poules,
Raconte-nous les œufs, veux-tu?

Ce qu'on voudrait donner aux pauvres,
On y pense quand on a faim,
On en parle dans tous les livres.
Maman, raconte-nous le pain.

Ce qui fond si bien dans la bouche
Et qu'on trempe dans ton café,
Ce qui nous tache et qu'on nous cache,
Le sucre, maman, racontez.

Racontez-nous toutes les choses
Qu'il faut manger pour être fort,
Toutes les choses merveilleuses!
Nous n'avons pas sommeil encor.

G. DUHAMEL, de l'Académie française. *Voix du Vieux Monde*. Heugel, édit.

LE MARCHÉ

Sur la petite place, au lever de l'aurore,
Le marché rit joyeux, bruyant, multicolore,
Pêle-mêle étalant sur ses tréteaux boiteux
Ses fromages, ses fruits, son miel, ses paniers d'œufs,
Et, sur la dalle où coule une eau toujours nouvelle,
Ses poissons d'argent clair qu'une âpre odeur révèle...

ALBERT SAMAIN. *Aux Flancs du Vase.* Mercure de France, édit.

●

NOTRE RIVIÈRE

L'humble rivière de chez nous
Ne mène pas un grand tapage[1].
Avec un bruit paisible et doux,
Elle fait le tour du village.

Des saules et des peupliers,
Qui sont à peu près du même âge,
Comme des voisins familiers
Bruissent le long du rivage.

Et le chuchotement des eaux
Accompagne la voix légère
De la fauvette des roseaux
Qui fait son nid sur la rivière.

Ainsi coule de son air doux,
Sans aventure et sans tapage,
En faisant le tour du village
L'humble rivière[2] de chez nous.

HENRI CHANTAVOINE. *Paroles.* Hachette, édit.

_____

1) Ne fait pas beaucoup de bruit. 2) *rivière* est le sujet de *coule.*

COMPLAINTE DU PETIT CHEVAL BLANC

Le petit cheval dans le mauvais temps, qu'il avait donc du courage! C'était un petit cheval blanc, tous derrière et lui devant.

Il n'y avait jamais de beau temps dans ce pauvre paysage. Il n'y avait jamais de printemps, ni derrière ni devant.

Mais toujours il était content, menant les gars du village, à travers la pluie noire des champs, tous derrière et lui devant.

Sa voiture allait poursuivant sa belle petite queue sauvage. C'est alors qu'il était content, eux derrière et lui devant.

Mais un jour, dans le mauvais temps, un jour qu'il était si sage, il est mort par un éclair blanc, tous derrière et lui devant.

Il est mort sans voir le beau temps ; qu'il avait donc du courage! Il est mort sans voir le printemps, ni derrière, ni devant.

PAUL FORT. *Ballades françaises.* Mercure de France, édit.

DÉJEUNER DU MATIN

Il a mis le café
Dans la tasse
Il a mis le lait
Dans la tasse de café
Il a mis le sucre
Dans le café au lait
Avec la petite cuiller
Il a tourné
Il a bu le café au lait
Et il a reposé la tasse
Sans me parler
Il a allumé
Une cigarette
Il a fait des ronds
Avec la fumée
Il a mis les cendres
Dans le cendrier
Sans me parler
Sans me regarder
Il s'est levé
Il a mis
Son chapeau sur sa tête
Il a mis son manteau de pluie
Parce qu'il pleuvait
Et il est parti
Sous la pluie
Sans une parole
Sans me regarder
Et moi j'ai pris
Ma tête dans ma main
Et j'ai pleuré.

JACQUES PRÉVERT. *Paroles.* Gallimard, édit.

●

LA CHANSON DU CHAT

Chat, chat, chat,
Chat noir, chat blanc, chat gris,
Charmant chat couché,
Chat, chat, chat,
N'entends-tu pas les souris
Danser à trois des entrechats[1]
Sur le plancher?
Le bourgeois ronfle dans son lit,
De son bonnet de coton coiffé,
Et la lune regarde à la vitre.
Dansez, souris, dansez, jolies,
Dansez vite,
En remuant vos fines queues de fées,
Dansez sans musique tout à votre aise,
A pas menus et drus[2],
Au clair de la lune qui vient de se lever,
Courez : les sergents de ville dans la rue
Font les cent pas[3] sur le pavé ;
Et tous les chats du vieux Paris
Dorment sur leur chaise,
Chats blancs, chats noirs ou chats gris.

TRISTAN KLINGSOR. Mercure de France, édit.

1) Sortes de danses.   2) Serrés.   3) Vont et viennent.

●

L'AUTOMNE

L'aube est moins claire, l'air moins chaud, le ciel moins pur ;
Les longs jours sont passés, les mois charmants finissent.
Hélas ! voici déjà les arbres qui jaunissent !...
L'automne est triste avec sa bise et son brouillard,
Et l'été qui s'enfuit est un ami qui part.

VICTOR HUGO. *Toute la Lyre.*

LE PRINTEMPS

Voici le printemps ! mars, avril au doux sourire,
Mai fleuri, juin brûlant, tous les beaux mois amis ;
Les peupliers, au bord des fleuves endormis,
Se courbent mollement comme de grandes palmes ;
L'oiseau palpite au fond des bois tièdes et calmes ;
Il semble que tout rit, et que les arbres verts
Sont joyeux d'être ensemble et se disent des vers.
Le jour naît couronné d'une aube fraîche et tendre,
Le soir est plein d'amour ; la nuit, on croit entendre,
A travers l'ombre immense et sous le ciel béni,
Quelque chose d'heureux chanter dans l'infini.

VICTOR HUGO. *Toute la Lyre.*

UNE ALLÉE DU LUXEMBOURG

Elle a passé, la jeune fille,
Vive et preste comme un oiseau :
A la main une fleur qui brille,
A la bouche un refrain nouveau.

C'est peut-être la seule au monde
Dont le cœur au mien répondrait ;
Qui, venant dans ma nuit profonde,
D'un seul regard l'éclairerait !...

Mais non, — ma jeunesse est finie...
Adieu, doux rayon qui m'as lui, —
Parfum, jeune fille, harmonie...
Le bonheur passait, — il a fui !

GÉRARD DE NERVAL.

NOËL

Le ciel est noir, la terre est blanche ;
Cloches, carillonnez gaîment!
Jésus est né. La Vierge penche
Sur lui son visage charmant

Pas de courtines festonnées [1]
Pour préserver l'enfant du froid,
Rien que des toiles d'araignées
Qui pendent des poutres du toit.

Il tremble sur la paille fraîche,
Ce cher petit enfant Jésus,
Et pour l'échauffer dans sa crèche
L'âne et le bœuf soufflent dessus.

La neige au chaume coud ses franges [2],
Mais sur le toit s'ouvre le ciel.
Et, tout en blanc, le chœur des anges
Chante aux bergers : « Noël! Noël! »

THÉOPHILE GAUTIER. *Émaux et Camées.*

---

1) Pas de rideaux élégants.   2) La neige coud (v. *coudre*) ses broderies au chaume du toit.

MA SŒUR LA PLUIE

Ma sœur la Pluie,
La belle et tiède pluie d'été,
Doucement vole, doucement fuit,
A travers les airs mouillés.

Tout son collier de blanches perles
Dans le ciel bleu s'est délié.
Chantez les merles,
Dansez les pies!
Parmi les branches qu'elle plie,
Dansez les fleurs, chantez les nids ;
Tout ce qui vient du ciel est béni.

De ma bouche elle approche
Ses lèvres humides de fraises des bois,
Rit, et me touche,
Partout à la fois,
De ses milliers de petits doigts.

Sur des tapis de fleurs sonores,
De l'aurore jusqu'au soir,
Et du soir jusqu'à l'aurore,
Elle pleut et pleut encore,
Autant qu'elle peut pleuvoir.

Puis vient le soleil qui essuie.
De ses cheveux d'or,
Les pieds de la Pluie.

CHARLES VAN LERBERGHE (poète belge). *La Chanson d'Ève.* Mercure de France, édit.

●

NATURE MORTE

Midi. Je rentre. On va déjeuner. L'air est chaud.
Ma maison disparaît presque sous son manteau
De lierre. Un lézard dort au bord de la terrasse.
Et voici ce que j'aperçois lorsque je passe
Devant la fenêtre entrouverte du salon :
La table mise avec sa nappe à croisillons[1],
Un pot de fleurs des champs à côté de la miche
D'un pain rustique et rond que le soleil vernisse[2]
Et qui craque et sent bon le four et le froment ;
Des assiettes de bois peintes naïvement,
Des fruits dans une coupe et des pichets d'un cidre
Fait l'an dernier dans mon verger, doux et acide
A la fois, et fleurant[3] la pomme et pétillant ;
Et le sel, et le vin, du lait crémeux et blanc,
Et, complément frugal de ce spectacle honnête,
Dans un plat bleu, fumante et jaune, l'omelette.

ÉMILE HENRIOT, de l'Académie française. *La Flamme et les Cendres.* Mercure de France, édit.

---

1) Avec des dessins en forme de croix.   2) Fait briller comme s'il était verni.   3) Sentant bon.

TABLEAUX DE GRAMMAIRE

ARTICLES

ARTICLES INDÉFINIS

	Masc.	*Fém.*
Sing.	UN livre	UNE table
Plur.	DES livres	DES tables

Attention ! 1) Voici DE beaux livres (l'adjectif qualificatif est *devant* le nom)

2) Je n'ai pas DE livres — Il n'y a pas DE livres

ARTICLES DÉFINIS

simples

	Masc.	*Fém.*	*Masc.-Fém.*
Sing.	LE livre	LA table	L' { oiseau (m.)
Plur.	LES livres	LES tables	{ école (f.)

contractés

		Masc.	
Sing.	DU	les livres DU	garçon

		Masc.-Fém.	
Plur.	DES	les livres DES	{ garçons (m.) { filles (f.)

		Masc.	
Sing.	AU	je parle AU	garçon

		Masc.-Fém.	
Plur.	AUX	je parle AUX	{ garçons (m.) { filles (f.)

ARTICLES PARTITIFS

= un peu de, une partie de

Masc.	*Fém.*
Je mange DU pain	DE LA viande

Attention ! Préposition DE au lieu de DU, DE LA, DES :

1) Je ne mange pas { DE pain
 { DE viande

2) J'ai beaucoup DE livres. — Combien DE livres avez-vous ?

Remarque : *Manges-tu du pain ? — Oui, j'**en** mange.*
 *Y a-t-il des livres ? — Oui, il y **en** a.*

NOMS

FÉMININ

en -*E*   *:*   le marchand,   la marchand**e**

en -*ÈRE* *:*   le boucher,   la bouch**ère**

en -*NNE* *:* $\Big\{$ le patron,   la patro**nne**

                 le chien,   la chie**nne**

en -*EUSE* *:* le blanchisseur,   la blanchiss**euse**

Attention !

le père, *la mère* — le fils,   *la fille*   — le frère, *la sœur* — l'oncle, *la tante*
le coq, *la poule* — le bœuf, *la vache* — le mouton, *la brebis.*

Remarque :   *Certains noms masculins en E ont un féminin semblable :*
                              le concierge, *la concierge.*

PLURIEL

en -*S* *(singulier + S)*   les table**s**

en -*X* **eau : eaux**   les tabl**eaux**

      eu : eux   les chev**eux**

      al : aux   le journal, les journ**aux**

                    *(Mais plusieurs noms en **al** font leur pluriel en **als** :*
                                les bals, les carnavals)

     ail : aux   le travail, les trav**aux**

                    *(Mais **beaucoup** de noms en **ail** font leur pluriel en **ails** :*
                              les chandails, les rails)

      ou : oux   les gen**oux**, les joujoux, les cailloux, les choux.

                    *(Mais **la plupart** des noms en **ou** font leur pluriel en **ous** :*
                              les clous, les cous, les trous)

     Remarque :   *Les noms en S, X, Z ne changent pas au pluriel :*

                      le bras, *les bras*
                      la croix, *les croix*
                      le nez,   *les nez*

ADJECTIFS QUALIFICATIFS

FÉMININ

= *Masculin* + *E*				
vert, vert**e**	*mais :*	blanc, blan**che** ; long, long**ue** ; épais, épai**sse** ;		
		gros, gro**sse** ; gras, gra**sse** ; bas, ba**sse**.		

en -ÈRE   : premier, premi**ère**

en -NNE   : bon, bo**nne** ; ancien, ancie**nne** (mais : persan, pers**ane**)

en -TTE   : coquet, coque**tte**   (mais : complet, compl**ète**)

en -EUSE : menteur, ment**euse** (mais : meilleur, meill**eure**)

                 heureux, heur**euse** (mais : roux, rousse ; doux, dou**c**e)

en -VE   : neuf, neu**ve.**

Attention !   beau   **(bel** enfant,   **belle** *ville)*

                 nouveau **(nouvel** an,   **nouvelle** *année)*

                 vieux   **(vieil** homme,   **vieille** *femme)*

Remarque : *Les adjectifs en E ne changent pas au féminin : rouge, rouge.*

PLURIEL

● au masculin : *en -S (singulier* + *S)*   vert, vert**s**

                        en -X   { *eau*   : *eaux*   beau, be**aux**

                                { *al :* généralement *aux*   amical, amic**aux**

    Remarque : *Les adjectifs en S, X, ne changent pas au pluriel : gris, roux.*

● au féminin   : Ajouter S au féminin singulier : des robes vert**es**, des robes gris**es**

DEGRÉS DE L'ADJECTIF

COMPARATIF

        de supériorité (+)   *plus*   *grand (que...)*

        d'égalité (=)   *aussi*   *grand (que...)*

        d'infériorité (—)   *moins grand (que...)*

Remarque : *Le comparatif de supériorité de* bon *est* **meilleur**

SUPERLATIF

ABSOLU   *RELATIF*

très *grand*   de supériorité : **le plus**   *grand (de...)*

                        d'infériorité   : **le moins** *grand (de...)*

Remarque :   1) *Le superlatif relatif (de supériorité) de* bon *est* **le meilleur.**

                2) *Ne pas confondre le comparatif* **(plus)** *et le superlatif* **(le plus).**

ADJECTIFS NON QUALIFICATIFS

ADJECTIFS POSSESSIFS

		Un seul possesseur			Plusieurs possesseurs		
		(je)	*(tu)*	*(il, elle)*	*(nous)*	*(vous)*	*(ils, elles)*
Sing. . .	*Masc. :* *Fém. :*	MON MA	TON TA	SON SA	NOTRE	VOTRE	LEUR
		Attention ! MON oreille					
Plur. . .	*M.-F. :*	MES	TES	SES	NOS	VOS	LEURS

ADJECTIFS DÉMONSTRATIFS

	SIMPLES		*COMPOSÉS*			
	Masc.	*Fém.*	*Masc.*	*Fém.*	*Masc.*	*Fém.*
Sing.	CE livre CET enfant	CETTE table	CE livre-ci CET enfant-ci	CETTE table-ci	CE livre-là CET enfant-là	CETTE table-là
Plur.	CES { livres tables		CES enfants-ci		CES enfants-là	

ADJECTIFS INTERROGATIFS

	Masc.	*Fém.*		*Masc.*	*Fém.*
Sing. . . .	QUEL ?	QUELLE ?	*Plur.*	QUELS ?	QUELLES ?

ADJECTIFS INDÉFINIS

	AUCUN		AUTRE	
	Masc.	*Fém.*	*Masc.*	*Fém.*
Sing.	AUCUN homme	AUCUNE femme	un AUTRE homme	une AUTRE femme
Plur.			les AUTRES hommes	les AUTRES femmes

	CHAQUE		MÊME	
Sing.	CHAQUE homme	CHAQUE femme	le MÊME homme	la MÊME femme
Plur.			les MÊMES hommes	les MÊMES femmes

	QUELQUE		TOUT	
Sing.	QUELQUE homme	QUELQUE femme	TOUT le pain	TOUTE la viande
Plur.	QUELQUES hommes	QUELQUES femmes	TOUS les hommes	TOUTES les femmes

PRONOMS

PRONOMS POSSESSIFS

		Un seul possesseur			Plusieurs possesseurs		
		(je)	(tu)	(il, elle)	(nous)	(vous)	(ils, elles)
Sing. .	Masc. :	le mien	le tien	le sien	le nôtre	le vôtre	le leur
	Fém. :	la mienne	la tienne	la sienne	la nôtre	la vôtre	la leur
Plur. .	Masc. :	les miens	les tiens	les siens	les nôtres	les vôtres	les leurs
	Fém. :	les miennes	les tiennes	les siennes	les nôtres	les vôtres	les leurs

PRONOMS PERSONNELS

Sujet		(moi) je	(toi) tu	(lui) il - elle	nous	vous	(eux) ils - elles
Objet (avant le verbe)	direct .	me	te	le, la, se	nous	vous	les, se
	indirect			lui, se			leur, se
Objet indirect (après le verbe)		(à) moi	(à) toi	(à) lui, (à) elle (à) soi	(à) nous	(à) vous	(à) eux, (à) elles
Objet de l'impératif (après le verbe)	direct	moi	toi	le, la	nous	vous	les
	indirect			lui			leur

Place des pronoms personnels compléments (ailleurs qu'à l'impératif)

1	2	3	4	5
me te se nous vous se	le la les	lui leur	y	en

EX. : Il *le lui* donne. Il *nous en* donne. Il *m'y* oblige

PRONOMS

PRONOMS DÉMONSTRATIFS

	Masc.	Fém.	Neutre	
Sing.	**celui-ci** **celui-là**	**celle-ci** **celle-là**	**ceci** **cela** (ça)	**ce** *(est-ce ? — c'est)*
Plur.	**ceux-ci** **ceux-là**	**celles-ci** **celles-là**	**ce** *(sont-ce ? — ce sont)*	

le livre de Pierre, *celui de* Jean
la robe de Marie, *celle d'*Hélène
les livres de Pierre, *ceux de* Jean
les robes de Marie, *celles d'*Hélène

l'homme qui entre, *celui qui* sort
la femme qui entre, *celle qui* sort
les hommes qui entrent, *ceux qui* sortent
les femmes qui entrent, *celles qui* sortent

PRONOMS RELATIFS SIMPLES

	Masc.-Fém.		Masc.-Fém.
Sujet	**Qui**	Complément de nom . . .	**Dont**
Objet { direct	**Que**		
indirect	*(à)* **Qui**	Complément de lieu . . .	**Où**

Remarque : Si le pronom relatif, *complément indirect,* a pour antécédent un *animal* ou une *chose,* on emploie généralement des formes composées : (par) lequel, laquelle, lesquels, lesquelles — auquel, auxquels, auxquelles.

PRINCIPAUX PRONOMS INTERROGATIFS

	Masc.-Fém.	Neutre (pour les choses)
Sujet.	**Qui ?** **Qui est-ce** qui ?	**Qu'est-ce** qui ?
Objet { direct	**Qui ?** **Qui est-ce** que ?	**Que ?** **Qu'est-ce** que ?
indirect	*(à)* **Qui ?**	*(à)* **Quoi ?**

QUELQUES PRONOMS INDÉFINIS
Tous, tout, chacun, quelqu'un, quelque chose, on, personne, rien.

NOMBRES

CARDINAUX	ORDINAUX		CARDINAUX	ORDINAUX
1 un	**premier**	91	quatre-vingt-onze	quatre-vingt-onzième
2 deux	deuxième (second)	92	quatre-vingt-douze	quatre-vingt-douzième
3 trois	troisième			
4 quatre	quatrième	**100**	**cent**	**centième**
5 cinq	cinquième	101	cent un	cent (et) unième
6 six	sixième	102	cent deux	cent deuxième
7 sept	septième	110	cent dix	cent dixième
8 huit	huitième	120	cent vingt	cent vingtième
9 neuf	neuvième	130	cent trente	cent trentième
10 **dix**	**dixième**	140	cent quarante	cent quarantième
11 onze	onzième	150	cent cinquante	cent cinquantième
12 douze	douzième	160	cent soixante	cent soixantième
13 treize	treizième	170	cent soixante-dix	cent soixante-dixième
14 quatorze	quatorzième			
15 quinze	quinzième	180	cent quatre-vingts	cent quatre-vingtième
16 seize	seizième			
17 dix-sept	dix-septième	190	cent quatre-vingt-dix	cent quatre-vingt-dixième
18 dix-huit	dix-huitième			
19 dix-neuf	dix-neuvième	**200**	**deux cents**	**deux centième**
20 **vingt**	**vingtième**	201	deux cent un	deux cent unième
21 vingt et un	vingt et unième	202	deux cent deux	deux cent deuxième
22 vingt-deux	vingt-deuxième	**300**	**trois cents**	**trois centième**
23 vingt-trois	vingt-troisième	301	trois cent un	trois cent unième
30 **trente**	**trentième**	302	trois cent deux	trois cent deuxième
31 trente et un	trente et unième	**400**	**quatre cents**	**quatre centième**
32 trente-deux	trente-deuxième	401	quatre cent un	quatre cent unième
40 **quarante**	**quarantième**	402	quatre cent deux	quatre cent deuxième
41 quarante et un	quarante et unième			
42 quarante-deux	quarante-deuxième	**500**	**cinq cents**	**cinq centième**
50 **cinquante**	**cinquantième**	501	cinq cent un	cinq cent unième
51 cinquante et un	cinquante et unième	502	cinq cent deux	cinq cent deuxième
52 cinquante-deux	cinquante-deuxième	**600**	**six cents**	**six centième**
60 **soixante**	**soixantième**	601	six cent un	six cent unième
61 soixante et un	soixante et unième	602	six cent deux	six cent deuxième
62 soixante-deux	soixante-deuxième	**700**	**sept cents**	**sept centième**
70 **soixante-dix**	**soixante-dixième**	701	sept cent un	sept cent unième
71 soixante et onze	soixante et onzième	702	sept cent deux	sept cent deuxième
72 soixante-douze	soixante-douzième	**800**	**huit cents**	**huit centième**
80 **quatre-vingts**	**quatre-vingtième**	801	huit cent un	huit cent unième
81 quatre-vingt-un	quatre-vingt-unième	802	huit cent deux	huit cent deuxième
82 quatre-vingt-deux	quatre-vingt-deuxième	**900**	**neuf cents**	**neuf centième**
		901	neuf cent un	neuf cent unième
90 **quatre-vingt-dix**	**quatre-vingt-dixième**	902	neuf cent deux	neuf cent deuxième
		1000	**mille**	**millième**

| **1 000 000** | **un million** | millionnième | **1 000 000 000** | **un milliard** | milliardième |

VERBE AVOIR

INDICATIF

Présent	Imparfait	Futur
J'ai	J'avais	J'aurai
Tu as	Tu avais	Tu auras
Il a	Il avait	Il aura
Nous avons	Nous avions	Nous aurons
Vous avez	Vous aviez	Vous aurez
Ils ont	Ils avaient	Ils auront

Passé composé	Plus-que-parfait	Futur antérieur
J'*ai* eu	J'*avais* eu	J'*aurai* eu
Tu *as* eu	Tu *avais* eu	Tu *auras* eu
Il *a* eu	Il *avait* eu	Il *aura* eu
Nous *avons* eu	Nous *avions* eu	Nous *aurons* eu
Vous *avez* eu	Vous *aviez* eu	Vous *aurez* eu
Ils *ont* eu	Ils *avaient* eu	Ils *auront* eu

CONDITIONNEL *présent*

J'aur*ais*
Tu aur*ais*
Il aur*ait*
Nous aur*ions*
Vous aur*iez*
Ils aur*aient*

IMPÉRATIF *présent*

Aie   Ayons   Ayez

PARTICIPE *présent*

ayant

GÉRONDIF : En ayant

PARTICIPE *passé*

(j'ai) eu

VERBE ÊTRE

INDICATIF

Présent	Imparfait	Futur
Je suis	J'étais	Je serai
Tu es	Tu étais	Tu seras
Il est	Il était	Il sera
Nous sommes	Nous étions	Nous serons
Vous êtes	Vous étiez	Vous serez
Ils sont	Ils étaient	Ils seront

Passé composé	Plus-que-parfait	Futur antérieur
J'*ai* été	J'*avais* été	J'*aurai* été
Tu *as* été	Tu *avais* été	Tu *auras* été
Il *a* été	Il *avait* été	Il *aura* été
Nous *avons* été	Nous *avions* été	Nous *aurons* été
Vous *avez* été	Vous *aviez* été	Vous *aurez* été
Ils *ont* été	Ils *avaient* été	Ils *auront* été

CONDITIONNEL *présent*

Je ser*ais*
Tu ser*ais*
Il ser*ait*
Nous ser*ions*
Vous ser*iez*
Ils ser*aient*

IMPÉRATIF *présent*

Sois   Soyons   Soyez

PARTICIPE *présent*

étant

GÉRONDIF : En étant

PARTICIPE *passé*

(j'ai) été

VERBE PARLER (Ier Groupe)

INDICATIF

Présent	Imparfait	Futur
Je parle	Je parlais	Je parlerai
Tu parles	Tu parlais	Tu parleras
Il parle	Il parlait	Il parlera
Nous parlons	Nous parlions	Nous parlerons
Vous parlez	Vous parliez	Vous parlerez
Ils parlent	Ils parlaient	Ils parleront

Passé composé	Plus-que-parfait	Futur antérieur
J'ai parlé	J'avais parlé	J'aurai parlé
Tu as parlé	Tu avais parlé	Tu auras parlé
Il a parlé	Il avait parlé	Il aura parlé
Nous avons parlé	Nous avions parlé	Nous aurons parlé
Vous avez parlé	Vous aviez parlé	Vous aurez parlé
Ils ont parlé	Ils avaient parlé	Ils auront parlé

CONDITIONNEL *présent*

Je parlerais
Tu parlerais
Il parlerait
Nous parlerions
Vous parleriez
Ils parleraient

IMPÉRATIF *présent*

Parle   Parlons   Parlez

PARTICIPE *présent*
parlant

GÉRONDIF : En parlant

PARTICIPE *passé :* parlé

VERBE FINIR (IIe Groupe)

INDICATIF

Présent	Imparfait	Futur
Je finis	Je finissais	Je finirai
Tu finis	Tu finissais	Tu finiras
Il finit	Il finissait	Il finira
Nous finissons	Nous finissions	Nous finirons
Vous finissez	Vous finissiez	Vous finirez
Ils finissent	Ils finissaient	Ils finiront

Passé composé	Plus-que-parfait	Futur antérieur
J'ai fini	J'avais fini	J'aurai fini
Tu as fini	Tu avais fini	Tu auras fini
Il a fini	Il avait fini	Il aura fini
Nous avons fini	Nous avions fini	Nous aurons fini
Vous avez fini	Vous aviez fini	Vous aurez fini
Ils ont fini	Ils avaient fini	Ils auront fini

CONDITIONNEL *présent*

Je finirais
Tu finirais
Il finirait
Nous finirions
Vous finiriez
Ils finiraient

IMPÉRATIF *présent*

Finis   Finissons   Finissez

PARTICIPE *présent*
finissant

GÉRONDIF : En finissant

PARTICIPE *passé :* fini

VERBE SE LAVER

INDICATIF

Présent	Imparfait	Futur
Je me lave	Je me lavais	Je me laverai
Tu te laves	Tu te lavais	Tu te laveras
Il se lave	Il se lavait	Il se lavera
Nous nous lavons	Nous nous lavions	Nous nous laverons
Vous vous lavez	Vous vous laviez	Vous vous laverez
Ils se lavent	Ils se lavaient	Ils se laveront

Passé composé	Plus-que-parfait	Futur antérieur
Je me suis lavé	Je m'étais lavé	Je me serai lavé
Tu t'es lavé	Tu t'étais lavé	Tu te seras lavé
Il s'est lavé	Il s'était lavé	Il se sera lavé
Nous nous sommes lavés	Nous nous étions lavés	Nous nous serons lavés
Vous vous êtes lavés	Vous vous étiez lavés	Vous vous serez lavés
Ils se sont lavés	Ils s'étaient lavés	Ils se seront lavés

CONDITIONNEL *présent*

Je me laverais	Nous nous laverions
Tu te laverais	Vous vous laveriez
Il se laverait	Ils se laveraient

PARTICIPE *présent*

me,   te,   se   } lavant
nous, vous, se

IMPÉRATIF *présent*

Lave-toi   Lavons-nous   Lavez-vous

GÉRONDIF
En me lavant

AFFIRMATION. NÉGATION. INTERROGATION

PARLER

AFFIRMATION	NÉGATION	INTERROGATION
	Présent	
Je parle	Je *ne* parle *pas*	*Est-ce que* je parle ?
Tu parles	Tu *ne* parles *pas*	Parles-*tu* ?
Il parle	Il *ne* parle *pas*	Parle-*t-il* ?
Nous parlons	Nous *ne* parlons *pas*	Parlons-*nous* ?
Vous parlez	Vous *ne* parlez *pas*	Parlez-*vous* ?
Ils parlent	Ils *ne* parlent *pas*	Parlent-*ils* ?
	Passé composé	
J'ai parlé	Je *n'*ai *pas* parlé	Ai-*je* parlé ?
Tu as parlé	Tu *n'*as *pas* parlé	As-*tu* parlé ?
Il a parlé	Il *n'*a *pas* parlé	A-*t-il* parlé ?
Nous avons parlé	Nous *n'*avons *pas* parlé	Avons-*nous* parlé ?
Vous avez parlé	Vous *n'*avez *pas* parlé	Avez-*vous* parlé ?
Ils ont parlé	Ils *n'*ont *pas* parlé	Ont-*ils* parlé ?

Impératif
Parle. Parlons. Parlez.   *Ne* parle *pas*. *Ne* parlons *pas*.
Ne parlez *pas*.

SE LAVER

AFFIRMATION	NÉGATION	INTERROGATION
	Présent	
Je me lave	*Je ne me* lave *pas*	*Est-ce que* je me lave ?
Tu te laves	*Tu ne te* laves *pas*	*Te* laves-*tu* ?
Il se lave	*Il ne se* lave *pas*	*Se* lave-*t-il* ?
Nous nous lavons	*Nous ne nous* lavons *pas*	*Nous* lavons-*nous* ?
Vous vous lavez	*Vous ne vous* lavez *pas*	*Vous* lavez-*vous* ?
Ils se lavent	*Ils ne se* lavent *pas*	*Se* lavent-*ils* ?
	Passé composé	
Je me suis lavé	*Je ne me* suis *pas* lavé	*Me* suis-*je* lavé ?
*Tu t'*es lavé	*Tu ne t'*es *pas* lavé	*T'*es-*tu* lavé ?
*Il s'*est lavé	*Il ne s'*est *pas* lavé	*S'*est-*il* lavé ?
Nous nous sommes lavés	*Nous ne nous* sommes *pas* lavés	*Nous* sommes-*nous* lavés ?
Vous vous êtes lavés	*Vous ne vous* êtes *pas* lavés	*Vous* êtes-*vous* lavés ?
Ils se sont lavés	*Ils ne se* sont *pas* lavés	*Se* sont-*ils* lavés ?

Impératif
Lave-*toi*. Lavons-*nous*.   *Ne te* lave *pas*. *Ne nous* lavons *pas*.
Lavez-*vous*.   *Ne vous* lavez *pas*.

CONJUGAISONS PARTICULIÈRES du Ier groupe

	MENER	ACHETER	PELER	JETER	APPELER
Présent.....	Je mène Tu mènes Il mène Nous menons Vous menez Ils mènent	J'achète Tu achètes Il achète Nous achetons Vous achetez Ils achètent	Je pèle Tu pèles Il pèle Nous pelons Vous pelez Ils pèlent	Je jette Tu jettes Il jette Nous jetons Vous jetez Ils jettent	J'appelle Tu appelles Il appelle Nous appelons Vous appelez Ils appellent
Imparfait....	Je menais...	J'achetais	Je pelais	Je jetais	J'appelais
Futur......	Je mènerai	J'achèterai	Je pèlerai	Je jetterai	J'appellerai
Passé composé.	J'ai mené	J'ai acheté	J'ai pelé	J'ai jeté	J'ai appelé
Impératif....	Mène Menons Menez	Achète Achetons Achetez	Pèle Pelons Pelez	Jette Jetons Jetez	Appelle Appelons Appelez

	BALAYER	NETTOYER	ESSUYER
Présent.....	Je balaie Tu balaies Il balaie Nous balayons Vous balayez Ils balaient	Je nettoie Tu nettoies Il nettoie Nous nettoyons Vous nettoyez Ils nettoient	J'essuie Tu essuies Il essuie Nous essuyons Vous essuyez Ils essuient
Imparfait....	Je balayais	Je nettoyais	J'essuyais
Futur......	Je balaierai	Je nettoierai	J'essuierai
Passé composé.	J'ai balayé	J'ai nettoyé	J'ai essuyé
Impératif....	Balaie Balayons Balayez	Nettoie Nettoyons Nettoyez	Essuie Essuyons Essuyez

	COMMENCER	MANGER
Présent.....	Je commence Tu commences Il commence Nous commençons Vous commencez Ils commencent	Je mange Tu manges Il mange Nous mangeons Vous mangez Ils mangent
Imparfait....	Je commençais	Je mangeais
Futur......	Je commencerai	Je mangerai
Passé composé.	J'ai commencé	J'ai mangé
Impératif....	Commence Commençons Commencez	Mange Mangeons Mangez

VERBES IRRÉGULIERS du IIIe groupe contenus dans le livre

	Présent	Imparfait	Futur	Passé composé
DESCENDRE .	Je descends	Je descendais	Je descendrai	Je *suis* descend*u* (mais : j'*ai* descendu l'escalier)
ENTENDRE . . *(tendre, attendre,* *rendre, défendre,* *mordre)*	J'entends	J'entendais	J'entendrai	J'ai entend*u*
RÉPONDRE . .	Je réponds	Je répondais	Je répondrai	J'ai répond*u*
VENDRE. . . .	Je vends	Je vendais	Je vendrai	J'ai vend*u*
METTRE. . . .	Je mets Nous mettons	Je mettais	Je mettrai	J'ai *mis*
PRENDRE . . .	Je prends Nous pre*n*ons	Je prenais	Je prendrai	J'ai p*ris*
DORMIR. . . .	Je dors Nous dor*m*ons	Je dormais	Je dormirai	J'ai dor*mi*
PARTIR. . . .	Je pars Nous par*t*ons	Je partais	Je partirai	Je suis par*ti*
SENTIR . . . . *(mentir)*	Je sens Nous sen*t*ons	Je sentais	Je sentirai	J'ai sen*ti*
SORTIR. . . .	Je sors Nous sor*t*ons	Je sortais	Je sortirai	Je suis sor*ti*
SERVIR	Je sers Nous ser*v*ons	Je servais	Je servirai	J'ai ser*vi*
SUIVRE	Je suis Nous sui*v*ons	Je suivais	Je suivrai	J'ai sui*vi*
VIVRE.	Je vis Nous vi*v*ons	Je vivais	Je vivrai	J'ai véc*u*
ÉCRIRE	J'écris Nous écri*v*ons	J'écrivais	J'écrirai	J'ai écri*t*
MOURIR. . . .	Je m*eu*rs Nous m*ou*rons	Je mourais	Je mourrai	Je *suis* mort
TENIR.	Je *tie*ns Nous te*n*ons	Je tenais	Je tiendrai	J'ai te*nu*
VENIR. . . . . *(devenir)*	Je *vie*ns Nous ve*n*ons	Je venais	Je viendrai	Je suis *venu*
DEVOIR. . . .	Je do*is* Nous de*v*ons	Je devais	Je devrai	J'ai *dû*
RECEVOIR. . .	Je reço*is* Nous rece*v*ons	Je recevais	Je recevrai	J'ai reç*u*
POUVOIR . . .	Je p*eu*x (je puis) Nous p*ou*vons	Je pouvais	Je pourrai	J'ai *pu*
VOULOIR . . .	Je v*eu*x Nous v*ou*lons	Je voulais	Je voudrai	J'ai vou*lu*
SAVOIR. . . .	Je s*ai*s Nous s*a*vons	Je savais	Je saurai	J'ai *su*
BOIRE	Je bo*is* Nous b*u*vons	Je buvais	Je boirai	J'ai *bu*

VERBES IRRÉGULIERS du IIIᵉ groupe contenus dans le livre (suite)

		Présent	Imparfait	Futur	Passé composé
COUVRIR . . .		Je couvre Nous couvrons	Je couvrais	Je couvrirai	J'ai couvert
OUVRIR		J'ouvre Nous ouvrons	J'ouvrais	J'ouvrirai	J'ai ouvert
CUEILLIR . . .		Je cueille Nous cueillons	Je cueillais	Je cueillerai	J'ai cueilli
CONDUIRE . .		Je conduis Nous conduisons	Je conduisais	Je conduirai	J'ai conduit
DIRE.		Je dis Nous disons Vous dites	Je disais	Je dirai	J'ai dit
LIRE.		Je lis Nous lisons	Je lisais	Je lirai	J'ai lu
PLAIRE . . .		Je plais Nous plaisons	Je plaisais	Je plairai	J'ai plu
SE TAIRE . . .		Je me tais Nous nous taisons	Je me taisais	Je me tairai	Je me suis tu
CONNAITRE. .		Je connais Nous connaissons	Je connaissais	Je connaîtrai	J'ai connu
PARAITRE. . .		Je parais Nous paraissons	Je paraissais	Je paraîtrai	J'ai paru
NAITRE		Je nais Nous naissons	Je naissais	Je naîtrai	Je suis né
ALLER.		Je vais Nous allons	J'allais	J'irai	Je suis allé
COURIR. . . .		Je cours Nous courons	Je courais	Je courrai	J'ai couru
FAIRE.		Je fais Nous faisons Vous faites	Je faisais	Je ferai	J'ai fait
RIRE.		Je ris Nous rions	Je riais	Je rirai	J'ai ri
ÉTEINDRE. . (peindre)		J'éteins Nous éteignons	J'éteignais	J'éteindrai	J'ai éteint
S'ASSEOIR . .		Je m'assieds (je m'assois) Nous nous asseyons (nous nous assoyons)	Je m'asseyais (je m'assoyais)	Je m'assiérai (je m'assoirai)	Je me suis assis
VOIR.		Je vois Nous voyons	Je voyais	Je verrai	J'ai vu
FALLOIR. . . .		Il faut	Il fallait	Il faudra	Il a fallu

VERBES du IIIᵉ groupe CLASSÉS D'APRÈS LE PARTICIPE PASSÉ

u		i	is
attendre, attend*u*	plaire, pl*u*	cueillir, cueill*i*	s'asseoir, ass*is*
boire, b*u*	répondre, répond*u*	dormir, dorm*i*	mettre, m*is*
connaître, conn*u*	recevoir, reç*u*	partir, part*i*	prendre, pr*is*
courir, cour*u*	savoir, s*u*	rire, r*i*	
descendre, descend*u*	se taire, t*u*	sentir, sent*i*	*t*
devoir, d*û*	tendre, tend*u*	sortir, sort*i*	couvrir, couver*t*
entendre, entend*u*	tenir, ten*u*	servir, serv*i*	conduire, condui*t*
falloir, fall*u*	voir, v*u*	suivre, suiv*i*	dire, di*t*
lire, l*u*	vouloir, voul*u*		écrire, écri*t*
pouvoir, p*u*	vendre, vend*u*	*é*	faire, fai*t*
paraître, par*u*	vivre, véc*u*	naître, né	mourir, mor*t*
			ouvrir, ouver*t*

AUXILIAIRE ÊTRE au lieu de AVOIR

aux temps composés :

	Passé composé	Plus-que-parfait	Futur antérieur
aller	Je *suis* allé	J'*étais* allé	Je *serai* allé
venir	Je *suis* venu	J'*étais* venu	Je *serai* venu
arriver	Je *suis* arrivé	J'*étais* arrivé	Je *serai* arrivé
partir	Je *suis* parti	J'*étais* parti	Je *serai* parti
entrer.	Je *suis* entré	J'*étais* entré	Je *serai* entré
sortir	Je *suis* sorti	J'*étais* sorti	Je *serai* sorti
monter . .) *sans*	Je *suis* monté	J'*étais* monté	Je *serai* monté
descendre.) *complément*	Je *suis* descendu	J'*étais* descendu	Je *serai* descendu
mais : j'*ai* monté l'escalier			
naître.	Je *suis* né	J'*étais* né	Je *serai* né
mourir	Je *suis* mort	J'*étais* mort	Je *serai* mort
rester.	Je *suis* resté	J'*étais* resté	Je *serai* resté
tomber	Je *suis* tombé.	J'*étais* tombé	Je *serai* tombé

ACCORD DU PARTICIPE PASSÉ

Verbe être

Le père est venu

La mère est venu[e]

Les garçons sont venu[s]

Les filles sont venu[es]

Verbe avoir

J'ai vu *le père*) l'objet direct
J'ai vu *la mère*) est *après* le verbe

Quel homme as-tu vu ?

Quelle femme as-tu vu[e] ?

Quels hommes as-tu vu[s] ?

Quelles femmes as-tu vu[es] ?

} l'objet direct est *avant* le verbe

APPENDICE : LE SUBJONCTIF PRÉSENT.

*Bien que le subjonctif ne soit pas inclus dans le programme de notre tome I.
nous en donnons ci-dessous un aperçu à l'intention des professeurs qui désireraient,
dès maintenant, expliquer ce mode à leurs élèves.*

Formation du subjonctif

Pierre vient. — *Il faut que* Pierre **vienne**.

Règle générale : pour former le sùbjonctif présent de tous les verbes (**sauf**
aller, avoir, être, faire, falloir, pouvoir, savoir, vouloir), prenez la **3**e personne du **pluriel**
du **présent** de l'indicatif : elle formera les **1**ère, **2**e, **3**e personnes du singulier et la
3e personne du pluriel du subjonctif présent. Prenez les **1**ère et **2**e personnes du pluriel
de l'**imparfait** de l'indicatif : elles formeront les **1**ère et **2**e personnes du pluriel du
subjonctif présent. Ainsi :

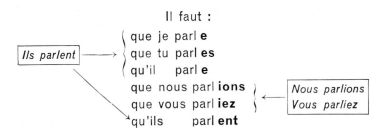

Il faut :

que je parl **e**	
Ils parlent →	que tu parl **es**
	qu'il parl **e**
que nous parl **ions**	← *Nous parlions*
que vous parl **iez**	*Vous parliez*
qu'ils parl **ent**	

BOIRE	: que je boive...,	que nous buvions...,	qu'ils boivent
RECEVOIR	: que je reçoive...,	que nous recevions...,	qu'ils reçoivent
ÉCRIRE	: que j'écrive...,	que nous écrivions...;	qu'ils écrivent
MOURIR	: que je meure...,	que nous mourions...,	qu'ils meurent
PRENDRE	: que je prenne...,	que nous prenions...,	qu'ils prennent
VENIR	: que je vienne...,	que nous venions...,	qu'ils viennent

Ne suivent pas la règle générale de formation :

ALLER	: que j'**aille**...,	que nous **allions**...,	qu'ils **aillent**
FAIRE	: que je **fasse**...,	que nous **fassions**...,	qu'ils **fassent**
FALLOIR	: qu'il **faille** (impersonnel : **il** faut)		
POUVOIR	: que je **puisse**...,	que nous **puissions**...,	qu'ils **puissent**
SAVOIR	: que je **sache**...,	que nous **sachions**...,	qu'ils **sachent**
VOULOIR	: que je **veuille**...,	que nous voulions...,	qu'ils **veuillent**

Verbes **avoir** et **être**

Avoir : Que j'aie, que tu aies, qu'il ait, que nous ayons, que vous ayez, qu'ils aient.

Être : Que je sois, que tu sois, qu'il soit, que nous soyons, que vous soyez
qu'ils soient.

Index alphabétique
des Termes grammaticaux
et de quelques autres Mots importants

Index alphabétique
des principaux termes et expressions étudiés

Légende : **C,** conversation — **D,** dictée — **E,** Exercice **G,** Grammaire — **N,** Notes — **P,** prononciation — **R,** Revision

*La première colonne indique le numéro de la leçon, la seconde, le numéro de la page.

TABLE DES MATIÈRES

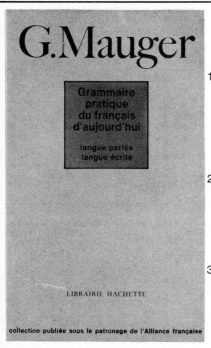

TEXTES
EN FRANÇAIS FACILE

Les Textes en Français Facile sont des ouvrages de LECTURE COMPLÉMENTAIRE SUIVIE écrits dans une langue simple, limitée aux formes syntaxiques les plus usuelles et à un vocabulaire fondamental. Trois critères vous guideront dans le choix d'un texte en français facile :

1. - L'AGE DES LECTEURS : la collection comprend des textes pour les enfants, les adolescents et les adultes ;

2. - LEUR CONNAISSANCE DU FRANÇAIS : les textes sont écrits en français fondamental, 1er ou 2e degré (de 500 à 1300 mots et structures dans le premier cas et jusqu'à 2500 dans le second) ou en français spécialisé (littérature, sciences, etc.)

3. - LEURS GOUTS ET LEURS BESOINS : on peut choisir, au gré, une biographie, une pièce de théâtre, un récit, etc.

Les Textes en français facile sont complétés par un appareil pédagogique qui, selon les cas, comprend un lexique en français, des explications grammaticales, des exercices de lecture, des exercices de conversation, ainsi que des essais.

HACHETTE

Série Récits	BARD	- Joyce et les nouveaux Mousquetaires
	BEAUMONT	- Aladin et la lampe merveilleuse
	BEAUMONT	- Le roman de Renard
	DUMAS	- Les Trois Mousquetaires
		I - Au service du Roi
		II - Au service de la Reine
	HUGO	- Les Misérables I - Fantine
		II - Cosette
		III - Gavroche
	MALOT	- Sans Famille
	MALZAC	- Enquêtes et aventures
	MALZAC	- Exploits sportifs
	QUÉNELLE	- Quartier Latin
	RABELAIS	- Gargantua
Série Biographies	BEAUMONT	- Molière
	LICHET	- Victor Hugo
	LICHET	- Voltaire
	LICHET	- Lire Camus
Série Variétés	BARD	- Pour lire, pour rire
	FIOT	- Le français par les mots croisés
	MAUGER	- Contes et récits
Série Théâtre	BEAUMONT	- Au fer à cheval
Série Sciences et Techniques	BOUTON, CLÉMENT	- L'automobile
	QUÉNELLE	- Radio, Cinéma, Télévision

Imprimé en France par
l'Imprimerie Hérissey - Évreux - N° 72534
Dépôt légal : n° 4617-03-1996

Collection n° 11
Édition n° 65
15/2345/5